PASAJES

LITERATURA

CUARTA EDICIÓN

PASAJES

LITERATURA

CUARTA EDICION

Mary Lee Bretz
Rutgers University

Trisha Dvorak
University of Washington

Carl Kirschner
Rutgers University

Contributing Writers:
Carmen M. Nieto
Georgetown University

José Luis Suárez
University of Texas, El Paso

Enrique Yepes
Bowdoin College

McGraw Hill

Boston, Massachusetts   Burr Ridge, Illinois   Dubuque, Iowa
Madison, Wisconsin   New York, New York   San Francisco, California   St. Louis, Missouri

McGraw-Hill

A Division of The McGraw·Hill Companies

This is an  book.

Pasajes: Literatura

This book is printed on acid-free paper.

1 2 3 4 5 6 7 8 9 0 DOW   DOW 9 0 0 9 8 7

ISBN 0-07-007698-7

This book was set in Times Ten Roman by GTS Graphics, Inc.
The editors were Thalia Dorwick, Gregory Trauth, Becka Bellin, and Richard Lange.
The production supervisor was Tanya Nigh.
Illustrations were done by Betty Beeby and Lori Heckelman.
The text designer was BB&K; the cover designer was Amanda Kavanaugh.
The photo researcher was Susan Friedman.
R. R. Donnelley was printer and binder.

Library of Congress Cataloging-in-Publication Data
Bretz, Mary Lee.
    Pasajes. Literatura / Mary Lee Bretz, Trisha Dvorak, Carl
Kirschner; contributing writers, Carmen M. Nieto, José Luis Suárez,
Enrique Yepes. — 4. ed.
      p.   cm.
    ISBN 0-07-007698-7
    1. Spanish language—Readers.   I. Dvorak, Trisha.   II. Kirschner,
Carl, 1948–   .   III. Title.
PC4117.B727   1997
468.6′421—dc21   97-13029
                                                      CIP

http://www.mhcollege.com

CONTENTS

CAPITULO UNO 1

CAPITULO DOS 2

CAPITULO 3 TRES

LA MUERTE Y EL MUNDO DEL MAS ALLA   44

CAPITULO 4 CUATRO

LA FAMILIA   62

GEOGRAFIA, DEMOGRAFIA, TECNOLOGIA

EL HOMBRE Y LA MUJER EN EL MUNDO ACTUAL

CAPÍTULO SIETE 7

EL MUNDO DE LOS NEGOCIOS

EL TRABAJO Y EL OCIO

CAPITULO DOCE 12

PREFACE

W elcome to the full-color Fourth Edition of *Pasajes*! To those of you who have used *Pasajes* in the past, we hope that you'll find this new edition even more exciting and interesting than the last. To those of you who are teaching for the first time with *Pasajes,* we hope that you and your students will find teaching and learning Spanish with *Pasajes* to be a rewarding experience. We've been especially heartened by the enthusiasm of instructors who have told us that *Pasajes* has increased not only their satisfaction in teaching Spanish, but also their students' enjoyment in learning Spanish.

The *Pasajes* Series

The Fourth Edition of *Pasajes* consists of three main texts and a combined workbook and laboratory manual developed for second-year college Spanish programs. The texts — *Literatura* (a literary reader), *Cultura* (a cultural reader), and *Lengua* (the core grammar text) — share a common thematic and grammatical organization. By emphasizing the same structures and similar vocabulary in a given chapter across all four components, the series offers instructors a program with greater cohesion and clarity. At the same time, it allows more flexibility and variety than are possible with a single text, even when supplemented by a reader. The design and organization of the series have been guided by the overall goal of developing *functional, communicative* language ability and are built around the three primary objectives of *reinforcement, expansion,* and *synthesis*.

Since publication of the first edition of *Pasajes* in 1983, interest in communicative language ability has grown steadily. The focus on proficiency, articulated in the *ACTFL Proficiency Guidelines*, and the growing body of research on the processes involved in developing each of the language skills have supported the importance of communicative ability as a goal of classroom language study, while suggesting activities that enable learners to develop specific skills in each of the four traditional areas. At the same time, the growing interest in cultural competence, which has been a focus of the *Pasajes* program from the beginning, has confirmed that instructional materials need to be not merely contextualized but also content-rich. The revisions of *Pasajes* have been shaped by these factors, as well as by the combined expertise of those who have used earlier versions of the materials and have offered suggestions based on their experiences.

Pasajes: Literatura

Pasajes: Literatura has been developed with several goals in mind. Because its focus is on *literature*, it aims to increase students' general familiarity with literature and literary devices, and to expand their knowledge of Hispanic literatures by exposure to a variety of authors and literary genres. As a reader, it is concerned with helping students to develop effective skills for reading, understanding, and interpreting literature. Finally, though no less importantly, it seeks to present literature as a means to access culture as well as diverse perspectives and linguistic registers.

The text includes writings by a range of authors from the late nineteenth century to the present, most of them drawn from the past fifty years. Spain and Latin America are approximately equally represented, and U.S. Hispanic authors are included as well. The reading selections in *Literatura,* all unedited originals, reflect the same themes developed in *Cultura* and *Lengua.*

After the first two semesters of focusing on basic language, college students should be ready for more advanced work in Spanish, which usually includes literary material. While most students are eager to tackle more sophisticated readings, many will be unprepared for the abrupt switch from carefully controlled first-year materials to the more intricate literary language. The enjoyable experience they were expecting too often becomes the tedious drudgery of translation. An instructor can help students to read more effectively in many ways; perhaps the most important is to show them how to get ready to read. Whatever the student already knows or can learn about the plot or the context of a story, about its characters or its setting, before beginning to read will establish an important mental set, or schema, making the task of reading much easier and more effective. The structure and approach of *Literatura* is specifically designed to help students develop their skills in reading Spanish-language literature.

Organization of the Text

While the look of *Pasajes* is brand new, the chapter organization of the Fourth Edition remains fundamentally the same as in the Third Edition. To enhance the utility of *Pasajes: Literatura,* we have made minor organizational changes to some sections and have renamed some of them to reflect the new look and fresh content. Suggestions for using each section and its various features are offered in the *Instructor's Manual.*

▲ **Chapter opener**

Functioning as an advance organizer for the chapter theme, the chapter opener consists of a piece of fine art and an accompanying activity designed to activate students' prior knowledge about the topic, encourage them to discuss their associations with the theme, and to set the stage for the readings and activities that follow.

▲ **Lectura I (or II)**

Each chapter consists of two main readings or a single main reading divided into two parts. Most readings are preceded by a pre-reading skills and strategies section and followed by comprehension, interpretation, and "application" activities.

▲ **Aproximaciones al texto**

In this section, students are introduced to specific literary practices, such as the use of literary conventions, genre, characterization, defamiliarization, and so forth, and have the opportunity to develop reading strategies that are appropriate for literary texts. Activities familiarize students with the literary terms and their usage, while preparing them for the specific texts. All poems are pre-ceded by discussion and activities related to poetry and poetic discourse. Many chapters also include practice in specific linguistic skills designed to help students read more efficiently and with greater comprehension, such as breaking complex sentences into simpler ones and guessing the meaning of unfamiliar words. This section closes with **Palabras y conceptos,** in which students work with key vocabulary to anticipate ideas and issues related to the main reading in each chapter. The activities in this section give students key information about the chapter reading, activate their prior knowledge of the topic, and establish important mental expectations.

▲ **Reading**

Within readings in the first five chapters, graphic symbols are used to indicate the meaning of verbs in tenses that have not yet been reviewed in *Pasajes: Lengua.* Important vocabulary items that cannot be guessed from context are glossed at the bottom of the page; glosses are mostly in English in the earlier chapters and appear increasingly in Spanish in later chapters.

▲ **Comprensión**

The **Comprensión** activities allow students to verify their general understanding of the content of the reading, as well as to practice the grammar points treated in the corresponding chapter of *Pasajes: Lengua.* Activity types vary greatly: Typical formats include, but are not limited to, content questions, true/false, sentence completions, and identifying key ideas.

▲ **Interpretación**

Once students have verified their general comprehension of the reading, they move into an interpretive phase. In these activities students move beyond their general understanding of facts and details to meaning at a deeper level. Here, too, a variety of activities helps students interpret the readings: speculating, making comparisons, and creating semantic maps.

▲ **Aplicación**

Finally, students are given the opportunity to apply what they've read to their own experience. In activities such as class discussions, role-plays, and debates, students have an opportunity to use the information gleaned from the readings in more free-form contexts.

Several special activities appear in each chapter of *Pasajes: Literatura.*

 ¡Necesito compañero! activities, identifiable by their icon, are specifically designed for partner or pair work.

 Entre todos are activities designed for whole-class discussion.

 Each chapter includes two or three **Papel y lápiz** activities. These activities, which typically build progressively one on the next, have two purposes: to encourage students to use writing as a way to explore and develop their understanding of the ideas expressed in the chapter reading(s) and to build their writing skills by practicing a variety of writing techniques. **Papel y lápiz** activities are typically informal and journal-like in nature and are not intended to be graded exercises; nevertheless, the **apuntes, mapa semánticos** and **comentarios** that students produce can be a rich starting point for more formal composition assignments.

 Improvisaciones are opportunities for learners to engage in role-play and to practice a variety of communication strategies.

Pro y contra are guided debate activities in which learners must actively defend or refute statements related to important chapter themes and issues. The **Pro y contra** and the **Improvisaciones** activities motivate learners to want to communicate while challenging them to extend their language skills in order to produce the functions and extended discourse characteristic of advanced proficiency.

The *Pasajes* Program: Changes in the Fourth Edition

Based on extensive input from instructors and students alike, we have implemented a number of changes in the Fourth Edition without altering the essence of *Pasajes*.

- The new, full-color design of *Pasajes* makes learning Spanish not only more enjoyable but also easier. The purposeful use of color highlights the various features of the text and draws attention to important material.

- In response to suggestions from a large number of instructors, we have reduced the number of main texts in the Fourth Edition, from four to three, in order to improve the manageability of the program.

- The best and most popular activities of *Actividades* have been incorporated into *Lengua,* the *Cuaderno de práctica, Literatura,* and *Cultura.* The Third Edition of *Actividades* will still be available to instructors who enjoy using it in their intermediate and advanced Spanish courses.

- To improve the manageability of the materials, the prereading material in *Literatura* has been streamlined and condensed. As in the last edition, much of the material is designed for independent study outside of class with answers provided in the Answer Appendix.

- Many new readings by contemporary authors not often anthologized have been selected to replace some of the readings in the Third Edition. The new readings selected for the Fourth Edition of *Literatura* are the following.

  - Chapter 4: "La guerra y la paz" (short story) by Uruguayan author Mario Benedetti; "El nieto" (short story) by Cuban author Antonio Benítez Rojo.

  - Chapter 5: "Por qué muchas personas no figuran en el último censo" (short story) by Argentine author Conrado Nalé Roxlo; "Tesis" (short story) by Peruvian author José Adolph.

  - Chapter 8: "El silencio en las orejas de Jimmy" (short story) by Colombian author Reinaldo Spitaletta.

  - Chapter 9: "Aprender el inglés" (poem) by U.S. Hispanic author Luis Alberto Ambroggio; "Where you from?" (poem) by U.S. Hispanic author Gina Valdés.

  - Chapter 11: "El ángel caído" (short story) by Uruguayan author Cristina Peri Rossi.

Components

Pasajes, Fourth Edition, includes the following components, designed to complement your instruction and to enhance your students' learning experience. Please contact your local McGraw-Hill sales representative for information on the availability and cost of these materials.

Available to adopters *and* to students:

■ **Literatura**

Thematically coordinated with **Lengua** and **Cultura, Literatura** is a collection of 23 literary texts, including a variety of short stories and poetry, excerpts from longer works, and a legend. All texts have been selected both for their interest to students as well as for their literary value; many favorites from the Third Edition have been retained, while others have been replaced with texts more relevant to today's students. Each text is accompanied by abundant prereading and postreading activities that develop reading and writing skills and further students' understanding of important literary devices.

■ **Cultura**

Thematically coordinated with **Lengua** and **Literatura, Cultura** is a collection of cultural essays and authentic articles culled from contemporary Spanish-language books, magazines, and newspapers. Each reading treats an aspect of the chapter topic and is accompanied by abundant prereading and postreading activities designed to develop reading and writing skills while furthering students' appreciation of the cultural diversity of the Spanish-speaking world.

■ **Voces** *Audiocassette*

This special 90-minute listening comprehension tape, corresponding to **Voces,** the "testimonial" section of **Cultura,** contains actual voices of inhabitants of Spanish-speaking countries. Ideal for in-class or for additional out-of-class listening comprehension, this tape helps develop proficiency in understanding a wide variety of accents and oral texts. Side B of the **Voces** *Audiocassette* features recordings, by native speakers of Spanish, of all the poetry selections in **Literatura,** which may be used for additional listening comprehension. The **Voces** *Audio-cassette,* provided free to adopters, is available for student purchase.

■ **Lengua**

The core grammar text for the **Pasajes** program consists of a comprehensive review and practice of basic vocabulary and grammatical structures, while introducing and practicing more advanced grammatical structures.

■ **Cuaderno de práctica: Expresión oral, comprensión, composición**

This combined workbook and laboratory manual is coordinated thematically with **Lengua, Literatura,** and **Cultura** and provides students with various controlled and open-ended opportunities to practice the vocabulary and grammatical structures presented in **Lengua.** The chapter organization of the **Cuaderno** follows that of **Lengua.** The laboratory section promotes listening comprehension through many short narrative passages, and speaking skills through a variety of activities, including pronunciation practice. The **Voces** section includes authentic interviews with men and women from different areas of the Hispanic world. The workbook section provides guided writing practice to help students develop a variety of writing skills. New in the Fourth Edition of the **Cuaderno** is the **Viaje cultural** section, containing video-based activities for individual viewing of the *Video to accompany* **Pasajes.**

■ *Audiocassette Program to accompany* **Pasajes**

Corresponding to the laboratory portion of the **Cuaderno,** the *Audiocassette Program* contains activities for review of vocabulary and grammatical structures, passages for extensive and intensive listening practice, guided pronunciation practice, and interviews with men and women from different areas of the Hispanic world. The *Audiocassette Program,* provided free to adopters, is also available for student purchase.

■ *MHELT 2.1 (McGraw-Hill Electronic Language Tutor)*

This computer program, available for both IBM and Macintosh, includes a broad selection of the form-focused grammar and vocabulary activities found in **Lengua**, Fourth Edition.

Available to adopters only:

■ *Instructor's Manual*
Revised for the Fourth Edition, this handy manual includes suggestions for using all components of the **Pasajes** program, sample lesson plans and syllabi, sample chapter tests, and the transcript of the *Video to accompany* **Pasajes**.

■ *Video to accompany* **Pasajes**
A 30-minute video consisting of authentic footage of recent television broadcasts from more than half a dozen Spanish-speaking countries. Topics are coordinated with the chapter themes of the **Pasajes** program. Video activities are found in **Lengua** as well as in the **Cuaderno**.

■ **Lengua** *Instructor's Edition*
This special edition of **Lengua**, specifically designed for instructors, contains a 32-page insert with helpful hints and suggestions for working with the many features and activities in **Lengua**.

■ *Tapescript*
This is a complete transcript of the material recorded in the *Audiocassette Program to accompany* **Pasajes**.

■ Instructional videos
A variety of videotapes are available to instructors who wish to offer their students additional perspectives on the Spanish language and Hispanic cultures and civilizations. A list of the videos is available through your local McGraw-Hill sales representative.

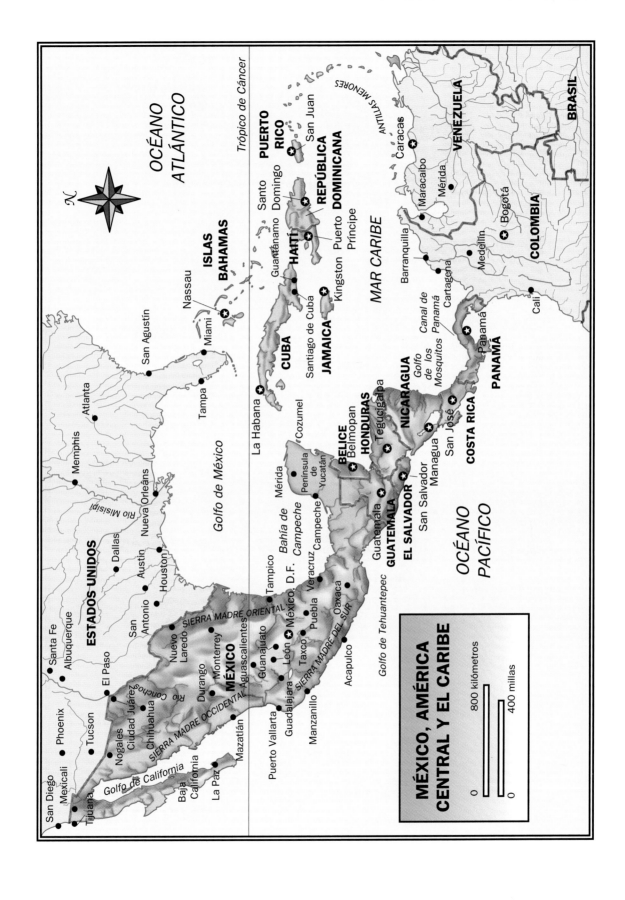

MÉXICO, AMÉRICA CENTRAL Y EL CARIBE

MAR CARIBE

OCÉANO ATLÁNTICO

Maracaibo
Barranquilla
PANAMÁ
Caracas
GUYANA
VENEZUELA
Medellín
Panamá
Georgetown
Paramaribo
Río Orinoco
Cayena
Bogotá
Cali
SURINAME
GUYANA FRANCESA
COLOMBIA
Quito
Ecuador
ECUADOR
Río Amazonas
Belém
Guayaquil
Manaus
PERÚ
BRASIL
Recife
Cuzco
Lima
Brasília
La Paz
Arequipa
BOLIVIA
Sucre
PARAGUAY
Río de Janeiro
Antofagasta
Trópico de Capricornio
CHILE
Asunción
San Miguel de Tucumán
São Paulo
La Serena
OCÉANO PACÍFICO
Córdoba
Rosario
Valparaíso
URUGUAY
OCÉANO ATLÁNTICO
Santiago
ARGENTINA
Montevideo
Concepción
Buenos Aires
Río de la Plata
Bahía Blanca
N
Puerto Montt
Bariloche
Chiloé

Islas Malvinas
Estrecho de Magallanes
Punta Arenas
Tierra del Fuego
Cabo de Hornos

AMÉRICA DEL SUR

0   1500 kilómetros

0   1000 millas

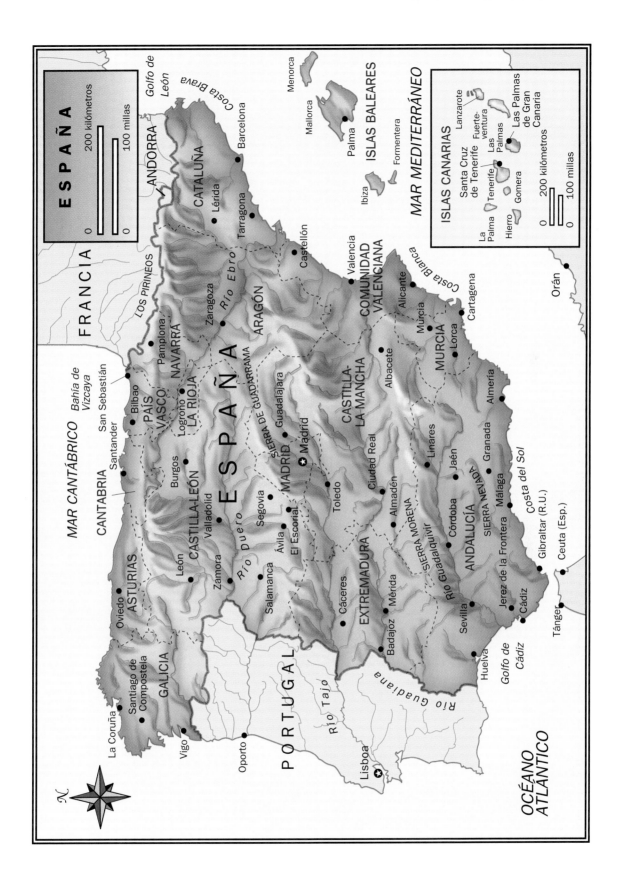

ESPAÑA

200 kilómetros

100 millas

FRANCIA

Golfo de León

Costa Brava

ANDORRA

CATALUÑA

Barcelona

LOS PIRINEOS

Lérida

Tarragona

Río Ebro

Castellón

Zaragoza

ARAGÓN

Valencia

COMUNIDAD VALENCIANA

Pamplona

NAVARRA

Costa Blanca

Alicante

San Sebastián

Bilbao

PAÍS VASCO

Logroño

LA RIOJA

SIERRA DE GUADARRAMA

Guadalajara

MADRID

Madrid

Murcia

MURCIA

Lorca

Albacete

CASTILLA-LA MANCHA

Bahía de Vizcaya

MAR CANTÁBRICO

Santander

CANTABRIA

Burgos

CASTILLA-LEÓN

Valladolid

Segovia

Ávila

El Escorial

Toledo

Ciudad Real

Linares

Jaén

Almería

ASTURIAS

Oviedo

León

Zamora

Salamanca

Río Duero

ESPAÑA

Cáceres

EXTREMADURA

Almadén

SIERRA MORENA

Córdoba

Granada

SIERRA NEVADA

Málaga

Costa del Sol

GALICIA

Santiago de Compostela

La Coruña

Vigo

Oporto

PORTUGAL

Río Tajo

Badajoz

Mérida

Río Guadalquivir

ANDALUCÍA

Sevilla

Jerez de la Frontera

Cádiz

Gibraltar (R.U.)

Ceuta (Esp.)

Huelva

Golfo de Cádiz

Río Guadiana

Lisboa

OCÉANO ATLÁNTICO

Tánger

Orán

Cartagena

Menorca

Mallorca

Palma

ISLAS BALEARES

Ibiza

Formentera

MAR MEDITERRÁNEO

ISLAS CANARIAS

Lanzarote

Santa Cruz de Tenerife

Fuerte-ventura

Tenerife

Las Palmas

Las Palmas de Gran Canaria

La Palma

Gomera

Hierro

200 kilómetros

100 millas

PASAJES

LITERATURA

CUARTA
EDICION

Antes de empezar

Diego Rivera, *Fin del corrido*

Pasajes: *Literatura* is a sample of short stories, plays, poetry, and other literary works from some of the best-known, as well as several lesser-known, contemporary Hispanic writers. One of the reasons often given for studying a foreign language is to be able to read, and appreciate in the original, the literature that has been written in that language. Although this goal is a good one in theory, it is difficult to achieve in practice. For this reason, *Pasajes: Literatura* is not only a book *about* literature, but also a book about *how to read* literature, an ability that can enhance and enrich your appreciation of Hispanic culture and the human experience. *Pasajes: Literatura* is structured to help you approach literature with more understanding and enjoyment.

- **Aproximaciones al texto.** This prereading section, which occurs with most reading selections, includes two general types of activities designed to help you "approach" the text you will read and to help you read with minimal use of the dictionary and/or translation. Answers to these activities are provided in the **Answer Appendix** when possible.

    The first type of activity consists of a description of a specific literary device (for example, characterization, irony, theme) with accompanying activities to help you recognize its use within the selection and appreciate its effect on you as the reader. In addition, the poetry sections have activities in a special **Aproximaciones al texto: La poesía** section to help you become aware of the poet's craft—what he or she does to put a poem together—and to increase your ability to understand and interpret what is being said. This section also contains explanations of and practice with reading strategies (word guessing, cognate recognition, skimming, outlining, and so forth), grammar tips (for example, simplifying sentences or recognizing the subjects and verbs of sentences), and cultural or other background information related to the reading.

    The second type of activity, **Palabras y conceptos,** contains a list of vocabulary useful for understanding and discussing the reading selection. These vocabulary items are practiced in various types of exercises, so that by the time you begin to read, vocabulary that may have been previously unknown to you will have become familiar.

    Both types of **Aproximaciones al texto** activities often encourage you to use certain strategies to familiarize yourself as much as possible with the general topic of the selection before you read it. These strategies include looking at titles, subtitles, and illustrations; thinking about and discussing what you already know about a certain topic; and so on. In the reading selections themselves, unfamiliar vocabulary, grammatical constructions, and idiomatic expressions are defined at the bottom of the page. These have been kept to a minimum to encourage you to apply the skills that you have practiced. In addition, in **Capítulos 1** through **5,** the past, future, and progressive tenses are indicated by in-text symbols to help you recognize those forms. Past tenses are indicated by ←, future tenses by →, and progressive tenses (the *-ing* form in English) by ᘉ.

■ Following each reading selection are one or more activities, occurring in sections entitled **Comprensión**, **Interpretación**, or **Aplicación** depending on the focus of the activity. These activities move from literal content questions to discussion and analysis of the selections. They are designed to improve your understanding and expand your appreciation of what you have read. Answers to the Comprehension activities are also provided in the **Answer Appendix** when possible.

We hope you will enjoy the readings in *Pasajes: Literatura;* they touch upon themes universal to the human experience, but viewed from a particularly Hispanic perspective. We encourage you to be patient and to pursue carefully the reading strategies offered throughout the book (be honest: how long did it take you to learn to read in English?), in the hope that you will find yourself at the text's end eager and ready to continue reading Spanish literature.

Notes on Glossing

Words in the reading that are not in the chapter vocabulary and are not usually part of second-year college vocabulary are indicated by superscript numbers within the text and defined at the bottom of the page. If more than one word requires glossing, the superscript number will appear after the last word in the phrase, and the first word will be included at the bottom.

in text:	Le dan las gracias por haberse dejado ver.[1]
gloss at bottom of page:	[1]haberse... *having let itself be seen*

In the early chapters, definitions may be in either English or Spanish. In later chapters, Spanish predominates. When English is used, the definition appears in italic type. When Spanish is used, the definition appears in roman type. Words that can be guessed from the context are not glossed.

CAPITULO UNO

1

Tipos y estereotipos

Fernando Botero, *Ruben's Wife* (La esposa de Rubén)

Muchas formas de expresión artística, como la literatura, la pintura y el cine, representan estereotípicamente a sus personajes (*characters*) y argumentos (*plots*). A veces el propósito de usar este tipo de representación es llamar la atención sobre los estereotipos para demostrar lo ridículos que son. Observe la pintura de la izquierda. ¿Qué estereotipo(s) cree Ud. que se representa(n) aquí? ¿Se representa(n) de una forma seria o satírica? ¿Cuál cree que es el propósito de usar esta forma para representar estos estereotipos?

Trabaje con un compañero / una compañera de clase para pensar en programas de televisión, películas o libros que representan a los siguientes personajes o argumentos, y describan brevemente el tema de cada uno.

a. un niño travieso (*mischievous*)	**d.** el amor «perfecto»
b. el crimen pasional	**e.** la familia «ideal»
c. un miembro de la mafia	**f.** la vida estudiantil

- ¿Cómo están representados estos personajes y cómo son los argumentos en los programas, películas o libros que Uds. mencionaron?

- ¿Cuáles de los siguientes adjetivos (u otros) creen Uds. que reflejan la visión presentada en ellos: tradicional, verosímil (*true to life*), estereotípica, crítica, absurda, etcétera?

LECTURA I SOMBRAS DEL PASADO (PARTE 1)

APROXIMACIONES AL TEXTO*

Convenciones literarias: Parte I

Many types of literature follow certain rules that lead to typical or even stereotypical patterns in the development of the characters and the plot. These rules, known as *literary conventions* (**convenciones literarias**), occur in all types of literature.

Every genre (**género**) and subgenre (**subgénero**)[†] has its own set of predetermined literary conventions that essentially establishes a "contract" between the author and the reader. For example, we know that a western follows different conventions than a murder mystery. Each genre is characterized by different kinds of characters, plots, settings (**ambientes**), and endings (**desenlaces**). Once identified, the genre allows the reader to make predictions about each of these elements.

A ¿Qué subgéneros corresponden a los personajes, argumentos o desenlaces típicos de las tablas a continuación?

PERSONAJES			SUBGENEROS
Un hombre que lleva impermeable y fuma pipa.	Un hombre en pantalones vaqueros con sombrero y chaqueta de cuero (*leather*).	Un individuo con una cabeza muy grande cubierta de antenas que emiten unos sonidos extraños.	**a.** una película del oeste **b.** una película de ciencia ficción **c.** una novela de detectives

ARGUMENTOS			SUBGENEROS
Un hombre se enamora de una mujer y tiene muchas dificultades en conquistarla, pero al fin lo hace y se casan.	Un hombre se enamora de dos mujeres y no puede decidir a cuál de ellas ama más. Se casa con las dos (¡ellas no lo saben!), y se producen muchas complicaciones.	Un hombre se enamora de una mujer pero su amor queda subordinado a la búsqueda (*search*) de un tesoro (*treasure*).	**a.** una comedia **b.** una novela rosa (*romance*) **c.** una historia de aventuras

---

*When possible, answers to **Aproximaciones al texto** and **Palabras y conceptos** are provided in the Answer Appendix.

[†]*Genre* refers to a class or category of literature. The major genres are the novel, poetry, drama, the short story, and the essay. Within a given genre there are many types of *subgenre;* for example, within the genre of the novel, there is the adventure story, the romance, science fiction, the murder mystery, and so on.

DESENLACES			SUBGENEROS
Un príncipe besa a una princesa dormida. Ella se despierta y una melodía romántica llena el teatro.	Una mujer amenaza (*threatens*) a su marido con abandonarlo. El la mira con odio y le recuerda que la casa y todo su dinero están a nombre de él.	Un hombre vestido de negro con colmillos (*fangs*) muy largos y afilados da un grito diabólico y desaparece, tragado (*swallowed*) por la tierra.	**a.** una película de terror **b.** una telenovela (*soap opera*) **c.** un cuento de hadas (*fairy tale*)

Some kinds of literature follow the rules of their genre more closely than others. "Popular literature," or literature that is aimed at a wider audience, is usually more bound by literary conventions than other kinds of literature. A well-known type of popular literature is the romance or, in Spanish, the **novela rosa.** It is similar to the Harlequin Romance novels or "pulp novels" popular in the United States.

B Lea las siguientes preguntas y contéstelas brevemente, basándose en su propia experiencia.

1. ¿Qué sabe Ud. de la novela rosa? ¿Cómo son los personajes? ¿Cómo es el argumento? Generalmente, ¿cómo termina?
2. ¿Cuáles son algunos de los problemas tratados en esta clase de novela?
3. ¿Cómo es el lenguaje de estas novelas? ¿popular? ¿serio? ¿difícil? ¿Refleja la forma de hablar de la clase baja? ¿de la clase media? ¿de los intelectuales?
4. ¿Cómo es el típico lector / la típica lectora de la novela rosa?

C Papel y lápiz ¿Qué tal le resultó el análisis de la novela rosa? ¿Acertó? Elija dos o tres de los puntos a continuación y explórelos en su cuaderno de apuntes.

■ Resuma las características que Ud. acaba de mencionar en la actividad B, apuntándolas en su cuaderno en un mapa semántico como el siguiente.

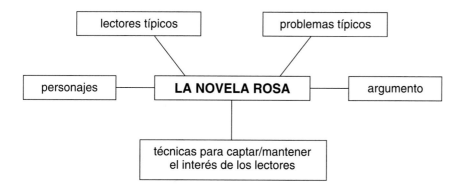

■ En la televisión también se presentan novelas rosa; en ese formato se llaman **telenovelas.** Identifique una telenovela que Ud. (o sus amigos) mira con alguna frecuencia.

■ ¿Cuáles de las características que Ud. incluyó en el mapa se aplican también a la telenovela que acaba de identificar? ¿Hay características de la telenovela que no apuntó en el mapa? ¿Cuáles son?

■ Escriba dos o tres oraciones que resuman sus ideas sobre las semejanzas y diferencias entre la novela rosa y la telenovela.

Palabras y conceptos

el ascensor elevator
la butaca armchair
colgar (ue) to hang
de pie on foot
la ducha shower
embarazada pregnant
el espejo mirror
las facciones (facial) features
la facultad college, school (*of a university*)
la llamada call
la llovizna light rain
el piso floor; apartment
repentinamente suddenly
el salón living room
se trata de it deals with; it is a question of
seguro sure
　la seguridad safety; assurance
sentirse (ie, i) to feel
sereno serene, calm
el siglo century

La ropa
los calcetines socks
el chubasquero raincoat
(des)vestirse (i, i) to get (un)dressed
la falda skirt
el gorro cap
el traje suit

El cuerpo
el bigote mustache
la frente forehead
el hombro shoulder
el pecho breast
la sangre blood
el vientre womb; belly
la voz voice

A Describa una relación posible entre cada grupo de palabras.

MODELO:　sereno/seguro/sentirse →
　　　　　Una persona está serena cuando se siente segura.

1. la llovizna / el gorro / el chubasquero
2. el espejo / las facciones / la frente
3. embarazada / el vientre
4. desvestirse / el traje / colgar
5. el ascensor / el piso / el salón
6. la facultad / la seguridad
7. la llamada / la voz
8. la ducha / la llovizna / la sangre

B Divídanse en grupos de tres o cuatro personas. El profesor / La profesora les asignará (*will assign*) uno de los dos temas a continuación. Cada grupo debe conversar sobre el tema asignado, usando las palabras de la lista del vocabulario. Después, compartan sus conclusiones con el resto de la clase.

1. Observen el primer dibujo del texto, en el que se ve a una joven hablando por teléfono. Busquen en el texto la parte que corresponde al dibujo, incluyendo el diálogo telefónico. ¿Qué palabras de la lista del vocabulario aparecen en el dibujo? ¿y en el texto que corresponde al dibujo? ¿Qué elementos del texto están representados en el dibujo? ¿Cómo se siente la mujer que hace la llamada? ¿Y cómo se siente la mujer que contesta la llamada: segura, serena, intrigada, preocupada? ¿Qué relación hay entre las dos mujeres?

   Basándose en el dibujo y el diálogo, hagan hipótesis sobre el argumento del texto que van a leer (piensen en las novelas rosa o en las telenovelas). Por ejemplo, ¿cuál es el motivo de la llamada telefónica? ¿Qué va a hacer cada una de las mujeres después de colgar el teléfono? Busquen vocabulario de la lista para obtener más ideas.

2. Lean el primer párrafo del texto y busquen el dibujo que corresponde a ese párrafo. ¿Qué palabras de la lista del vocabulario aparecen en el párrafo? ¿y en el dibujo? ¿Qué elementos del dibujo están descritos en el párrafo? ¿Quién es la persona que está en la butaca? Y ¿quién está de pie? ¿Qué relación hay entre esos dos personajes? ¿Dónde están? ¿Qué sentimientos demuestran?

   Basándose en el dibujo y el párrafo, hagan hipótesis sobre el texto que van a leer (piensen en las novelas rosa o en las telenovelas). Por ejemplo, ¿qué relación puede haber entre la mujer que lleva chubasquero y los otros personajes? ¿De qué va a tratar la conversación entre los tres? Busquen vocabulario de la lista para obtener más ideas.

C Entre todos Compartan sus observaciones e hipótesis de la actividad B con los otros grupos. ¿Hay mucha diferencia de opiniones?

- ¿Qué revela cada dibujo y cada texto sobre los personajes (las relaciones y los conflictos entre ellos)? ¿sobre el ambiente de la novela?

- ¿Dónde y en qué época ocurre la novela?

- ¿Cuál es la secuencia de los dos dibujos?

- ¿De qué va a tratar la novela?

D Ahora observe el tercer dibujo del texto, en la página 21. Comparándolo con los dibujos anteriores, ¿qué cambios nota Ud.? ¿Cómo se siente cada uno de los personajes? ¿Qué indica el dibujo con respecto al desenlace de la novela? Especule.

Nota: Remember that reading is like many other activities; it requires a great deal of practice. At first you won't understand every word of the readings. But as you read more, you will learn more vocabulary and you will know more grammar and understand the literary conventions better. For now, use the language that you do know, as well as what you understand about literary conventions, to help you pull out the main ideas of the text. Use the context to help you guess the meaning of unfamiliar words.*

---

*Vocabulary, grammatical structures, and verb tenses that may be unfamiliar to you are glossed at the bottom of the page. The past tenses, the future, and the present participle (-*ing*) are indicated with the following symbols.

future →   past ←   present participle ∿

Sombras del pasado (Parte 1)

España

Sobre el autor
A. Castilla Gascón es autor de una gran variedad de novelas rosa publicadas en España. Su nombre, como el de otros escritores de esta clase de novela, no es bien conocido. Podría (It could) ser un seudónimo, y el autor podría ser hombre o mujer. A los lectores de las novelas rosa no les interesa ni el nombre ni la identidad de su autor, ya que estas obras no varían en gran medida de las convenciones establecidas del género.

1   La escena parecía responder a[1] una de esas viejas fotos familiares, amarillentas de tiempo ido, en las que el padre de bigote recio,[2] sentado en una silla tapizada de pana roja,[3] defendía (←) su severidad tras un gesto adusto[4] mientras la esposa, de pecho generoso y peinado alzado,[5] custodiaba (←) sus espal-
5 das apoyando (∩) una mano en el hombro recto del paterfamilias.

     Leonor se dijo[6] que su llamada telefónica debía haber sido[7] más reveladora de lo que ella había deseado (←).

     En la precaria soledad de la cabina telefónica, en la avenida batida por una persistente llovizna de otoño, se había sentido (←) la mujer más segura del
10 mundo... y también la más desamparada.[8]

[1]parecía... *seemed like*   [2]*thick*   [3]tapizada... *covered in red corduroy*   [4]gesto... *harsh expression*
[5]peinado... *tall hairdo*   [6]se... *told herself*   [7]debía... *must have been*   [8]*helpless*

—¿Mamá?

—¿Eres tú, Leonor?

—Sí, mamá.

—¿Cómo estás, hija?

—Bien. Te llamo porque tengo que hablar contigo... contigo y con papá.

—¿Te ocurre algo? ¿Estás enferma?

—No, estoy muy bien.

—¡Ay, hija, por favor... !

Eso significaba (←) que su madre descalificaba su modo de alarmarla.[9]

—¿Estaréis (→) esta noche en casa?

—Desde luego. Ven a cenar. Hace más de dos semanas que no tenemos señales tuyas.[10]

Ahora la voz de la madre era (←) más serena, ligeramente admonitoria, exhibiendo (∿) el reclamo[11] de la sangre ante la hija independizada.

—Voy para allá entonces, mamá.

—Hija, dime algo... ¿es importante?

—Muy importante.

—¡Dios mío!

—Mamá, hazme el favor de no inquietarte. En una hora estaré (→) contigo y podremos (→) hablar. ¿De acuerdo?

—Le diré (→) a tu padre que tienes un problema —dijo (←) la madre, buscando (∿) un indicio.[12]

—Hasta ahora, mamá.

Leonor dejó (←) el auricular en la horquilla y permaneció[13] todavía un instante en la cabina telefónica, ajena al[14] tamborileo de la llovizna, al sonido del viento que se deslizaba por[15] la Avenida Diagonal como un viajero helado que descendía (←) del norte en busca de territorios más cálidos.[16]

Salió (←) nuevamente a la inclemencia del anochecer,[17] levantó (←) las solapas del chubasquero y ajustó (←) el gorro de plástico a la cabeza antes de comenzar a andar en dirección a Capitán Arenas.[18]

Cruzó (←) la Diagonal bajo la pincelada blanquecina[19] de los coches que aguardaban (←) la señal del semáforo y continuó (←) calle arriba con el paso[20] indolente y el pensamiento enmarañado en una red[21] de ideas contradictorias.

A pesar de la confusión que sentía (←), más allá[22] del combate en que se empeñaban sus reflexiones encontradas,[23] Leonor experimentaba (←) una todopoderosa seguridad en sí misma; como si la lucha interior fuese[24] solamente un episodio innecesario, con un final que ella ya conocía (←) y que, bueno o malo, era (←) el que había elegido (←) sin el menor asomo[25] de duda.

Repentinamente, con una intensidad imposible de describir, su cuerpo la maravillaba.[26]

Llegó (←) al portal del edificio en que vivía (←), fue hasta el ascensor, entró (←) en la cabina y se miró[27] en el espejo mientras ascendía (←) hasta la sexta planta.

---

[9]descalificaba... *didn't like Leonor's way of alarming her*   [10]no... *we haven't seen you*   [11]*right, privilege*   [12]*hint*   [13]*stayed*   [14]ajena... *unaware of*   [15]se... *slipped along*   [16]*calientes*   [17]*nightfall*   [18]Capitán... nombre de una calle   [19]pincelada... *white lights*   [20]*pace, step*   [21]*net, snare*   [22]más... *beyond*   [23]en... *in which her thoughts were engaged*   [24]*were*   [25]*bit*   [26]la... *amazed her*   [27]se... *looked at herself*

Era (←) su rostro[28] de siempre, con sus grandes ojos almendrados; el cabello húmedo y castaño cayendo (∩) sobre la frente amplia; la nariz recta y pequeña; la boca grande, de labios juguetones y rojos; los pómulos[29] marcados y ligeramente estirados hacia arriba y los lados,[30] confiriendo (∩) a sus facciones, verdaderamente hermosas, una fascinación particular, una inquietante apariencia oriental.

—Aquí estamos, Leonor —se dijo observándose (∩) uno y otro perfil—, en la puerta de una etapa que va a cambiarnos la vida.

Entró (←) en el piso, encendió (←) la lámpara de pantalla de pergamino y reconoció (←) en la amarillenta luminosidad una compañía conocida y amable.[31]

Se quitó (←) el chubasquero y el gorro, y los colgó (←) del antiguo perchero[32] pintado de color ocre. Dejó (←) las botas de goma allí mismo y avanzó (←) en calcetines hacia el dormitorio, cruzando (∩) el amplio salón. Se desvistió (←) con urgencia, igual que lo hiciera[33] aquella mañana y aquella tarde, poco antes de ir a clase, en la facultad de arquitectura; sólo que en esta ocasión se desvestía (←) para ella, para observar su desnudez con una complicidad inédita.[34]

El cuerpo era cálido, de caderas[35] limpias y largas piernas, el vientre hundido[36] de delgadez y ejercicio y los pechos plenos, duros y erguidos,[37] de pezones[38] generosos.

Acarició (←) un instante los pechos antes de abrir el grifo[39] de la ducha y recuperar su calor perdido bajo la lluvia, en el viento, bajo la dudosa caricia del otoño.

Media hora más tarde entraba (←) en el salón de la casa de sus padres y les descubría (←) silenciosos, aguardándola (∩) como en una de aquellas viejas fotografías: Joan Casals sentado en su butaca preferida, junto al radiador, rodeado por las librerías[40] que cubrían (←) las paredes del salón; y su madre, Leticia Terranova, de pie a su lado, con la mano delicada apoyada como un pájaro sobre el hombro del marido.

Había (←) algo, no obstante, que desmentía[41] la escenografía de las fotografías de principios de siglo. Era (←) el atavío:[42] el traje gris perla, elegante y juvenil del padre, y la falda negra y la blusa blanca de la madre. Ambos tenían (←) 45 años y llevaban (←) una vida ordenada, sobria y moderna que rejuvenecía (←) los rasgos recios[43] del padre y confería (←) un atractivo notable a las facciones de la madre, cuyo parecido[44] con Leonor era (←) sorprendente.

—Hola, mamá.

Leonor besó (←) a su madre y luego se inclinó,[45] miró (←) un instante a su padre y le abrazó (←) con ternura.

—Tu madre me ha dicho (←) que deseabas (←) hablar con nosotros. Es algo nuevo en ti, cariño. Normalmente llegas a casa en cualquier[46] momento con un nuevo proyecto en tu loca cabecita. ¿A qué se debe[47] tanto misterio? ¿Acaso[48] te has decidido (←) a presentarnos a tu novio definitivo?

Había (←) camaradería y buen humor en las palabras de Joan Casals y su

---

[28]cara [29]cheekbones [30]ligeramente... slightly slanted [31]una... familiar and agreeable surroundings [32]coatrack [33]igual... exactly as she had done [34]complicidad... special interest [35]hips [36]flat [37]uplifted [38]nipples [39]faucet [40]rodeado... surrounded by the bookshelves [41]gave the lie to, contradicted [42]clothing [43]rasgos... stern features [44]cuyo... whose resemblance [45]se... she bent over [46]any [47]¿A... So why [48]Maybe

100 tono despreocupado y jocoso[49] relajaba (←) la tensión de la madre que no podía extirpar de su ánimo.[50]

—No —dijo (←) Leonor con voz serena—, no se trata de un novio, papá. Estoy embarazada.

Y en la fracción de segundo que siguió (←) a su revelación, Leonor recordó
105 (←) ordenadamente cuánto había ocurrido (←) esa misma tarde, cuando dijera[51] la misma frase a Miguel.

—¡Hija! —exclamó (←) la madre—, ¿cómo puedes estar segura... ?

Pero no era (←) una pregunta, era (←) un modo de combatir aquella locura imprevisible.[52]

110 —¿Has ido (←) a ver a un médico? —preguntó (←) Joan Casals, apretando las mandíbulas.[53]

—Esta mañana. Estoy embarazada de diez semanas, aproximadamente.

—¿Conocemos al muchacho?

—No.

115 —¿Quién es?

—Un buen muchacho. Un compañero de estudios.

—¿Se lo has dicho?[54]

—Desde luego, esta misma tarde.

—¿Y?

[49]tono... *jovial, unworried tone*   [50]que... *that she (the mother) couldn't get rid of*   [51]*she had said*
[52]*unforeseen*   [53]apretando... *clenching his jaws*   [54]¿Se... *Have you told him?*

Comprensión*

A ¿Cierto (**C**) o falso (**F**)? Corrija las oraciones falsas.

1. _____ Leonor llama a sus padres porque quiere ir a visitarlos.
2. _____ Leonor ve a sus padres con mucha frecuencia.
3. _____ Sus padres esperan con curiosidad la llegada de Leonor a su casa.
4. _____ Leonor expone su problema con mucho tacto para no sorprender a sus padres.
5. _____ El novio de Leonor es un amigo de la familia.

B Los siguientes dibujos ilustran elementos mencionados en la primera parte de *Sombras del pasado*. ¿Cuáles corresponden exactamente a ciertos pasajes del texto? ¿Cuáles no corresponden exactamente? Explique por qué. ¿En qué pasaje o escena del texto está presente cada elemento?

1.   2.   3.   4.   5.

Interpretación

A En la novela rosa moderna, es fácil encontrar pasajes llenos de sensualidad. ¿Puede Ud. identificar algunos pasajes sensuales en la primera parte de *Sombras del pasado*?

B ¿Cómo es el lenguaje de este texto? ¿Es típico de una novela rosa? ¿Qué palabras o expresiones de la siguiente lista describen mejor el lenguaje del texto? Haga una descripción de este lenguaje con sus propias palabras, buscando ejemplos en el texto para ilustrar sus ideas. Luego, compare su descripción con sus previas respuestas a la actividad B de Aproximaciones al texto. ¿Es diferente ahora el concepto que Ud. tiene del lenguaje de las novelas rosa del que tenía antes? Explique.

    con frases de cajón (*stock phrases*)
    erudito (*scholarly*)
    (im)personal
    lírico
    melodramático
    obsceno
    poético
    popular
    sentimental

---

*When possible, answers to the **Comprensión** exercises are included in the Answer Appendix.

c ¿Cuáles de las siguientes estrategias (u otras) utiliza el autor / la autora de *Sombras del pasado* para mantener el interés de los lectores? Busque ejemplos en el texto.

- alterar el orden cronológico de los sucesos
- dar información incompleta para crear un ambiente de misterio
- crear personajes impredecibles (*unpredictable*)
- presentar sentimientos intensos y situaciones dramáticas
- presentar mucha acción y muchas aventuras
- ¿ ?

Aplicación

Papel y lápiz Según el texto que Ud. acaba de leer, ¿hay algunos indicios de conflicto entre los personajes de la novela? ¿Cuál es el conflicto y cómo se va a resolver? Explore esto en su cuaderno de apuntes.

- Tomando en cuenta las características de este género literario (los personajes, el argumento, etcétera), ¿cómo cree Ud. que van a reaccionar el padre y la madre de Leonor al recibir las noticias que ella les da? ¿Cree que ambos van a reaccionar de la misma manera? ¿Por qué sí o por qué no?

- ¿Qué van a sugerir los padres para resolver la situación? ¿Y cómo va a reaccionar a esto Leonor? ¿Qué alternativa(s) va a proponer ella?

- Escriba un párrafo para contestar estas preguntas y explicar lo que cree que va a pasar en la segunda parte de la novela.

LECTURA II SOMBRAS DEL PASADO (PARTE 2)

APROXIMACIONES AL TEXTO

Word Guessing from Context

Even though you do not know every word in the English language, you can probably read and understand almost anything in English without having to look up many unfamiliar words. You can do this because you have learned to make intelligent guesses about word meanings, based on the meaning of the surrounding passage (the context).

You can develop the same guessing skill in Spanish. There are two techniques that will help you. The first is to examine unfamiliar words to see whether they remind you of words in English or another language you know. Such words are called *cognates* (for example, *nation* and **nación**). The second technique is the same one you already use when reading in English, namely, scanning the context for possible clues to meaning.

Las siguientes oraciones están basadas en la segunda parte de *Sombras del pasado*. Las palabras en letra cursiva (*italics*) son cognados. Las palabras subrayadas (*underlined*) pueden entenderse por el contexto; trate de adivinar su significado.

1. Se había negado *sistemáticamente* a pensar (*She had* _____ *refused to believe*) que Leonor tenía una vida *sexual* porque aquella idea no era *compatible* con la niña que ella había <u>parido</u>.
2. La madre <u>abofetea</u> a su hija con crueldad. Una única <u>bofetada</u> que deja los cinco dedos marcados en la mejilla (*cheek*) de Leonor.
3. Leonor *avanzó* hasta el *sofá,* se arrodilló (*knelt*) delante de su madre, y le <u>cogió</u> las manos.

Palabras y conceptos

asistir (a) to attend (a function)
cambiar de idea to change one's mind
comprensivo understanding
contar (ue) con to count on
delante de in front of
gritar to scream
(in)sensible (in)sensitive
la máscara mask
  la mascarada masquerade

propio own
sentir(lo) (ie, i) to regret, be sorry
  siento mucho I regret
la soltera single woman
el sueño dream
tampoco neither; nor that either
todavía still; yet
la vergüenza shame, embarrassment

A ¿Qué palabras de la lista del vocabulario asocia Ud. con los siguientes personajes o lugares de *Sombras del pasado*? Explique el porqué de las asociaciones que hace.

MODELO: Leonor: embarazada, soltera, la vergüenza →
Leonor es soltera y está embarazada. Algunos consideran que esto es una vergüenza.

1. los padres: las apariencias, ...
2. la madre: histérica, ...
3. Leonor: triste, ...
4. el padre: indiferente, ...
5. el piso: independiente, ...
6. la universidad: el sueño, ...

B Complete las oraciones a continuación con la forma correcta de las palabras y expresiones de la lista del vocabulario. Después indique si en su opinión esas oraciones van a resultar ciertas o falsas en la segunda parte de *Sombras del pasado*. Justifique sus respuestas, basándose en lo que ha leído, en lo que sabe de las convenciones de la novela rosa y en lo que ve en el dibujo de la página 21.

1. Leonor es _____ y está embarazada. Mucha gente cree que esto es una _____, pero Leonor no piensa así. Sus padres _____ piensan así.
2. El novio de Leonor no quiere casarse (*to get married*) porque _____ es muy joven. El está firme en su opinión, y no va a _____.
3. Leonor sabe que puede _____ el apoyo (*support*) de sus padres, porque ellos son muy _____.

4. La madre de Leonor no quiere mostrarse débil (*to appear weak*) _____ su esposo. Por esta razón no expresa sus sentimientos: parece _____.

C ¿Cuáles de los siguientes temas cree Ud. que se van a mencionar en la segunda parte de la novela y cuáles no? Explique.

el matrimonio (*marriage*)	el aborto	el amor platónico
la seguridad económica	las relaciones sexuales	la salud (*health*)
la política	la religión	el crimen

Sombras del pasado (Parte 2)

1   La madre asistía (←) al interrogatorio con la convicción de que aquello no estaba ocurriéndole a ella[1] y, mucho menos, a su única hija. Siempre había dado por sentado[2] que Leonor era (←) una muchacha madura y poco amiga de las tonterías.[3] Se había negado[4] sistemáticamente a pensar que Leonor tenía
5   (←) una vida sexual como la mayoría de las chicas de su edad porque aquella idea no era (←) compatible con la niña que ella había parido, criado,[5] educado y... recriminado cuando decidió (←) marcharse de la casa paterna para vivir sola.

—¿Qué es lo que quieres saber, papá?

10   Joan Casals se puso (←) de pie, encendió (←) un cigarrillo, se frotó[6] las manos y respiró (←) profundamente.

—Escúchame, Leonor. No eres una muñequita[7] estúpida, de modo que no eludas[8] el tema...

—No estoy eludiendo (∩∩) nada. He venido (←) a deciros que estoy emba-
15   razada y estoy dispuesta[9] a responder a todo lo que vosotros deseéis saber —dijo (←), conservando (∩∩) la serenidad.

—¿Cómo crees que nos sentimos nosotros? —bramó[10] el padre, deteniéndose (∩∩) ante ella y abriendo (∩∩) las manos en una actitud teatral; pero se controló (←) rápidamente, caminó (←) algunos pasos en dirección a su esposa,
20   se detuvo, giró[11] y miró fijamente[12] a su hija.

—¿Se casará (→) contigo? —preguntó (←).

—No.

—¡Un cretino,[13] un verdadero cretino... ! —bramó (←) Leticia Terranova, yendo (∩∩) rápidamente a abrazar a su hija, víctima de las andanzas de un
25   psicópata.

—No es un cretino, mamá. Es un chico estupendo y le quiero muchísimo. Los dos nos queremos, pero no vamos a casarnos.

—¿Os iréis (→) a vivir juntos? —preguntó (←) el padre.

—Tampoco.

30   —¿Por qué no?

—Miguel se va becado[14] a los Estados Unidos dos años. Es el sueño de su vida.

—¿Y tú, maldita sea[15]? —gritó (←) ahora Joan.

---

[1]aquello... *that was not happening to her*   [2]Siempre... *She had always taken for granted*   [3]*silly acts or remarks*   [4]Se... *She had refused*   [5]había... *had given birth to, raised*   [6]se... *rubbed*   [7]*little doll*   [8]de... *so don't avoid*   [9]*ready*   [10]*roared*   [11]se... *stopped, turned*   [12]miró... *glared*   [13]*idiot*   [14]*with a scholarship*   [15]maldita... *be damned*

—Yo le comprendo.

35 —¿Por qué, hija mía? Dime por qué...

—Porque hicimos (←) el amor y me descuidé.[16] Eso es todo —replicó (←) Leonor, todavía de pie en medio de la habitación.

La madre se plantó (←) frente a ella y la abofeteó[17] con crueldad. Una única bofetada que dejó (←) los cinco dedos marcados en la mejilla de Leonor.

40 —¡Leticia! —gritó (←) el padre, llevándose (∿) a su mujer hasta el sofá y obligándola (∿) a sentarse, envuelta en sollozos.[18]

—Creo que es mejor que me vaya, papá.

—¿Qué piensas hacer? —preguntó (←), permaneciendo (∿) junto a su esposa, con un tono helado[19] en la voz.

45 —¿Tú qué crees?

—Tu madre puede acompañarte... adonde sea.[20] Todavía eres muy joven y aún no has terminado (←) tus estudios.

—No —dijo (←) Leonor.

—No nos precipitemos,[21] querida. Sé que ahora parece muy duro, pero es 50 la única solución. ¿Es que no lo comprendes?

—No he venido (←) a pediros ayuda ni a crearos problema alguno. Sólo quería (←) que supierais[22] que estoy embarazada y que voy a tener a mi hijo. Eso es todo.

—Joan, por favor... —suplicó (←) Leticia—, dile[23] que se ha vuelto (←) 55 loca... dime que no es cierto, que todo esto no nos está ocurriendo (∿) a nosotros... por favor, Joan...

Leonor avanzó (←) hasta el sofá, se arrodilló[24] delante de su madre, le cogió (←) las manos y procuró hallar un atisbo[25] de comprensión en los ojos mercuriales, surcados por las lágrimas.

60 —Mamá, sé lo que hago. Tengo veintidós años y gano dinero suficiente con mi trabajo...

—¿Qué clase de trabajo? ¿Acaso hacer perspectivas y dibujos para los estudios de arquitectura es un trabajo sólido?

Ahora era (←) el padre quien arremetía contra[26] la sólida ciudadela[27] 65 maternal que Leonor había edificado (←).

—Sí, gano suficiente dinero. El piso en que vivo es mío, está totalmente pagado con el dinero que heredé (←) de la abuela y soy suficientemente madura como para tomar mis propias decisiones. Escuchadme,[28] os quiero, tenemos nuestras diferencias y tal vez por esa razón no nos vemos a menudo,[29] pero me 70 gustaría[30] poder contar con vosotros... afectivamente.[31] Eso es todo. Sin embargo, aun cuando no sea así,[32] puedo valerme por mí misma.[33] ¿Está claro?

Sus propias palabras la confortaban (←). Su voz adquiría (←) la seguridad de quien defiende lo que le pertenece, de quien defiende lo que ama; la certeza maravillosa que sólo experimentan las mujeres cuando llevan un hijo en el 75 cuerpo, cuando empiezan a formar parte del milagro de verse crecer de dentro hacia afuera[34] y sentir allí, en el centro del vientre, la pequeña vida que late, se nutre y danza, desplegándose[35] como una íntima obra de arte.

Nadie en el mundo podría hacerle[36] cambiar de idea.

---

[16]me... *I was careless* [17]la... *slapped her* [18]envuelta... *sobbing* [19]*icy* [20]adonde... *wherever* [21]No... *Let's not rush* [22]que... *you to know* [23]*tell her* [24]se... *knelt down* [25]procuró... *tried to find a tiny bit* [26]arremetía... *attacked* [27]*fortress* [28]*Listen to me* [29]a... *frequently* [30]*would like* [31]*emotionally* [32]aun... *even if it doesn't work out that way* [33]valerme... *take care of myself* [34]milagro... *miracle of seeing themselves grow from inside out* [35]*unfolding* [36]podría... *could make her*

—Es una vergüenza —dijo (←) gravemente Joan Casals, y en su voz había (←) dolor y rabia.

—¿Qué es una vergüenza, papá? ¿Acostarse con un muchacho a quien una quiere? ¿Quedarse embarazada? ¿Tener el hijo y no querer abortar? ¿O tal vez la vergüenza sea la que vosotros sentiréis (→) ante vuestras amistades[37]...?

Era (←) demasiado dramático para resultar gracioso,[38] pero Leonor se sintió viviendo[39] una escena tan poco estimulante, tan trasnochada[40] y, a la vez, tan real, que tuvo (←) ganas de marcharse.

—¿Cómo puedes ser tan insensible? —preguntó (←) la madre, emergiendo (∿) de su máscara de dolor.

—¿Insensible, yo?

—¿Sabes lo que serás (→)? Una madre soltera. ¿Crees que eso es lo mejor que puede ocurrirte en tu vida?

—Es lo que yo deseo, mamá. Y para mí es suficiente. Lamento que os hayáis sentido tan... destrozados.[41]

—¿Lo lamentas? ¿Cómo querías (←) que reaccionáramos,[42] como en las películas? —preguntó (←) Joan Casals y la voz perdió (←) el control para convertirse en un sardónico latigazo.[43]

—Para variar, papá, no hubiese estado nada mal[44] que reaccionaras (←) como ese caballero progresista e inteligente de que te vanaglorias.[45] Esperaba[46] que mamá se sintiera (←) agobiada[47] por todo esto, pero tú... siempre te has mostrado[48] (←) comprensivo... ¿acaso era (←) todo una mascarada para ir de mundano[49] por la vida?

[37]amigos [38]*entertaining* [39]se... *felt herself living* [40]*stale, hackneyed* [41]os... *you feel so torn apart* [42]que... *us to react* [43]sardónico... *ironic whiplash* [44]no... *it would not have been bad* [45]te... *you take so much pride in being* [46]*I expected* [47]*overwhelmed* [48]te... *have appeared to be* [49]de... *like a worldly person*

—Eres una impertinente.

—No, no lo soy. Yo os he dicho (←) lo que tenía (←) que deciros. Ahora me voy. Siento mucho que todo haya ocurrido (←) de este modo.

105 Leonor marchó (←) hasta la puerta del salón, al borde de las lágrimas.[50]

—Leonor...

Era (←) su madre.

—...si te vas de esta casa y tienes ese niño... prefiero no volver a verte.

Fue (←) un golpe[51] duro, pero Leonor no se volvió.[52] Sólo se detuvo (←) 110 durante el par de segundos que duró (←) la sentencia materna. Había sido condenada[53] por la moral y las buenas costumbres a resolver por sí misma su vida y su mal paso.

Salió (←) de la casa y caminó (←) durante mucho tiempo bajo la lluvia continua.

115 Pero no estaba (←) triste.

Tenía (←) un motivo para sentirse feliz. Y era (←) el mejor de los motivos.

La vida cotidiana suele tener sorpresas que, cuando menos,[54] resultan abrumadoras.[55]

[50]al... *on the verge of tears* [51]*blow* [52]no... *didn't turn around* [53]Había... *She had been condemned* [54]cuando... *when least expected* [55]*overwhelming*

Comprensión

A ¿Cierto (**C**) o falso (**F**)? Corrija las oraciones falsas.

1. _____ La madre de Leonor conoce muy bien a su hija.
2. _____ Leonor tiene confianza en su capacidad para ganar dinero.
3. _____ La reacción de su padre sorprende a Leonor pero no le sorprende nada la reacción de su madre.
4. _____ Cuando Leonor sale de la casa, el problema está resuelto.

B Junte las palabras usando **ser** o **estar.** Luego explique si Ud. está de acuerdo o no.

1. el padre, liberal
2. Leonor, enamorada
3. la madre, comprensiva
4. Leonor, triste
5. el novio, irresponsable
6. Leonor, independiente

C Dé el nombre de los primeros tres dibujos usando la lista del vocabulario, y luego explique lo que significan todos estos dibujos en el contexto de la novela. ¿Con qué personaje se relacionan y qué emoción o impresión transmiten?

1. _____   2. _____   3. _____   4. feliz   5. los dibujos

D Use seis o siete palabras clave (*key*) de la lista del vocabulario para escribir un breve resumen (de dos o tres oraciones) de la lectura.

Interpretación

A Conteste las siguientes preguntas según la lectura.

1. El ambiente

■ ¿Dónde pasa la acción? ¿Parece que sucede en una ciudad o un país en particular o puede suceder en muchos lugares?

■ ¿Cómo es la casa de Leonor? ¿y la de sus padres? ¿Qué indica el domicilio de los personajes sobre su vida?

■ ¿Cuándo ocurre la acción? ¿en qué estación del año? ¿en qué década? ¿en qué siglo?

2. El conflicto

■ ¿Por qué llama Leonor a sus padres? ¿Cómo reaccionan ante su problema?

■ ¿Cómo definirían (*would define*) el problema los siguientes personajes: Leonor, Leticia, Joan?

■ ¿Cómo es el novio de Leonor? ¿Por qué no se casa con ella? ¿Qué sugieren los padres para resolver el problema?

■ En sus propias palabras, ¿cuál es el conflicto básico de la novela?

B Al final del texto, se sugiere que Leonor tendrá (*will have*) que enfrentar sorpresas desagradables o difíciles. En su opinión, ¿cuáles van a ser? ¿Cómo cree Ud. que va a terminar esta novela?

C Entre todos Estudien la lista de adjetivos a continuación. Seleccionen los adjetivos más apropiados para describir a cada uno de los tres personajes: Leticia, la madre; Joan, el padre; y Leonor, la hija. En su opinión, ¿hay otros adjetivos que también se podrían (*could*) usar para describir a estos personajes? ¿Cuáles son?

alegre	estúpido/a	insensible
aventurero/a	fuerte	ordenado/a
comunicativo/a	hipócrita	pasivo/a
conservador(a)	histérico/a	rebelde
débil	honesto/a	sensible
dependiente	independiente	sereno/a
dominante	indiferente	tímido/a

■ ¿Cuál(es) de estos adjetivos usarían (*would use*) los padres de Leonor para describir a su hija? ¿Y cuáles usaría Leonor para describirlos a ellos? ¿Cómo describirían (*would describe*) Uds. al novio de Leonor? Agreguen otros adjetivos si les parecen necesarios.

- ¿Con qué personaje(s) les es más fácil a Uds. identificarse? ¿Por qué?

- ¿Cuáles de los personajes, episodios y acontecimientos de esta novela les parecen melodramáticos o exagerados? ¿Cuáles les parecen más verosímiles? Expliquen.

D En su opinión, ¿es típico de las novelas rosa el problema que se trata en esta novela? ¿Qué otros problemas son típicos de este género? Indique cuáles de los siguientes temas son más apropiados o menos apropiados para una novela rosa, y también agregue algunos otros. ¿Qué revela esto sobre el género?

    el adulterio
    el marcharse de casa
    la reencarnación
    los problemas económicos
    la homosexualidad
    la amistad
    ¿ ?

Aplicación

A Generalmente, las novelas rosa son escritas por y para las mujeres. ¿Por qué? Con relación a la ficción, ¿hay géneros que se asocien con los hombres? ¿Cuáles?

B ¿Cómo cree Ud. que termina la novela? ¿Cómo resulta ser la vida de Leonor? ¿Qué le pasa a su hijo (o hija)? ¿y a su novio? ¿Cree Ud. que el desenlace de la novela explica el significado del título? ¿De qué o de quién son las «sombras del pasado»? ¿Cree Ud. que el desenlace tiene que ser diferente si la novela se lleva a la televisión o al cine? ¿Por qué sí o por qué no?

 C Papel y lápiz Según la conversación en clase, ¿cómo se imagina Ud. el fin de la historia de Leonor? ¿Prefiere el fin imaginado para la versión llevada a la televisión o el de la novela que leyó? Explore esto en su cuaderno de apuntes. Describa en uno o dos párrafos cómo Ud. terminaría (*would finish*) la obra. Indique el formato (novela / película / programa de televisión / drama) de su obra y el público al que se dirige (*it is directed*).

 D Improvisaciones Trabajando en grupos de tres estudiantes, contesten las siguientes preguntas.

- ¿Cómo se trata el problema de la madre soltera en la literatura y en los programas de televisión de los Estados Unidos?

- ¿Cuáles son las diferentes maneras en que se resuelve el problema en la televisión y el cine? ¿Son parecidas a las maneras que se mencionan en *Sombras del pasado*?

- ¿Les parece que estas soluciones son semejantes de la vida real o creen que son diferentes? Expliquen.

Ahora, escriban una escena (dramática, cómica, de telenovela o de otro tipo) que trate este tema y prepárense para representarla ante la clase. Pueden elegir entre los siguientes personajes: la mujer embarazada, su novio, el padre y/o la madre de la mujer embarazada y el padre y/o la madre del novio.

CAPITULO DOS
2

La comunidad humana

Diego Rivera, *La leyenda de Quetzalcóatl*

studie la reproducción de «La leyenda de Quetzalcóatl», representada en el mural de la izquierda. Como toda leyenda, ésta intenta aclarar algunos de los misterios de la vida, en este caso para la gente de Mesoamérica (la región ocupada por las civilizaciones precolombinas que consiste en el centro y el sur de México y el norte de la América Central). La figura de Quetzalcóatl aparece en varias de las civilizaciones de esa zona, desde el siglo III hasta el siglo XVI, y cambia a lo largo de los años. En algunas épocas representa el dios de la vegetación y el discubridor del maíz y de la arquitectura, mientras que en otras se asocia con la guerra y el sacrificio humano. En la civilización azteca es adorado como el inventor del calendario y de los libros, así como el protector de los artesanos que labraban (*worked with*) el oro y el jade y hacían esculturas. ¿Cuáles de los rasgos mencionados de este dios aparecen en el mural de la izquierda? Trabaje con un compañero / una compañera para identificar las partes del mural que en su opinión representan tales rasgos.

El ambiente que se encuentra en un mito o en una leyenda tiene características parecidas. ¿Cuáles de los siguientes adjetivos le parecen más apropiados para describir este tipo de ambiente? ¿Y cuáles son apropiados para describir la obra de la izquierda?

realista	técnico	idealizado
contemporáneo	científico	tranquilo
peligroso	misterioso	bello
mágico	moderno	cómico
primitivo	terrorífico	

¿Hay otras palabras que Ud. añadiría (*would add*) a la lista? ¿Cuáles son?

LECTURA I CUYANA (PARTE 1)

APROXIMACIONES AL TEXTO

Convenciones literarias: Parte 2

In Chapter 1 you learned about the romance novel, a literary form popular today. Myths, legends, fairy tales, and folktales are other forms of popular literature that have developed across the centuries in many cultures.

Myths usually involve divine beings and serve to explain some fundamental mystery of life. For example, the Greek myth of Persephone explains the cycle of the four seasons. Persephone was the beautiful daughter of Demeter, the goddess of the harvests. When Persephone was kidnapped by Hades (the god of the underworld) and forced to marry him, Demeter swore that she would never again make the earth green. Zeus (the king of the gods) intervened in the dispute. As a result, Persephone was allowed to return to the earth for part of the year, but was obliged to spend the other part with her husband Hades in the underworld. Consequently, Demeter makes the earth flower, then go brown, according to the presence or absence of her beloved daughter.

Folktales and legends involve people and animals. They sometimes explain natural phenomena (how the skunk got its stripes, for example) or justify the existence of certain social and cultural practices, thus underscoring cultural values and ideals. In our own culture, for instance, there are many stories about Abraham Lincoln. While some are based in fact, all are embellished to bring out certain American values, such as honesty, individual freedom, and the belief that hard work will lead to success, regardless of economic and social status.

A Cada uno de los siguientes personajes figura en el folklore norteamericano. ¿Recuerda Ud. alguna historia asociada con ellos? ¿Qué valores culturales representa cada uno? ¿Tienen que ver algunos con la explicación de un fenómeno natural?

1. Paul Bunyan
2. Davy Crockett
3. John Henry
4. Annie Oakley
5. Tom Sawyer
6. Rip Van Winkle

An important characteristic of myths, folktales, and legends is that they were originally transmitted orally, rather than in writing. This is obviously the case in cultures that have no written language, but even in many modern cultures, folktales and legends continue to be passed from one generation to the next through speech rather than writing. For this reason, the form and content of such tales are frequently modified.

B ¿Cuál de los tipos de personaje a continuación le parece a Ud. más característico de una leyenda o un mito? ¿Por qué?

1. un personaje actual (contemporáneo) o un personaje de otra época
2. un personaje que representa sólo una o dos características o un personaje de gran complejidad psicológica
3. un personaje que representa una mezcla de características positivas y negativas o un personaje que es totalmente malo (o totalmente bueno)
4. un personaje «estereotípico» o un personaje original, que no sigue ningún modelo conocido

C ¿Cuáles de las siguientes características lingüísticas le parecen a Ud. más típicas de las obras de transmisión oral? ¿Cuáles son más típicas de las obras de transmisión escrita? Explique.

1. el uso de ciertas fórmulas —frases o expresiones repetidas— para adelantar (*move forward*) la narración o presentar a los personajes (por ejemplo, *Honest Abe, once upon a time, happily ever after*)
2. el uso de un lenguaje complicado: oraciones largas, vocabulario abstracto y poco común
3. el uso de muchos recursos poéticos: el cambio del orden normal de las palabras, el simbolismo
4. el uso de la repetición y la rima
5. una narración que sigue un orden cronológico en la presentación de la acción
6. el uso frecuente del diálogo
7. un predominio de información puramente descriptiva (en contraste con información sobre la acción)

Palabras y conceptos*

el ahijado / la ahijada godson / goddaughter
atreverse (a) to dare (to)
la bondad goodness
el brujo warlock (male witch)
el cacique tribal chief
la caza hunt
la cosecha crop
el fuego fire
gozar (de) to enjoy, derive pleasure (from)
el guerrero warrior, fighter
el paseo walk, stroll
la pesca fish; fishing

el primogénito / la primogénita firstborn son / firstborn daughter
la princesa princess
el príncipe prince
el reino kingdom
la sombra shadow
soportar to support
sumergir (i, i) to submerge
temible fearsome
la tribu tribe
vigilar to watch over

---

*Although the **Palabras y conceptos** section is designed mainly for in-class use, some activities may be completed at home. When possible, answers are provided in the Answer Appendix.

La naturaleza

el aire (*f.*) air
la arena sand
el ave (*f.*) bird
el bosque forest, woods
la brisa breeze
el cielo sky
la nube cloud

la ola wave
el pájaro bird
el pez fish
la playa beach
la selva jungle
la tierra earth
el volcán volcano

A En algunas tradiciones, se identifican cuatro elementos que forman la base de todo lo creado: el agua, la tierra, el aire y el fuego. Organice las distintas palabras de la lista del vocabulario según el elemento con el cual se asocian.

1.

2.

3.

4.
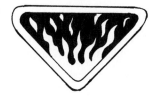

B ¿Qué palabra de la segunda columna asocia Ud. con una de la primera? ¿Por qué?

1. _____ el cacique	a. temible
2. _____ la princesa	b. el agua
3. _____ el brujo	c. la tribu
4. _____ sumergir	d. el príncipe

C ¿Qué palabra de la segunda columna es antónima de una de la primera?

1. _____ la sombra	a. caer
2. _____ tener miedo	b. la luz
3. _____ soportar	c. dormir
4. _____ vigilar	d. atreverse

D Complete las siguientes oraciones de una forma lógica, usando la forma correcta de las palabras de la lista del vocabulario.

1. En muchas culturas los padrinos (*godparents*) tienen una relación muy especial con sus _____.
2. En sociedades muy tradicionales donde gobiernan reyes, el primer hijo (es decir, _____) hereda _____ de su padre.
3. _____ más valientes se lanzan a (*hurl themselves into*) la batalla sin tenerle miedo a la muerte.
4. En los cuentos de hadas y los mitos, los príncipes y las princesas suelen habitar en tierras exóticas donde el mal nunca gana, sino que siempre vence (*conquers*) _____.

E Mire los dibujos que acompañan la primera parte de «Cuyana». Describa brevemente a las personas (quién), la escena (dónde) y las acciones (qué) de cada dibujo.

■ ¿Le parece que hay un conflicto en la leyenda? Indique el dibujo que lo sugiere.

■ Lea rápidamente el siguiente trozo de la leyenda e identifique a qué dibujo corresponde.

Más antes que antes, cuando la tierra era grande y pocos los hombres que en ella habitaban; cuando el cielo era más transparente, y las aves y los animales dueños[1] del aire y de los bosques; cuando los ríos eran niños juguetones[2] en la hierba,[3] y los peces, ágiles flechas[4] de luz; cuando el mar dócilmente lamía con su espuma[5] las playas y las montañas se iluminaban con el azul misterio de la distancia...

En aquella época, en que la tierra aún[6] no soportaba el peso de las grandes ciudades ni se la decoraba con cicatrices de caminos,[7] en las costas de Manta vivía el Cacique Cuyaypag con su esposa Pacarina. La justicia y la bondad que imponía el Cacique en todos sus actos se reflejaban en el respeto y el cariño que todo el pueblo le guardaba. La caza y la pesca, así como la cosecha de infinita variedad de frutos silvestres,[8] eran la alimentación y motivo de distracciones y fiestas entre sus habitantes.

[1]*lords* [2]*playful* [3]*grass* [4]*arrows* [5]lamía... *lapped with its foam* [6]*todavía* [7]ni... *nor was its surface scarred by roads* [8]de la selva

F Papel y lápiz Muchos mitos y leyendas tienen argumentos y otras características muy semejantes. Por ejemplo, muchísimos comienzan así: «Érase una vez un rey que tenía una hija joven y muy bella.» ¿Qué cree Ud. que va a pasar en una narración que empieza de esta manera? Explore esto en su cuaderno de apuntes.

■ Haga una redacción libre* durante cinco minutos sobre las personas, la escena y las acciones que pueden ser parte de una narración que empieza así.

■ ¿Hay una idea principal en lo que acaba de escribir? Exprésela en una sola oración.

Nota: La leyenda que Ud. va a leer es parte de la mitología indígena del Ecuador. Data de mucho antes del descubrimiento de América por Cristóbal Colón. Como en el Capítulo 1, Ud. no debe pasar mucho tiempo tratando de comprender todos los detalles de la leyenda. Busque las ideas principales y use lo que ya sabe sobre el formato y el contenido de un mito y las ideas sugeridas (*suggested*) por los dibujos para organizar la información y adivinar lo que no entiende inmediatamente. Recuerde que en el folklore hay mucha repetición, así que los que leen (como los que escuchan) siempre tienen amplia oportunidad para sacar la información importante.

---

*La redacción libre (*free writing*) es un buen ejercicio para desarrollar ideas y también para aumentar la facilidad de expresión. Para hacerla, busque un lugar en donde pueda escribir sin interrupciones y escriba en español sobre el tema asignado por cinco minutos *sin parar*. No busque palabras desconocidas en el diccionario ni trate de organizar lo que escribe. Si no sabe qué decir, escriba «no sé qué decir, no sé qué decir, no sé qué decir» hasta que se le ocurran algunas ideas. En todo caso, debe seguir escribiendo hasta que hayan pasado los cinco minutos.

Cuyana (Parte 1)

Ecuador

Sobre el autor   *No se puede darle crédito a ningún escritor determinado por la creación de la leyenda de Cuyana. Como toda leyenda o cuento folklórico, ésta es producto de una creación colectiva, cuyo estilo y detalles se han transmitido, pulido* (polished) *y refinado de generación en generación. La versión de «Cuyana» reproducida aquí fue transcrita por Carlos Villasís Endara, pero sus autores, propiamente dicho, son todos los cuentistas anónimos que pasaron a sus descendientes la leyenda de la princesa indígena.*

PEQUEÑO GLOSARIO DE NOMBRES INDIGENAS	
Cuyana Amada	**Millanaypag** Abominable, Feo
Manta una región del Ecuador	**Cachashca** Enviado
Cuyaypag Amable	**Apu** Caudillo
Pacarina Aurora	**Agllashca** Escogido
Inti Sol	**Quilla** Luna

1   **M**ás antes que antes, cuando la tierra era grande y pocos los hombres que en ella habitaban; cuando el cielo era más transparente, y las aves y los animales dueños del aire y de los bosques; cuando los ríos eran niños juguetones en la hierba, y los peces, ágiles flechas de luz; cuando el mar dócilmente lamía
5   con su espuma las playas y las montañas se iluminaban con el azul misterio de la distancia...

En aquella época, en que la tierra aún no soportaba el peso de las grandes ciudades ni se la decoraba con cicatrices de caminos, en las costas de Manta vivía el Cacique Cuyaypag con su esposa Pacarina. La justicia y la bondad que

¹⁰ imponía el Cacique en todos sus actos se reflejaban en el respeto y el cariño que todo el pueblo le guardaba. La caza y la pesca, así como la cosecha de infinita variedad de frutos silvestres, eran la alimentación y motivo de distracciones y fiestas entre sus habitantes.

La felicidad del Cacique se vio colmada[1] con el nacimiento de su primogénita: bella como el reflejo del sol en las aguas. Admirados[2] de tanta gracia, los dos príncipes decidieron (←) ofrecerla como ahijada al buen Padre Inti, para que él fuera (←) quien protegiera (←) a la tierna princesita.

De todos los confines[3] llegaron (←) las varias familias de la tribu, con presentes de flores, frutos y peces, para la gran celebración.

A la hora en que el sol limpia de sombras la tierra, salió (←) toda la tribu en procesión hacia[4] el límite de las aguas. Acunándola[5] en sus brazos, el Cacique Cuyaypag sumergió (←) a la princesita en las pequeñas olas, y luego la levantó (←) sobre todas las cabezas, entre una nube de pétalos de flores, y la ofrendó (←) al Padre Inti. En ese instante, en medio[6] del silencio, una suave brisa agitó susurrante la cabellera de los cocoteros[7] y claramente se escuchó (←) el nombre que llegaba del cielo: ¡Cuyana... !

El tiempo transcurrió[8] plácidamente entre el amor y la dicha[9] que entregaban los príncipes y su pueblo a la princesita. Las aves, con sus multicolores destellos, se deslizaban[10] del cielo y acompañaban con sus trinos[11] los paseos de Cuyana por los vericuetos[12] del bosque y sus arroyuelos, el mar salpicaba[13] la playa de estrellas, y todos los animales le servían de juguetes y de guardianes en la siesta.

Y el buen Padre Inti, desde arriba, vigilaba.

La belleza y gracia de la princesita Cuyana se transmitió (←) de boca en boca por todos los confines del reino y se extendió (←) como el eco más allá de la tierra conocida, subió las montañas hasta los cristales de hielo[14] y descendió (←) a los valles perdidos.

---

[1]se... *reached its high point* [2]*Awed, Amazed* [3]partes [4]*toward* [5]*Cradling her* [6]en... *amid*
[7]agitó... *whispered through the coconut fronds* [8]*passed* [9]*happiness* [10]se... *slipped out* [11]*trills*
[12]*rough parts* [13]*sprinkled* [14]subió... *climbed the mountains up to the icy crystals*

Jóvenes príncipes y valientes guerreros de tribus y aldeas[15] remotas se lanzaron (←) a la aventura de cruzar selvas impenetrables, atravesar torrentes y precipicios, afrontar los rigores del frío y las alturas cegadoras del páramo[16] para tratar de llegar al reino del Cacique Cuyaypag y gozar con sus propios ojos de belleza tan ponderada.

En las cavernas más profundas del volcán Cotopaxi, encargado de alimentar[17] el fuego que, de cuando en cuando, lanzaba sus agudas flechas contra el cielo, con sordos rugidos[18] y grandes rocas que se estrellaban sobre la tierra, vivía solitario el gigantesco brujo Millanaypag. Su nombre era temido por los pocos pueblos que habitaban en las faldas de las montañas y, periódicamente, para calmarlo, le ofrecían las muchachas más hermosas, los frutos más maduros y la caza más grande.

Hasta él llegaron (←) el nombre de la princesita Cuyana y la noticia[19] de los atributos de belleza que la adornaban. Sabiéndose[20] poderoso y temible, decidió (←) que la princesita debía ser suya y alegrar su terrible reino. Selló[21] con grandes rocas la entrada a las cavernas y aumentó (←) el fuego del volcán para atemorizar[22] aún más a quien se atreviese (←) a subir hasta sus dominios durante su ausencia. Usando (∿) palabras mágicas, que únicamente él y los espíritus negros que habitan el centro de la tierra entendían, se transformó (←) en un inmenso cóndor y se elevó (←) en el aire como un fantasma que ensombrecía[23] la tierra. El batir de sus alas, rasgando[24] el cielo, generaba fuertes vientos que desgajaban[25] los árboles en medio de oscuras nubes de polvo; caudalosos ríos y densos bosques quedaron (←) destruidos, formando (∿) un ancho camino de ruinas.

[15]pueblos   [16]*plains*   [17]encargado... *charged with keeping alive*   [18]sordos... *dull roars*   [19]*news*
[20]*Knowing himself (to be)*   [21]*He sealed*   [22]*scare*   [23]*darkened*   [24]*scraping*   [25]*broke off*

Comprensión*

Escoja la respuesta correcta según el texto.

Hace (mucho/poco)[1] tiempo, el Cacique Cuyaypag y su esposa (Cuyana/Pacarina)[2] vivían en las costas de Manta. El pueblo (amaba/odiaba)[3] mucho al Cacique porque todos vivían (bien/mal)[4] gracias a la caza y la pesca (abundantes/escasas)[5] del reino. La (felicidad/tristeza)[6] del Cacique y su esposa aumentó aún más con el nacimiento de (Cuyana/Inti).[7] Para mostrar su emoción, los padres la (dedicaron/sacrificaron)[8] al Padre (Inti/Millanaypag).[9] Antes y después de la ceremonia el Padre reveló que estaba (contento/furioso)[10] con lo que pasaba. Muchos (animales/príncipes)[11] querían venir al reino de Cuyaypag, porque habían oído hablar (*they had heard*) de la (belleza/riqueza)[12] de Cuyana.

Millanaypag era un (brujo/cacique)[13] y la gente del reino de Cuyaypag y de otros reinos lo (admiraba/temía).[14] El quería (casarse con / matar a)[15] la princesa Cuyana.

*When possible, answers to the **Comprensión** section are included in the Answer Appendix.

Interpretación

A Utilizando lo que Ud. sabe de las leyendas y los cuentos folklóricos, ¿qué cree que va a hacer Millanaypag? ¿Qué impacto va a tener esto en la vida de Cuyana? ¿Cree Ud. que la leyenda va a terminar felizmente o no? Explique.

B Según la información que Ud. tiene hasta este punto en la leyenda, ¿qué puede representar Millanaypag? ¿y Cuyana? ¿y la tierra donde vive ella con Cuyaypag?

C Papel y lápiz Los mitos, las leyendas, las fábulas y los cuentos de hadas están entre las formas literarias más antiguas; se encuentran en todas las culturas humanas. ¿Recuerda Ud. el argumento de algún cuento de este tipo? Explore esto en su cuaderno de apuntes.

- Resuma brevemente (en uno o dos párrafos) el argumento de un mito (una leyenda, una fábula, un cuento de hadas) que Ud. recuerde. (**Nota:** Puede escribir en el tiempo presente, si quiere.) ¿Qué pasa en el cuento?

- ¿Cuál cree Ud. que es el propósito de ese cuento? ¿Enseña una lección moral? ¿Explica un fenómeno natural? Resuma el propósito en una o dos oraciones.

- ¿Por qué recuerda Ud. ese cuento? ¿Por qué le gusta (o no le gusta) tanto?

- ¿Es semejante ese cuento a la leyenda de Cuyana? ¿En qué sentido?

LECTURA II CUYANA (PARTE 2)

APROXIMACIONES AL TEXTO

Using Word Function to Determine Meaning

You have learned to rely on what you already know about a text's general structure and theme to anticipate its overall meaning; this general meaning is then a useful tool for guessing the meaning of individual words within the text. The structural clues provided by sentence context offer another tool for guessing the meaning of unfamiliar words. Try the following example.

> Las chinampas del antiguo México, y los magallones cercanos al lago Titicaca, son ejemplos del aporte tecnológico indígena para solucionar eficazmente los retos agrícolas de la sociedad moderna.

You know that **chinampas, magallones, aporte, retos,** and **sociedad** are nouns (**sustantivos**), because they are preceded by articles (**el, la, los, las**). The ending **-mente** (equivalent to English *-ly*) signals an adverb. You can conclude that **antiguo, agrícolas,** and **moderna** are adjectives, since they are next to nouns and agree with those nouns in gender (masculine, feminine) and number (singular, plural).* In addition, the endings **-ano** and **-lógico** signal adjectives. After this analysis you know that **chinampas** and **magallones** are techno-logical, indigenous "things" related to the solution of modern society's agricultural **retos.** Can you now guess what **reto** means?

Inferring word functions will help you determine a number of useful pieces of information.

1. *Locating the verb.* Use your knowledge of the Spanish verb system, with its characteristic person and number endings. For example, a word ending in **-mos** is most likely a verb whose subject is **nosotros/as.** If a word ends in **-an,** however, it may be either a singular noun (e.g., **pan**) or a third-person plural verb (e.g., **miran**), and you should look for a third-person plural subject to make sure it is a verb.

2. *Locating the subject,* that is, who or what is performing the action or is being described; this will usually be a noun. Articles (**el, la, un, una,** and their plural forms) signal that a noun follows. Endings like **-cia, -dad, -ión,** and **-tad** also signal nouns. Remember that you cannot assume that the first noun in a sentence is the subject, because Spanish word order is variable (not fixed). In-stead, try to identify the noun(s) with which the verb agrees in person and num-ber. Also keep in mind that the subject may not be mentioned at all since in Spanish it is frequently indicated only by the verb ending.

3. *Locating the object,* that is, to whom or to what the action is being done; this will usually be a noun. Remember that direct objects that refer to people are indicated by the marker **a,** which helps you decide who the subject and ob-ject of a verb are even when they both agree logically and grammatically with that verb. In the following two questions, for example, both **los hijos** and **sus padres** could perform the action (**escuchar**), and the verb ending could refer to either noun. Only the word **a** indicates that **sus padres** is the object in the first sentence, and the subject in the second.

¿Escuchan los hijos a sus padres? *Do the children listen to their parents?*
¿Escuchan a los hijos sus padres? *Do the parents listen to their children?*

4. *Identifying adjectives,* that is, qualities of the subject or the object. You can find the adjectives that agree with each noun in gender and number. The endings **-al, -ano, -ario, -ico, -ísimo, -ivo,** and **-oso** often signal adjectives.

5. *Identifying characteristics of the action* by finding the adverbs or adver-bial phrases. Unlike adjectives, adverbs do not change to show gender or num-ber. The ending **-mente** signals an adverb; **-ísimo** signals either an adverb or an

---

*Note that **agrícola** is one of a group of adjectives that end in **-a** but do not have corresponding **-o/-os** endings (others of this type include **indígena** and all adjectives ending in **-ista: realista, pesi-mista,** etc.). These adjectives therefore do not appear to agree in gender when they describe mascu-line nouns.

adjective, depending on whether it describes a noun (**una persona importan-tísima**) or a verb (**lo siento muchísimo**). Some common adverbs are **ahora, antes, aquí, ayer, demasiado, después, hoy, mucho, muy,** and **todavía.** Some common adverbial phrases are **a menudo** (*often*), **con frecuencia, de manera** + *adjective,* **de modo** + *adjective,* and **en forma** + *adjective.*

A Identifique los sujetos (**S**), verbos (**V**), complementos (**C**) y cualquier adjetivo (**ADJ**) o adverbio (**ADV**) en las siguientes oraciones, todas tomadas de la segunda parte de «Cuyana».

1. Mientras tanto, ajena a lo que ocurría en otras tierras por causa de su belleza, Cuyana seguía entregada a amar a su pueblo y a gozar de su libertad.
2. En uno de sus largos paseos por la playa, luego de un refrescante baño, se tendió sobre una roca a gozar del juego de las olas sobre la tersa piel de la arena.
3. A lo lejos, creyó distinguir, sobre la cresta de una ola más grande, un bulto indefinible que se hundía y se elevaba mientras se acercaba a la orilla.

B Basándose en las oraciones anteriores y en los dibujos que acompañan la segunda parte de la leyenda, describa en dos oraciones lo que Ud. cree que va a pasar. Después, identifique todos los sujetos, verbos, complementos, adjetivos y adverbios que haya en las oraciones que escribió.

Palabras y conceptos

acercarse (a) to approach, come close (to)
la balsa raft
(des)atar to (un)tie
entregar to hand over
el milagro miracle

el náufrago shipwrecked person
el reflejo reflection
el sueño sleep; dream
volar (ue) to fly

A Dé un sinónimo o antónimo de las siguientes palabras.

1. acercarse
2. desatar
3. entregar
4. el sueño

B Dé una breve definición en español de cada una de las siguientes palabras.

1. la balsa
2. el milagro
3. el náufrago
4. volar
5. el reflejo

Cuyana (Parte 2)

1 **M**ientras tanto, ajena a[1] lo que ocurría en otras tierras por causa de su belleza, Cuyana seguía entregada a amar a su pueblo y a gozar de su libertad.

En uno de sus largos paseos por la playa, luego de un refrescante baño, se
5 tendió (←) sobre una roca, a gozar del juego de las olas sobre la tersa piel de la arena. A lo lejos,[2] creyó (←) distinguir, sobre la cresta de una ola más grande, un bulto indefinible que se hundía y se elevaba mientras se acercaba a la orilla. Curiosa por adivinar qué sería, se paró[3] sobre una roca más alta y pudo (←) reconocer el cuerpo de un hombre. Pensando (ꝏ) solamente en ayu-
10 darlo, bajó (←) de su mirador y se lanzó (←) a la carrera[4] a la playa. Decidida a todo, se internó (←) en el mar y, cuando el agua le llegaba al pecho, pudo (←) asir[5] a tan extraño náufrago.

Ya en tierra, y luego de desatarlo del resto de la destrozada balsa a la que se había atado,[6] lo puso (←) boca arriba y trató (←) de reanimarlo. Los ojos de la princesita demostraban muda sorpresa al mirar al joven náufrago, compren-
15 diendo (ꝏ) que nunca había visto[7] un hombre tan hermoso y diferente a todos los de su reino que eran compañeros de juego. Llena de admiración, conti-nuaba mirándolo (ꝏ) y, cuando el joven desconocido abrió (←) los ojos y sus miradas se encontraron,[8] sintió (←) que algo diferente e incomprensible se po-saba[9] en su corazón y aleteaba[10] por todo su cuerpo. El joven le sonrió (←) y
20 con un susurro alcanzó[11] a pronunciar: ¡Cuyana... !, para luego caer en un dulce sueño.

Y el buen Padre Inti, desde el cielo, vigilaba...

[1]ajena... *unaware of* [2]A... *In the distance* [3]Curiosa... *Curious to see what it might be, she stood up*
[4]a... *running* [5]*take hold of* [6]se... *he had tied himself* [7]había... *she had seen* [8]se... *met* [9]se... *was alighting* [10]*was fluttering* [11]*he managed*

Los cuidados y atenciones de la princesita y de sus padres lograron[12] salvar la vida del joven. Después de algún tiempo pudo (←) levantarse del lecho y emprender[13] cortos paseos en compañía de la amorosa presencia de Cuyana.

Ya restablecido, solicitó (←) ser recibido por el Cacique Cuyaypag para explicarle el motivo de su presencia y de su extraña llegada al reino. Dijo (←) llamarse Cachashca y ser hijo del Apu Agllashca, cuyo[14] reino estaba más allá del misterio de las aguas, en unas bellas y grandes islas. Que hasta sus tierras, llevado por el viento y por las olas, llegó (←) el nombre de la princesita Cuyana, y que él deseó (←) conocerla y hacerla su esposa. Con la autorización de su padre preparó (←) una gran comitiva[15] con hermosos presentes y sobre varias balsas empezaron (←) su largo viaje por el mar. El viento y las aguas favorecieron (←) el viaje. Luego de mucho tiempo, cuando sentía que pronto llegaría[16] a su destino, un gran pájaro, que oscureció[17] el cielo, se lanzó (←) sobre las balsas y las hizo zozobrar.[18] Que él se salvó (←) de milagro y cuando creía que se habían perdido[19] todas las esperanzas, despertó (←) con las caricias[20] de la princesa soñada.

El Cacique Cuyaypag, su esposa Pacarina y la princesita Cuyana, que habían escuchado[21] atentamente la terrible aventura, derramaron (←) lágrimas de felicidad por la salvación del príncipe Cachashca. Cuyana abrazó[22] a sus padres y les rogó[23] que aceptaran (←) al joven príncipe como su esposo, ya que el milagro de su salvación era un buen augurio[24] de aceptación del Padre Inti. El Cacique reconoció (←) como un mensaje este milagro y lo aceptó (←) como futuro esposo de su hija...

El brujo Millanaypag, dedicado a destruir a todos aquellos príncipes y guerreros que se habían lanzado a[25] la aventura de llegar hasta el reino del Cacique Cuyaypag para conocer a la hermosa princesita, creyendo (∽) que él era el único aspirante que quedaba,[26] recobró[27] su forma natural para presentarse ante el Cacique.

Su sorpresa fue (←) grande al ver que todo el reino estaba vestido para alguna importante celebración. En principio creyó (←) que toda esta fiesta se debía a su llegada, ya que su nombre y su temible poder eran conocidos por todos. Pero cuando su gigantesca figura era reconocida, hombres y mujeres cesaban en sus danzas y se retiraban temerosos.

Llegó (←) hasta la plaza principal y, a grandes voces,[28] ordenó (←) que el Cacique viniera (←) hasta su presencia.

Cuyaypag, rodeado[29] por los más ancianos del reino, salió (←) al encuentro del brujo, para averiguar el motivo de su presencia e invitarle a la celebración del matrimonio de su hija Cuyana con el príncipe Cachashca.

La sorpresa de Millanaypag al conocer que el príncipe Cachashca no había muerto[30] en el mar, se transformó (←) en furia al saber que había llegado[31] tarde y que Cuyana ya estaba casada. Ordenó (←) que la princesita le fuera entregada[32] inmediatamente o, de lo contrario, destruiría[33] el reino y todos sus habitantes serían[34] sus esclavos.

El Cacique Cuyaypag, sin atemorizarse[35] ante esta amenaza,[36] le indicó (←) que el matrimonio se había realizado[37] con la bendición del Padre Inti, y que él vigilaba desde el cielo.

---

[12]*succeeded in* [13]*try* [14]*whose* [15]*retinue* [16]*he would arrive* [17]*darkened* [18]las... *made them sink* [19]se... *had been lost* [20]*caresses* [21]habían... *had heard* [22]*hugged* [23]*begged* [24]*omen* [25]se... *had set off on* [26]*remained* [27]*returned to* [28]a... *in a loud voice* [29]*surrounded* [30]no... *hadn't died* [31]había... *he had arrived* [32]le... *be handed over to him* [33]*he would destroy* [34]*would be* [35]*becoming afraid* [36]*threat* [37]se... *had occurred*

El brujo, cegado por la ira[38] ante la intrusión del Padre Inti, juró[39] que lo
desafiaría[40] destruyendo (∿) este reino y todos los demás reinos que existían
sobre la tierra.

Con su extraño poder se volvió a transformar en[41] cóndor y voló (←) hasta
donde se une el agua con el cielo. Llamó (←) en su ayuda a todos los espíritus
negros que habitan el centro de la tierra y a los espíritus verdes que viven en el
fondo del mar, para elevar el nivel[42] de las aguas e inundar el mundo. Con tan
poderosa ayuda, las aguas empezaron (←) a elevarse y sus grandes olas, impul-
sadas por fuertes vientos, se lanzaron (←) sobre las playas.

El Padre Inti, que desde el cielo vigilaba, decidió (←) castigar[43] a quien se
atrevía a desconocer su mandato y descendió (←) sobre el malvado brujo para
hundirlo[44] en las mismas aguas con las que pretendía destruir la tierra. El
enorme calor que despedían sus rayos vengadores[45] transformaron (←) en vapor las enormes olas, que ascendieron (←) al cielo a formarse en nubes...

Por esta razón, desde aquella época, el buen Padre Inti creó[46] los días y las
noches, ya que siempre desciende del cielo para hundir al brujo Millanaypag
en el fondo de las aguas, y mientras se encuentra en esta misión, un reflejo de
él mismo —la buena diosa Quilla— permanece vigilante en el cielo.

[38]cegado... *blind with rage*   [39]*swore*   [40]*he would defy*   [41]se... *he again turned into*   [42]*level*   [43]*to
punish*   [44]*sink him*   [45]que... *that his vengeful rays gave off*   [46]*created*

Comprensión

A Identifique a los personajes de la leyenda que aparecen en la próxima
página. ¡Cuidado! En varios casos hay que usar más de una letra para identificar a los personajes, y también es posible usar una letra más de una vez.

1. _____ Cuyaypag	a. un brujo		g. un héroe	
2. _____ Pacarina	b. bello/a		h. un padre	
3. _____ Cuyana	c. una madre		i. un cóndor	
4. _____ Cachashca	d. una esposa		j. el sol	
5. _____ Millanaypag	e. una hija		k. valiente	
6. _____ Inti	f. un dios		l. un cacique	

B ¿Cierto (**C**) o falso (**F**)? Corrija las oraciones falsas.

1. _____ Cuyana saca a Cachashca del agua un día cuando ella pasea por la playa.

2. _____ Cachashca iba en un viaje de exploración y de comercio cuando sus balsas naufragaron.

3. _____ Los padres de Cuyana aceptan a Cachashca como marido de Cuyana porque creen que el Padre Inti está a favor del matrimonio.

4. _____ El brujo Millanaypag sabía que Cuyana salvó a Cachashca y llegó a la fiesta preparado a impedir su matrimonio.

5. _____ Millanaypag se pone furioso y decide destruir a todos con una gran inundación de aguas.

6. _____ El padre Inti interviene y destruye totalmente al brujo Millanaypag.

C Reconstruya cada parte de la leyenda de Cuyana, poniendo las oraciones a continuación y en la próxima página en el orden correcto. Luego cambie los verbos entre paréntesis por el imperfecto.

PARTE 1 (1–8)

_____ En las cavernas del volcán (vivir) el gigantesco brujo Millanaypag.

_____ Jóvenes príncipes y valientes guerreros se lanzaron a toda clase de aventuras y peligros para ver a la bella princesa.

_____ El cacique ofreció a su hija al padre Inti y le pidió su protección.

_____ Cuyana (ser) bella como el reflejo del sol en las aguas.

_____ Más antes que antes el mundo (ser) hermoso y los animales y las aves (vivir) felices.

_____ Millanaypag decidió que Cuyana (deber) ser su esposa y se transformó en un inmenso cóndor para ir a raptarla (*kidnap her*).

_____ El Cacique Cuyaypag y su esposa Pacarina se alegraron mucho cuando nació su hija Cuyana.

_____ Los jefes de la región de las costas de Manta se (llamar) Cuyaypag y Pacarina.

PARTE 2 (1–9)

_____ El Cacique Cuyaypag aceptó a Cachashca como futuro esposo de su hija.

_____ El brujo (pensar) que todos los otros aspirantes (estar) muertos y que la fiesta (ser) para él.

_____ Un día mientras Cuyana se (pasear) por la playa, vio a un joven náufrago en el mar y lo salvó.

_____ Millanaypag se puso furioso cuando descubrió que Cachashca todavía (vivir) y que Cuyana ya (estar) casada.

_____ El Padre Inti castigó a Millanaypag durante una terrible batalla.

_____ El joven se (llamar) Cachashca y le explicó que mientras (viajar) a las costas de Manta, un gran pájaro negro atacó sus balsas.

_____ Cuyana y Cachashca se enamoraron.

_____ Esta batalla dio como resultado la creación del ciclo del día y de la noche.

_____ Celebraron su boda con una gran fiesta.

D Use seis o siete palabras clave (*key*) de la primera y la segunda lista del vocabulario para escribir un breve resumen (de dos o tres oraciones) de la leyenda.

Interpretación

A Conteste las siguientes preguntas sobre los personajes de la leyenda.

- ◾ ¿Cuántos personajes aparecen en la leyenda? ¿Son personajes complicados o no? ¿Qué representa cada uno?

- ◾ De los atributos que siguen, ¿cuáles se pueden aplicar a los distintos personajes y cuáles no se pueden aplicar a ninguno? ¿Qué revela esta preferencia por ciertas características en vez de otras en la leyenda?

amable	elegante	inteligente	sensual
bello	feliz	irónico	tímido
bueno	fuerte	neurótico	trabajador
cruel	generoso	pobre	valiente
débil	intelectual	rico	vengativo

B Ahora, piense en el ambiente de «Cuyana». El ambiente de cualquier historia tiene muchas características, pero algunas son más importantes que otras. Por ejemplo, todas estas características son típicas del ambiente de una novela (o película) del oeste:

árido	el polvo (*dust*)	las vacas
los caballos	romántico	violento
los espacios abiertos	los *saloons*	

De estas características, ¿cuáles le parecen las más básicas o esenciales para una novela (o película) del oeste? ¿Por qué?

 ¡Necesito compañero! Trabajando en parejas, hagan una lista de todas las características del ambiente de la leyenda de Cuyana. Usen adjetivos o sustantivos, palabras o frases. Decidan cuáles de las características de su lista son las más esenciales. Por ejemplo, ¿cuáles parecen explicar o causar la presencia de otras características en su lista? ¿Es posible eliminar u omitir algunas características de la lista sin cambiar radicalmente la leyenda?

 Entre todos

- ◾ Comparen sus listas para tratar de llegar a un acuerdo sobre las características esenciales del ambiente. ¿Falta alguna característica importante o básica?

- ◾ Comparen el ambiente de este mito con el de otros mitos o leyendas que Uds. conocen. ¿En qué se parecen y en qué se diferencian?

C Las leyendas y los mitos normalmente sirven tanto para explicar ciertos fenómenos naturales como para reforzar creencias o valores culturales.

- ¿Qué fenómenos naturales se explican en la leyenda de Cuyana? Identifique el lugar concreto en el texto donde se encuentra cada explicación.

- ¿Qué valores o creencias culturales (o humanas) se exaltan? Piense, por ejemplo, en las características de los personajes y del ambiente, y en las relaciones entre los seres humanos y los dioses.

- En su opinión, ¿presenta la leyenda una visión positiva o negativa de los hombres? Explique.

D Ud. ya sabe que en toda leyenda se repiten ciertas frases cada vez que se nombra a un personaje. Estas frases se llaman **epítetos.** En inglés algunos epítetos conocidos son «Honest Abe» o Michael «Air» Jordan. ¿Cuáles son algunos de los epítetos utilizados en «Cuyana»? ¿Hay ciertas frases que se repitan cuando se menciona a Cuyana? ¿a Millanaypag? ¿a Inti? ¿a otros personajes?

Aplicación

A ¿En qué sentido se puede decir que el cuento folklórico, la leyenda y la novela rosa tienen algunas características en común? Piense en el tipo de lector que los lee, en los personajes, en el lenguaje y en los tipos de conflicto que contienen.

B ¿Cree Ud. que las leyendas y el folklore tienen sentido dentro del mundo moderno o que son géneros muertos? Explique. ¿Puede Ud. nombrar algunas leyendas todavía populares en la cultura norteamericana? ¿Son leyendas conocidas por todos o forman parte de la herencia étnica o geográfica de ciertos grupos específicos?

C Papel y lápiz   Se dice que el folklore sirve para sintetizar los valores de una cultura. Explore esto en su cuaderno de apuntes.

- Piense en los siguientes cuentos.

  The Three Little Pigs (**Los tres cochinitos**)
  Snow White and the Seven Dwarfs (**Blancanieves y los siete enanitos**)
  Little Red Riding Hood (**Caperucita Roja**)

  Pinocchio (**Pinocho**)
  Pocahontas
  Beauty and the Beast (**La Bella y la Bestia**)

- Escoja uno de estos cuentos y explique brevemente los valores culturales que representa. ¿Cree Ud. que son valores universales o sólo de nuestra cultura? Apunte algunas ideas al respecto para explicar por qué Ud. piensa así.

CAPÍTULO TRES

3

La muerte y el mundo del más allá

Maruja Mallo, *Canto de las espigas*

Estudie la pintura que aparece reproducida en la página anterior. Trabajando con un compañero / una compañera, indiquen qué elementos de la siguiente lista se aplican mejor al cuadro.

_____ la fertilidad	_____ la ciudad	_____ la agricultura
_____ la guerra	_____ el trabajo	_____ el dinero
_____ la cocina	_____ la oficina	_____ la creatividad
_____ la tristeza	_____ la fuerza	_____ la religión
_____ la colectividad	_____ el individuo	_____ la razón
_____ el indigenismo	_____ la política	_____ la muerte
_____ la maternidad	_____ el campo	_____ la diversidad
_____ la música	_____ la libertad	_____ la vida

Compartan sus respuestas con los otros estudiantes para comparar los resultados. Cada pareja debe defender sus selecciones para que todos lleguen a un consenso sobre lo que comunica el cuadro. ¿Es una visión positiva o negativa de las tres figuras y de su mundo? Expliquen. ¿Por qué creen Uds. que la artista eligió tres figuras femeninas para comunicar sus ideas?

LECTURA I MUERTE DE SU AMIGA INTOXICADA POR LA FUMIGACION EN LA FINCA

APROXIMACIONES AL TEXTO

El canon literario, el testimonio y los grupos marginados

The vast majority of the literary texts that are generally considered to embody the "best" of Western culture (often referred to as the *literary canon* [**el canon literario**]) have been written by individuals with access to education and to power. Traditionally, these writers have been white males. At present, there is considerable debate about the canon—how it is formed and its importance. Many educators and politicians argue that the canon embodies the highest achievements of Western culture, and it should therefore form the basis of literary and language studies in the United States. Others argue that the canon is the product of only one sector of Western culture, one that excludes women and minority groups. In their view, the traditional classics of Western literature are not necessarily superior in literary value; rather, specific works are valued because they embody the literary, social, and political beliefs shared by those who make decisions as to the worth of a specific cultural product. They further suggest that the concept "Western" itself is limited and limiting in a time when globalization and internationalization are bringing Asian, Eastern European, African, and Latin American cultures into increasing contact with Europe and North America. Opening the canon to include works outside the Western canon or voices that have been marginalized within Western culture may make it possible to better understand the relationship of one culture to another and the processes by which cultures determine value.

A non-canonical form that has arisen in Latin American literature is the "testimonial novel" (**el testimonio**). The testimonial seeks to give voice to groups that traditionally have not had access to the published word. Former slaves, political prisoners, illiterate indigenous inhabitants, or indigenous inhabitants whose knowledge of Spanish is limited give their testimony to a writer, who then organizes and publishes it. Like the folklore and legends discussed in Chapter 2, the testimonial relies heavily on oral forms of speech, such as repetition, simple sentences, and informal expressions. The testimonial novel attempts to document a specific historical and social moment from the perspective of an individual who represents an entire community that has been traditionally silenced or absent from literary texts. It is always based on experience and is typically narrated in the first person, although the speakers frequently emphasize their solidarity with the groups to which they belong and for whom they speak. While the testimony of these groups is never direct and unmediated, since it is filtered through an editor whose experience and values are different and in some sense alien to the speaker, the testimonial novel attempts to create a more complete portrait of Latin American social reality by giving voice to all its members.

A Conteste las siguientes preguntas según sus propias ideas del canon literario.

1. ¿Qué personas de la siguiente lista pueden ser autores representativos del canon literario occidental? ¿Cuáles pueden ser autores de un texto testimonial?

   a. un homosexual
   b. un campesino
   c. un hombre de la clase media
   d. una criada
   e. una aristócrata
   f. un sacerdote
   g. un intelectual
   h. una enfermera
   i. un ministro de gobierno

2. ¿Qué temas de la siguiente lista pueden ser representativos del canon literario occidental? ¿Cuáles pueden servir de base para un texto testimonial?

   a. las aventuras de un joven que sale para explorar el mundo
   b. la vida de una costurera (*seamstress*)
   c. los amores desgraciados de un revolucionario del siglo XIX con una mujer que muere de tuberculosis
   d. un año en la vida de un estudiante que se especializa en español
   e. las experiencias de un recogedor de basura
   f. las aventuras de un general en la Segunda Guerra Mundial

3. De las opciones a continuación, indique cuál es tratada con más frecuencia en la literatura occidental canónica.

   a. el amor en las relaciones estables o la pasión entre jóvenes
   b. la aspiración a una vida mejor o la conformidad con la vida
   c. la guerra o la vida doméstica
   d. el conflicto interior de un rey o el conflicto interior de un esclavo
   e. la exaltación del mundo natural o una descripción de la contaminación del planeta
   f. la muerte de una mujer vieja y enferma o la muerte de una mujer joven y bella
   g. la historia de una comunidad indígena contada por un hombre blanco o la historia de una comunidad indígena contada por un indígena

B Lea el párrafo a continuación. Luego, indique cuáles de las características del texto testimonial (presentadas en la página 46) están representadas en las frases en letra cursiva. Recuerde que las siguientes son algunas de las características más comunes de la literatura testimonial.

   a. la repetición de palabras y expresiones
   b. las expresiones informales
   c. las oraciones cortas de tipo sujeto-verbo-complemento
   d. la narración en primera persona

Yo tenía un miedo a la vida y me decía, ¿qué será de mí cuando yo sea más grande? Y esa amiga me había dejado muchos testimonios de mi vida. *Me decía que nunca se iba a casar* porque si se casaba implicaría tener hijos y tener hijo, le costaría ver un hijo morir de hambre o de sufrimiento o de enfermedad. *Eso me hacía mucho pensar y que yo estaba loca de pensar, yo me recuerdo que pensaba* que yo no podría seguir así, que *yo tenía que ser una mujer grande.* Y que cada vez yo era más grande y cada vez tenía más responsabilidades. *Yo tenía miedo.* En ese *tiempo yo decidí decir que yo nunca me iba a casar* también. Cuando murió mi amiga, yo decía, *nunca me voy a casar,* como *ella dijo que nunca se casaba.*

Palabras y conceptos

aguantar to bear; to suffer
el altiplano highland
bajar to descend, go down
el castellano Spanish (*language*)
el colegio school
el compromiso commitment
el cura priest
la desnutrición malnutrition
enterrar (ie) to bury
la entrada way in; entrance
envenenarse, intoxicarse to be poisoned
  la intoxicación poisoning
  el veneno poison

la finca ranch, farm
fumigar to spray; to fumigate
la pena suffering, (mental or emotional) pain
la problemática set of problems
la salida escape, way out; exit
el terrateniente landowner
tratar to treat
  tratar de to try to
unirse to join together, unite

A Identifique la palabra de la lista B que sirva mejor como sinónimo o antónimo de cada palabra de la lista A. Luego, explique la relación entre cada par de palabras.

A	B
1. _____ la salida	**a.** subir
2. _____ intoxicarse	**b.** la entrada
3. _____ el cura	**c.** la alegría
4. _____ la pena	**d.** separarse
5. _____ unirse	**e.** el padre o sacerdote
6. _____ bajar	**f.** envenenarse

 B ¡Necesito compañero! De las palabras de la lista del vocabulario, ¿cuáles consideran Uds. positivas y cuáles negativas? Trabajando en parejas, coloquen estas palabras en el lugar apropiado de la línea a continuación. ¿Hay algunas palabras que puedan colocarse tanto en el lado positivo como el negativo? Expliquen.

$\longleftarrow\!\!\!\!\!\!\!\!\!\!\longrightarrow$

positivo   negativo

 C ¡Necesito compañero! Trabajando en parejas, lean con atención la siguiente lista de palabras y frases, y determinen cuáles se asocian más con una sociedad rural (**R**) y cuáles con una sociedad urbana (**U**). Luego, comparen su clasificación con los otros compañeros de clase y comenten las diferencias.

_____ la solidaridad	_____ el individualismo
_____ la familia extensa	_____ la familia nuclear
_____ el alfabetismo (*literacy*)	_____ el analfabetismo
_____ las costumbres modernas	_____ las costumbres tradicionales
_____ las creencias religiosas	_____ el espíritu secular
_____ las familias pequeñas	_____ las familias grandes
_____ un alto nivel de higiene	_____ un bajo nivel de higiene
_____ la ignorancia en cuanto a la tecnología	_____ el conocimiento de la tecnología

D Divídanse en grupos de cuatro a seis estudiantes. Su profesor(a) le asignará uno de los siguientes dibujos a cada grupo. Luego, los miembros de cada grupo deben dividirse en dos equipos (A y B). Cada equipo debe analizar el dibujo asignado, comentando entre sí las preguntas indicadas a continuación.

Equipo A:

▨ ¿Quiénes serán (*might be*) las personas que se ven en el dibujo?

▨ ¿Cuál será la relación entre las personas del dibujo? (¡Cuidado! En uno de los dibujos aparece solamente una persona. Si les toca ese

dibujo, especulen sobre la relación que existe entre este individuo y los individuos que se ven en los demás dibujos.)

Equipo B:

■ ¿Qué hacen los varios individuos?

■ ¿Cuáles son las emociones o sentimientos que Uds. asocian con su dibujo? ¿Por qué?

Los miembros de cada equipo deben compartir los resultados de su conversación con los otros de su grupo; luego cada grupo debe presentar su análisis al resto de la clase. De todos los dibujos, ¿cuál creen Uds. que representa la información más importante o clave con relación al testimonio que van a leer? ¿Por qué?

 E ¡Necesito compañero! Trabajando en parejas, vuelvan a examinar los dibujos de la actividad anterior. ¿Qué palabras de la lista del vocabulario asocian Uds. con cada dibujo? ¿Qué otras palabras se les ocurren (*come to mind*) para cada uno? Si pudieran (*you could*) escoger una sola palabra para cada dibujo, ¿cuál sería (*would be*) ésta? Compartan sus selecciones con el resto de la clase. ¿Hay mucha diferencia de opiniones?

 F Papel y lápiz Basándose en lo que Ud. sabe de la literatura testimonial, el título de esta lectura —«Muerte de su amiga intoxicada por la fumigación en la finca»— y los dibujos que acompañan el texto, escriba en su cuaderno de apuntes de cinco a siete oraciones en que especula sobre lo siguiente.

■ El tipo de información que Ud. piensa que va a encontrar en este texto: ¿un análisis filosófico? ¿una historia personal? ¿un reportaje objetivo? ¿una crítica social? ¿preocupaciones personales? ¿especulaciones políticas?

■ El tono del testimonio: ¿triste o alegre? ¿objetivo o subjetivo? ¿formal o informal? ¿misterioso o romántico? ¿idealista o realista?

■ La localización de la acción: ¿se va a tratar de un ambiente rural o urbano? ¿se van a describir acontecimientos que ocurrieron en los últimos años o en un pasado remoto?

Muerte de su amiga intoxicada por la fumigación en la finca

Guatemala

Sobre la autora *Rigoberta Menchú, ganadora del premio Nobel de la Paz en 1992, es una líder quiché de Guatemala. Los quichés son una de las veintitantas* (twenty-plus) *comunidades indígenas de Guatemala, cada una con sus propias costumbres, manera de vestir y lengua. En los últimos años Menchú y otros líderes de los pueblos indígenas guatemaltecos han luchado por defender los derechos de su pueblo a la libertad e igualdad lingüísticas, sociales y económicas.*

Menchú nació en 1959 pero no aprendió a hablar español hasta los 19 años. Ella misma dice que quería aprender español para poder contar la historia de su pueblo a los guatemaltecos de habla española y al resto del mundo.

Siempre había visto[1] llorar a mi madre (...) Yo tenía un miedo a la vida y me decía, ¿qué será (→) de mí cuando yo sea[2] más grande?

—Rigoberta Menchú

1　En la comunidad, por ejemplo, desde chiquita me querían mucho, me expresaban todo su sentimiento, su alegría porque éramos muy antiguos en la comunidad. No dejábamos pasar ni una cosita. Cualquier fiesta, armábamos un relajito[3] a través de nuestras costumbres. Era nuestro compromiso ya directo con la
5　comunidad. Me recuerdo empezaría los catorce años,[4] cuando bajamos a la finca. Ya íbamos un grupo de gentes más unido porque antes, cada gente iba dispersa a cualquier finca y no nos veíamos hasta cuando regresábamos al altiplano. En ese tiempo bajamos juntos con los vecinos, con los hijos de los vecinos, y así bien alegres. Llegamos a la finca y con una amiga de la comunidad, nos tocó[5] corte de al-
10　godón. Un día con ella que era una catequista,* siempre andábamos juntas porque éramos muy amigas, y mi amiga se intoxicó con la fumigación del algodón. Entonces, tuvimos que enterrarla entre todos en la finca... Entonces decidimos no trabajar dos días. No era tanto una huelga.[6] Era para guardar el dolor. Se llamaba María. Era mi amiga. Habíamos bajado (←) a la finca como unas diez personas.
15　Entre los catequistas había muchachos, señores, señoras. La presidenta del grupo era mi mamá. Era un grupo de mujeres que empezaron a organizarse más en lo cristiano. Había un grupo de jóvenes que eran los jóvenes que atendía[7] mi hermanito, que ya lo mataron.† El grupo de niños yo lo atendía, porque yo tenía mucho cariño a los niños. Yo tenía mucha paciencia. También había un grupo de
20　hombres. Los jóvenes en ese tiempo ya participaban juntos, los muchachos y las muchachas. Organizábamos muchas cosas en la comunidad, pero organización como organización no existía. Más que todo se iban las mujeres a practicar la doctrina,[8] a cantar, a platicar[9] un rato y después se iban a sus casas. Era igual con los niños, enseñarles la doctrina, enseñarles algo y jugar un ratito. Había veces que
25　organizábamos textos por medio de mis hermanos que saben ya leer, entonces leíamos un texto y analizábamos qué era el papel[10] de un cristiano. Eso nos hacía unirnos más y preocuparnos más de la problemática de cada una de nosotros. Para la comunidad, mi amiga era una gente importante. La querían mucho. Desde ese tiempo, no sé pero me sentía muy desgraciada[11] en la vida porque pensaba
30　qué sería de la vida de uno[12] cuando fuera[13] grande. Pensaba en toda la niñez, en todo el tiempo que había pasado (←). Siempre había visto (←) llorar a mi madre,

[1]había... *I had seen*　[2]*get to be*　[3]armábamos... *we created quite a stir*　[4]empezaría... *I was probably about to begin my fourteenth year*　[5]nos... tuvimos que hacer　[6]*strike*　[7]*took care of*　[8]practicar... *preach the Gospel*　[9]conversar　[10]*role*　[11]*unhappy*　[12]sería... *would one's life be like*　[13]*one got to be*

*Los catequistas son líderes de grupos cristianos que enseñan religión a otros miembros de la comunidad.
†En el capítulo 7 de su libro *Me llamo Rigoberta Menchú y así me nació la conciencia,* Menchú describe cómo su hermano de dos años muere de desnutrición.

muchas veces escondida,[14] pues nunca nos enseñaba[15] cuando ella tenía grandes penas. Pero siempre la encontraba llorando (∩) en la casa o en el trabajo. Yo tenía un miedo a la vida y me decía, ¿qué será (→) de mí cuando yo sea más grande? Y esa amiga me había dejado (←) muchos testimonios de mi vida. Me decía que nunca se iba a casar porque si se casaba implicaría[16] tener hijos y tener hijos, le costaría[17] ver un hijo morir de hambre o de sufrimiento o de enfermedad. Eso me hacía mucho pensar y que yo estaba loca de pensar, yo me recuerdo que pensaba que yo no podría[18] seguir así, que yo tenía que ser una mujer grande. Y que cada vez yo era más grande y cada vez tenía más responsabilidades. Yo tenía miedo. En ese tiempo yo decidí decir que yo nunca me iba a casar también. Cuando murió mi amiga, yo decía, nunca me voy a casar, como ella dijo que nunca se casaba. Sólo por no pasar[19] todas las penas que tendría que[20] pasar. Completamente se me cambiaron todas las ideas; se me venían muchas ideas. ¿Qué voy a hacer? Muchas veces decía yo, me dedicaré (→) quizás a trabajar en el altiplano, aunque pase hambre[21] pero no bajaré (→) a la finca. Precisamente porque mi amiga allí se murió, mis dos hermanos se han muerto (←) allí. Uno de mis hermanos, me contaba mi madre, se murió de intoxicación también y otro de mis hermanos, que yo vi morir de hambre, de desnutrición. Me acordaba de todos los momentos de mi madre, a quien yo veía sudar[22] y trabajar y nunca se arrepentía. Seguía trabajando (∩). Muchas veces no tenía nada. Llega un mes y decía, no tenemos ni un centavo. ¿Qué vamos a hacer? Eso me daba tanta cólera[23] y yo decía ¿pero qué más se puede hacer en la vida? Para mí no había ninguna salida para que yo no viviera[24] lo mismo que viven todos, que sufren todos. Yo estaba preocupadísima.

[14]hidden [15]showed [16]it would mean [17]it would hurt [18]no... couldn't [19]Sólo... Just to not experience [20]tendría... I would have to [21]pase... I go hungry [22]sweat [23]me... made me so angry [24]para... so that I would not live

En ese tiempo no nos expulsaron del trabajo, ya que reconocieron que teníamos razón. Bueno, es que nos tocó un caporal[25] que era menos criminal que los otros. Trató de no echarnos[26] por los dos días que faltamos[27] y tampoco nos cobró[28] al final del mes los dos días. En ese tiempo yo tenía un dolor bastante grande. Yo decía, por qué no quemamos todas estas cosas para que no venga a trabajar la gente aquí. Yo tenía odio hacia la gente que fumigó. Yo pensaba que eran culpables.[29] ¿Por qué echaban[30] el veneno si habíamos gente allí? En ese tiempo regresé muy mal a la casa. Andaba sola con mis vecinos, con mi hermana mayor, pues mi papá se había quedado (←) en el altiplano. Cuando llegué a casa, le conté a mi mamá, ha muerto (←) tal[31] compañera. Y mi mamá lloraba y yo le decía: ¡ay, mamá, yo no quiero vivir! ¿Por qué no me mataron cuando era niña? ¿Ahora cómo es posible que vivamos? Mi mamá me regañaba[32] y me decía de no hablar cuentos.[33] Pero para mí no eran cuentos. Eran cosas muy serias. Después me acerqué a los curas. Me recuerdo que no sabía hablar el castellano. No podía expresarme con ellos. Pero yo los veía como buenas gentes. Yo tenía muchas ideas pero sabía que no podía llegar a decir todas mis ideas. Yo deseaba un día poder leer o escribir o hablar el castellano. Eso le decía a mi papá, yo quiero aprender a leer. Tal vez cuando uno lee, sea[34] diferente. Entonces mi papá me decía, ¿quién te va a enseñar? Tienes que aprender por tus medios,[35] porque yo no los tengo. No conozco colegios, tampoco te podría[36] dar dinero para un colegio. Entonces yo le decía, si platicas con los padres quizá me pueden dar una beca.[37] Y me decía mi padre, en eso sí que no estoy de acuerdo contigo porque tratas de salir de la comunidad, de alejarte[38] y buscarte lo que te conviene más.[39] Entonces, tratarías de[40] olvidarte de lo que hay en común. Si te vas, sería de una vez.[41] Te apartas de

[25]*foreman* [26]*no... not to fire us* [27]*we missed* [28]*charged* [29]*guilty* [30]*were they spraying* [31]*that*
[32]*scolded* [33]*hablar... to carry on* [34]*it might be* [35]*means* [36]*could I* [37]*scholarship* [38]*distance*
  yourself [39]*te... you like best* [40]*tratarías... you would try* [41]*sería... it would be forever*

80 nuestra comunidad y yo no te apoyaría.[42] Mi papá tenía una gran desconfianza de las escuelas, de todo eso. Entonces me ponía como ejemplo de que muchos de nuestros primos han sabido (←) leer y escribir pero no han sido (←) útil para la comunidad. Tratan de apartarse y sentirse diferentes cuando saben leer y escribir. Todo eso me explicaba mi papá. Yo decía, no, «yo quiero, yo quiero aprender» y

85 seguía y seguía. Llegó un momento en que bajamos por última vez en la finca. Por supuesto, fue en otra finca. Uno de los terratenientes pedía a mi papá que yo fuera[43] sirvienta de él. Mi papá decía no. «Esas son malas cosas. Te van a tratar mal como nosotros nunca te tratamos mal. Yo no sería capaz de[44] aguantar que mi hija esté sufriendo en otro lado; mejor sufrimos juntos.» Como yo estaba en esa

90 gran problemática de pensar qué hacer para buscar una salida, entonces el terrateniente me ofreció veinte quetzales[45] al mes si yo decidía a ser sirvienta. Yo dije no, mejor no. Y estábamos en la misma problemática con mi hermana mayor. Entonces mi hermana mayor dijo, yo me voy. Y mi hermana mayor se decidió. Mi papá le decía, pero hija, te vas a ir a perder. No sé ni dónde te van a llevar. Mi papá

95 estaba muy preocupado porque nunca eran sus intenciones de que nosotras fuéramos[46] sirvientas en la capital. Muchas más, pensaba él, eran las deformaciones que teníamos que vivir después. Tenía miedo que nosotras perdiéramos[47] todas las cosas que ellos nos enseñaron desde pequeños. Mi hermana se fue y yo me quedé todavía unos días con mis papás y yo pensaba: ¿cómo estará (→) mi

100 hermana? Al mes mi papá fue a buscar a mi hermana y me dijo cuando regresó: «Tu hermana está bien pero, sin embargo, está sufriendo mucho. Porque el trabajo ya no es igual que nuestro trabajo y porque también la tratan como una basura[48] en la casa de un rico.» Entonces yo decía que no importa que la traten mal pero si ella puede aprender el castellano, puede leer... Eran mis ambiciones. Después

[42]*would support*   [43]que... *that I be*   [44]no... *would not be able*   [45]moneda de Guatemala   [46]*would be*
[47]*might lose*   [48]*dirt*

105 mi hermana no aguantó y regresó a casa. «Ni por tantas[49] voy a servir un rico por segunda vez», decía ella. Yo ya fui a aprender que los ricos son malos. Yo decía, ¿será (→) que es más difícil que nuestro trabajo? Porque uno piensa que más difícil de lo que hacemos sería[50] imposible pues. ¿Por qué aguantamos todo lo que hacemos? Así es cuando yo me fui de sirvienta a la capital. No había cumplido 110 (←) los trece años, era muy jovencita.

[49]Ni... *Not for anything*   [50]*would be*

Comprensión

A ¡Necesito compañero! Trabajando en parejas, completen el siguiente mapa conceptual según lo que aprendieron de la vida de Rigoberta Menchú. Luego compartan su mapa con el de los otros compañeros de clase. ¿Hay mucha diferencia de opiniones? Trabajen todos juntos para elaborar un solo mapa muy completo.

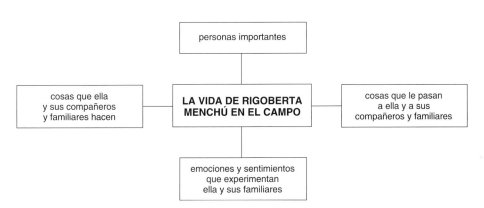

B Cambie los verbos entre paréntesis por el pretérito o el imperfecto, según el contexto. Luego comente si la oración se relaciona con un aspecto positivo (**P**) o negativo (**N**) de la vida de Rigoberta Menchú.

1. _____ En la comunidad las gentes me (querer) mucho desde chiquita.
2. _____ Ese día nosotros (llegar) a la finca y nos tocó corte de algodón.
3. _____ Yo siempre (encontrar) llorando a mi madre.
4. _____ En ese tiempo el caporal no nos (expulsar) del trabajo, ya que él (reconocer) que (nosotros: tener) razón.
5. _____ ¿Por qué no me (ellos: matar) cuando (ser: yo) niña?
6. _____ Entonces el terrateniente me (ofrecer) veinte quetzales.
7. _____ Así es cuando me (ir) de sirvienta a la capital. (Ser) muy jovencita.

C Trabajando en pequeños grupos, y usando la información que incluyeron como parte del mapa en la actividad A, piensen en por lo menos diez adjetivos que describan a Menchú. Piensen en su manera de razonar, en sus reacciones emotivas y en su físico. Luego, compartan sus adjetivos con el resto de la clase para saber cuáles de ellos se repiten y cuáles no se repiten en los grupos. Comenten por qué Uds. escogieron esos adjetivos. Finalmente, seleccionen los cinco adjetivos que mejor describen a Menchú.

D Vuelva a leer las oraciones que escribió en la actividad Papel y lápiz en la página 50. Ahora que ha leído el testimonio de Rigoberta Menchú, ¿está de acuerdo todavía con lo que escribió anteriormente? ¿Debe cambiar algo en sus oraciones? Explique.

E Vuelvan a reunirse en los grupos que se formaron para hacer la actividad E en la página 49. ¿Necesitan cambiar algo en las descripciones que hicieron de los dibujos? Corrijan todo lo necesario. ¿Han cambiado de opinión con respecto al dibujo que creen que es el más significativo relacionado con la historia de Rigoberta Menchú? Expliquen.

Interpretación

A ¡Necesito compañero! Trabajando en parejas, comenten el significado de los siguientes elementos en la vida de Rigoberta Menchú. Luego comparen sus respuestas con las de otras parejas de estudiantes. Identifiquen un aspecto en el que encuentren que hay una variedad significativa de opiniones. Hagan una lista de las diferentes interpretaciones y traten de llegar a un consenso.

1. la religión
2. los curas
3. el padre
4. la amiga muerta
5. la hermana
6. el caporal
7. la finca
8. el terrateniente
9. el castellano
10. la madre

B ¿Cuáles de los siguientes adjetivos parecen describir la actitud de Rigoberta Menchú con respecto a la muerte en general?

enojada
llena de fe espiritual
o religiosa

perpleja/confundida
resentida (*bitter*)
resignada

supersticiosa
temerosa
triste

¿Es la muerte de su amiga su primera confrontación con la muerte? ¿Es normal este tipo de experiencia —y su actitud hacia ella— en una persona tan joven?

C ¿Qué quiere decir Rigoberta Menchú con la expresión «nuestro compromiso con la comunidad»? Busque por lo menos tres ejemplos en que ella demuestra este compromiso.

D ¿Cree Ud. que Menchú logra comunicar sus ideas a pesar de no dominar completamente el español? ¿Es una ventaja o una desventaja el estilo oral? ¿Por qué? ¿Qué impacto puede tener en los lectores?

E De los dos tiempos verbales, el pretérito y el imperfecto, ¿cuál predomina en este texto? ¿Por qué cree Ud. que ocurre eso? ¿Qué revela de la visión que tiene Menchú del pasado?

Aplicación

El episodio de la fumigación y la intoxicación de la amiga de Rigoberta Menchú refleja los peligros de los adelantos tecnológicos. ¿Puede Ud. recordar algunos incidentes ocurridos en los últimos años en los Estados Unidos que reflejen negligencia respecto a la amenaza que presentan ciertos productos químicos u otras sustancias peligrosas? Descríbalos.

LECTURA II   AL NIÑO ENFERMO

APROXIMACIONES AL TEXTO: LA POESIA

Reading poetry, like reading other types of literature, requires special skills. In the **Aproximaciones al texto: La poesía** sections of this text, you will learn a number of techniques that will help you read poetry with greater ease and appreciate it more fully. In later chapters, you will practice all of these separate poetry reading skills together and apply them to several poems.

Connotation versus Denotation

One of the most important things to keep in mind when reading poetry is the difference between connotation and denotation. *To denote* is *to mean, to be a name or a designation for:* in English, for example, the word that denotes the four-legged domestic animal that barks is *dog.* The denotation of a word is its standard dictionary definition.

On the other hand, *to connote* is *to signify* or *to suggest.* To some people, the word *dog* connotes the feelings of warmth or friendliness. For others, however, *dog* may connote ferocity or danger.

In general, a word's denotation is fixed by the language itself. In contrast, a word's connotations depend on the context in which it occurs and on the individual speaker/reader.

Although the distinction between connotation and denotation is applicable to all kinds of literature, it is essential for understanding poetry. Even if you know a single meaning of a word, you need to consider all the possible connotations of that word in the general language or in the poet's individual language. In addition, your feelings about the word will be conditioned by your own experiences and attitudes.

Word Order

As you know, word order is much more flexible in Spanish than in English. The object can precede the verb, and the subject often follows the verb.

Vi a Juan ayer.	Pedro y Juan llegaron.
A Juan lo vi ayer.	Llegaron Pedro y Juan.

This flexibility is very useful in poetry because it makes it easier for the poet to make lines rhyme, and it gives Spanish poetry a natural, flowing quality that sets it apart from English poetry, which is often perceived as being very different in tone and structure from spoken English.

Follow these suggestions as you read Spanish poetry.

- Look up all words whose denotation you do not know.

- Determine what is the subject and what is the verb.

- Reorganize the words in particular verses so that you can grasp their meaning more easily.

A Dé en inglés la denotación y las posibles connotaciones de las siguientes palabras.

1. flor	**3.** corazón	**5.** estrella
2. invierno	**4.** sol	**6.** aurora

B Lea las siguientes estrofas del poema «Al niño enfermo».* Primero, examine con cuidado las palabras en letra cursiva y dé en inglés su denotación y posibles connotaciones. Después, reorganice las palabras en las estrofas para que le sea más fácil entender su significado cuando lea el poema entero.

Duerme, flor de mi vida,
duerme tranquilo,
que es del *dolor* el sueño
tu único *asilo.*

¡Oh qué triste sonrisa
riza tu boca!...
Tu corazón acaso
su mano toca.

Palabras y conceptos

el alba (*f.*) dawn	**la nodriza** wet nurse
el consuelo consolation	**la paz** peace
la estrella star	**santo** holy

A Complete las siguientes oraciones de una forma lógica, usando la forma correcta de las palabras de la lista del vocabulario.

1. Era una noche bonita. Había muchas _____.
2. Cuando la madre murió, buscaron _____ para el bebé.
3. La pobre mujer lloró durante horas y nadie pudo darle _____.
4. Nadie está a favor de la guerra. Todos queremos _____.

B Defina brevemente en español.

1. santo   **2.** el alba

---

*Las siguientes palabras le pueden ser útiles para referirse a la poesía.
    la estrofa *stanza (verse)*   la poesía *poetry (genre)*   el verso *line (of a poem)*
    el poema *poem*   la rima *rhyme*

Interpretación

A Al leer una obra de poesía, los lectores descubren lentamente el mensaje que comunica el texto. ¿Cuándo descubren los lectores que este poema trata de la muerte? ¿Cuándo descubren que el hablante ve la muerte como algo positivo? ¿Es típica esta manera de ver la muerte? ¿Qué impacto tiene en los lectores?

B ¿Cree Ud. que el hablante del poema es fatalista o resignado? ¿Por qué sí o por qué no?

Aplicación

A Compare la actitud hacia la muerte que tiene Rigoberta Menchú con la que tiene el hablante del poema. ¿La aceptan o la rechazan? ¿Es común esta actitud hacia la muerte en los Estados Unidos? En su opinión, ¿cuál de estas actitudes, la de Menchú o la del hablante, se aproxima más a la actitud norteamericana?

B Analice la reacción de Rigoberta Menchú y la de su madre ante el sufrimiento, y la que encontramos en el hablante del poema. ¿Con cuál se identifica Ud. más? ¿Qué consejo puede Ud. darle a una persona como Rigoberta Menchú o a una persona como el hablante del poema cuando sufren? Compare su consejo con los de los otros miembros de la clase. ¿En qué difieren y en qué se parecen? ¿Qué visión de la vida representan los distintos consejos?

C ¿Cómo se presentan las relaciones familiares en las dos obras? ¿Cuál parece ser la actitud de Rigoberta Menchú hacia su familia? ¿y la del hablante del poema? ¿Cuál corresponde mejor a la actitud de Ud. hacia su propia familia?

D Es muy difícil explicarle a un niño lo que es la muerte. Después de la tragedia ocasionada por la explosión de una bomba en el edificio federal de Oklahoma City y la de la masacre de niños en una escuela primaria en Escocia, se diseñaron varios programas para explicarles a los niños la posible muerte de un pariente. ¿Sabe Ud. algo de estos u otros programas? ¿Qué estrategias recomendaron o recomiendan? ¿Cree Ud. que estos programas son una buena idea? ¿Por qué sí o por qué no?

CAPÍTULO CUATRO

4

La familia

Rufino Tamayo, *Bienvenido*

L
a pintura de la izquierda representa a dos personas cuyas caras no muestran una edad definida. Tampoco hay indicios de la relación que existe entre ellas. Podrían (*They could*) ser padre e hijo, abuelo y nieto o simplemente amigos. ¿Cuál de esas relaciones, u otra, le parece más probable? ¿Qué edad piensa Ud. que tiene cada persona? ¿Por qué?

De la lista a continuación, escoja los adjetivos que en su opinión mejor describan el tipo de relación que existe entre las personas de la pintura y explique por qué piensa Ud. eso.

cariñosa	estrecha (íntima)	respetuosa
cordial	fría	sincera
deshonesta	intimidante	tensa

En general, ¿qué se espera de las relaciones entre un padre y su hijo? ¿entre un abuelo y su nieto? Explique. Anote sus comentarios e ideas sobre las personas de la pintura, para ver si de alguna manera se aplican a los personajes de los cuentos que Ud. va a leer en este capítulo.

LECTURA I EL NIETO

APROXIMACIONES AL TEXTO

La «desfamiliarización» (Parte 1)

In popular literature, such as romances, soap operas, and comic books, texts do not have many possible interpretations; rather, they fulfill the reader's expectations along conventional lines. Readers often enjoy this type of literature because they know what to expect.

As a reading or viewing public gets more sophisticated, however, it finds this fulfillment of expectations boring and begins to demand more. This phenomenon is apparent today in the movie industry, which often takes a well-known film type and parodies or spoofs it, turning the conventions inside out. This process is called "defamiliarization." For instance, there have been many parodies of the classic cowboy movie, one example of which is *Cat Ballou.* In this film the cowboy who comes to rescue the lady in distress turns out to be a drunk, and the helpless female proves to be more than capable of defending herself *and* taking care of the wayward hero. A similar reversal of expectations occurs in a detective story that has no solution or one in which the detective "did it."

Breaking with convention or with the literary pattern is very common in literature and in other art forms that are not addressed specifically to a mass audience. In the defamiliarization process, texts shake readers free from their preconceived ideas and make them see phenomena as if for the first time. Obviously, there are limits to the use of defamiliarization, since a total break with literary convention would impede communication. Most writers work within a middle range, using and reshaping conventional materials to create new expressions and new approaches to human reality.

A Imagínese que Ud. es director(a) de cine o de televisión. ¿Qué cambios haría (*would you make*) en los siguientes programas o tipos de película para romper con el patrón convencional?

1. Una película de horror

   Patrón convencional: Un científico crea un monstruo en su laboratorio. El monstruo escapa del laboratorio y rapta (*kidnaps*) a una mujer bella. El héroe persigue al monstruo, lo mata, salva a la mujer y se casa con ella.

   Versión nueva:

2. Una película de tipo «Tarzán»

   Patrón convencional: Un niño es abandonado en la selva y una familia de animales lo adopta. El niño crece y se convierte en defensor de los animales y de la naturaleza.

   Versión nueva:

3. Una telenovela

Patrón convencional: Una pareja de ancianos lleva muchos años sin ver a su nieto. Un día aparece un joven y la anciana lo invita a pasar a su casa. Descubre que es su nieto y que éste es ahora un hombre muy rico y poderoso.

Versión nueva:

B Papel y lápiz En este capítulo, Ud. va a examinar el uso de la desfamiliarización en dos cuentos que exploran la definición de «la familia». Para identificar los elementos desfamiliarizados, es útil establecer primero las expectativas con respecto al tema (en este caso, la familia) para luego poder decir de qué manera cada elemento difiere de lo esperado. Es decir, ¿qué es lo típico de una familia? ¿Cuáles son los motivos y los procesos que caracterizan la formación de una familia? ¿Y cuáles son los motivos y los procesos que caracterizan su disolución? Explore esto en su cuaderno de apuntes.

Resuma una historia «típica» o «tradicional» de una familia completando el siguiente párrafo. ¡Cuidado! A veces se necesita una palabra, y a veces una frase, para llenar los espacios en blanco.

Por tradición, el proceso de formar una familia empieza con dos (jóvenes/ mayores) —_____ y _____— que se enamoran y deciden _____. Si los padres de la novia o del novio se oponen a la unión, puede pasar una de dos cosas: o _____ o _____. En el primer caso, esto resulta en _____ entre los recién casados y sus suegros. El segundo caso puede terminar en la tragedia, ya que los dos enamorados _____. Si no hay oposición, los novios _____ con la intención de vivir _____ por el resto de su vida. Después de algún tiempo, los esposos deciden tener uno o dos _____.

En muchos casos, el matrimonio dura toda la vida, pero en otros _____. Con frecuencia, las causas incluyen _____. El divorcio puede ser amigable, pero lo más común es que _____. Suele ser (mejor/peor) cuando la pareja tiene mucho dinero y otras cosas materiales, pero en todo caso la división de _____ puede causar grandes tensiones. La situación se agrava cuando la pareja tiene _____ porque _____. Las consecuencias pueden ser que _____.

Palabras y conceptos

la acera sidewalk
a cuadros plaid
agradecer to thank
  agradecido thankful
alargar to hand, pass (*something to someone*)
el anciano / la anciana old man / old woman
arreglar to fix
arrimarse to come close
asomarse to lean out of (*a window or opening*)
la barba beard

la bodega grocery store
calle arriba/abajo up/down the street
el carnet ID card
la cuadra (city) block
detener(ie) to stop (*something*)
estar encargado de to be in charge of
el marco frame
las obras (construction) works
picar hielo to chip ice
el plano plan, architectural drawing

ponerse de pie to stand up
reparar to fix, repair
restaurar to restore
  la restauración restoration
el retrato photo, portrait

sudar to sweat
  el sudor sweat
tropezar(ie) con to bump into
valer la pena to be worth the effort
volverse (ue) to turn around

A ¿Qué palabras de la lista del vocabulario se relacionan con cada una de las siguientes categorías? ¡Cuidado! Una misma palabra puede pertenecer a más de una categoría.

1. la construcción
2. la fotografía

3. la ayuda o cooperación
4. los movimientos del cuerpo

B ¡Necesito compañero! Trabajando en parejas, describan los dibujos que acompañan el cuento «El nieto», usando todas las palabras de la lista del vocabulario que puedan. Luego, preparen una breve descripción de lo que Uds. suponen que va a pasar en el cuento y sobre las relaciones entre los personajes que figuran en los dibujos. Compartan sus predicciones con las demás parejas para ver en qué coinciden. ¿Hay mucha diferencia de opiniones?

C Entre todos Las relaciones entre los abuelos y los nietos pueden ser muy especiales. Terminen las siguientes oraciones de tres maneras diferentes para definir las expectativas y las responsabilidades de estas relaciones. ¡Cuidado con el uso del subjuntivo!

1. Los abuelos esperan que sus nietos _____.
2. Los nietos suelen pedir que sus abuelos _____.
3. Para mantener buenas relaciones con sus nietos adolescentes, es preferible que los abuelos (no) _____ y es importante que los nietos (no) _____.

¿Reflejan las respuestas una visión positiva o negativa de las relaciones entre los abuelos y los nietos? ¿Qué es necesario para que estas relaciones sean buenas?

El nieto

Cuba

Sobre el autor *El cuentista, ensayista y novelista Antonio Benítez Rojo nació en La Habana, Cuba, en 1931. En 1967 ganó el prestigioso Premio Casa de las Américas. Actualmente es profesor de español en Amherst College, Massachusetts.*

1 El hombre debía ser[1] uno de los arquitectos encargados de las obras de restauración del pueblo, pues se movía de aquí para allá con los bolsillos prendidos de

[1]debía... *must have been*

lapiceros[2] y bolígrafos de colores. Podía tener unos treinta años, tal vez algo más, pero no mucho más, pues su barba era apretada[3] y de un castaño parejo,[4] y en general, hacía buena figura con sus ajustados[5] pantalones de trabajo y camisa a cuadros, con sus botas españolas y el rollo de planos en la mano y su gorra[6] verde olivo, verdaderamente maltrecha y desteñida.[7]

Quizá por ser mediodía no había obreros en los andamios,[8] ni junto a las pilas de arena y escombros,[9] ni sobre la armazón[10] de tablas[11] que apenas dejaba ver la fachada[12] de la gran casa, alzada[13] mucho tiempo atrás[14] en el costado[15] más alto de la plaza de hermoso empedrado.[16] El sol recortaba[17] las cornisas[18] de tejas[19] rojas, sin duda ya restauradas, de las casas vecinas, y caía a plomo[20] sobre la pequeña casa, de azotea achatada y muros roídos,[21] que se embutía en la hilera[22] de construcciones remozadas[23] como un diente sin remedio.

El hombre caminó calle abajo, hasta llegar frente a la pequeña casa, y allí se volvió y miró hacia la plaza del pueblo, tal vez para juzgar cómo marchaban las obras de la gran casa. Al poco rato desplegó[24] el plano, volvió a mirar calle arriba e hizo un gesto de inconformidad mientras dejaba que el plano se enrollara por sí solo.[25] Fue entonces que pareció reparar en[26] el sol, pues salió de la calle y se arrimó a la ventana cerrada de la pequeña casa; se secó el sudor con un pañuelo y miró de nuevo hacia las obras.

—¿Quiere un vaso de limonada? —dijo la anciana de cara redonda que se había asomado (←) al postigo.[27]

---

[2]bolsillos... *pockets full of mechanical pencils*   [3]*thick*   [4]castaño... *even chestnut color*   [5]*tight-fitting*   [6]*cap*   [7]maltrecha... *worn and faded*   [8]*scaffolding*   [9]pilas... *heaps of sand and debris*   [10]*framework*   [11]*planks*   [12]*façade*   [13]*constructed*   [14]mucho... *long time ago*   [15]*side*   [16]*cobblestones*   [17]*was outlining*   [18]*cornices*   [19]*roof tiles*   [20]a... *directly*   [21]azotea... *flattened roof and damaged walls*   [22]se... *was crammed into the row*   [23]*rejuvenated*   [24]*unfolded*   [25]se... *roll up by itself*   [26]reparar... *to notice*   [27]*shutter*

El hombre se volvió con un gesto de sorpresa, sonrió agradecido y dijo que sí.
Enseguida la puerta se abrió, y la figura amable y rechoncha[28] de la anciana
apareció en el vano[29] y lo invitó a entrar.

De momento el hombre no parecía distinguir bien el interior de la casa, pues
tropezó con un sillón[30] de rejillas hundidas y saltadas a trechos,[31] que empezó a
balancearse[32] con chirridos[33] a un lado de la sala.

—Siéntese —sonrió la anciana—. Ahora le traigo la limonada. Primero voy a
picar hielo —agregó como si se excusara (←) por anticipado[34] de cualquier posible demora.[35]

El hombre detuvo el balanceo del sillón y, después de observarlo, se sentó
cuidadosamente. Entonces, ya habituado a la penumbra[36] de la sala, miró a su
alrededor:[37] la consola[38] de espejo manchado,[39] el otro sillón, el sofá con
respaldo[40] en forma de medallones, los apagados paisajes[41] que colgaban de las
paredes. Su mirada resbaló[42] indiferente por el resto de los objetos de la
habitación, pero, de repente, se clavó[43] en la foto de carnet que, en un reducido
marco de plata, se hallaba[44] sobre la baja mesa del centro.

El hombre, precipitadamente, se levantó del sillón y tomó el retrato, acercán-
doselo (↻) a los ojos. Así permaneció, dándole (↻) vueltas en las manos, hasta
que sintió los pasos[45] de la anciana aproximarse por el corredor. Entonces lo puso
en su lugar y se sentó con movimientos vacilantes.

La anciana le alargó el plato con el vaso.

—¿Quiere más? —dijo con su voz clara y cordial, mientras el hombre bebía
sin despegar[46] los labios del vaso.

—No, gracias —replicó éste poniéndose (↻) de pie y dejando (↻) el vaso
junto al retrato—. Es fresca su casa —añadió sin mucha convicción en la voz.

—Bueno, si no se deja entrar el sol por el frente, se está bien. Atrás, en el patio, no hay problemas con el sol; tampoco en la cocina.

—¿Vive sola?

—No, con mi esposo —dijo la anciana—. El se alegra mucho de que estén
arreglando (↻) las casas de por aquí. Fue a la bodega a traer los mandados[47]...
¿Usted sabe si piensan arreglar esta casa?

—Pues... bueno, habría que ver[48]...

—Es lo que yo le digo a mi esposo —interrumpió la anciana con energía—.
Esta casa no es museable.[49] ¿No es así como se dice? Lo leí en una revista.

El hombre sonrió con embarazo[50] e hizo ademán[51] de despedirse. Caminó hacia la puerta seguido de la mujer.

—Le agradezco mucho —dijo—. La limonada estaba muy buena.

—Eso no es nada —aseguró la mujer al tiempo que abría la puerta al resplandor[52] de la calle—. Si mañana está todavía por aquí y tiene sed, toque sin
pena.[53]

—¿Esa persona del retrato... es algo suyo[54]? —preguntó el hombre como si le
costara[55] encontrar las palabras.

—Mi nieto —respondió la mujer—. Esa foto es de cuando peleaba contra la
dictadura[56] en las lomas[57] de por aquí. Ahora se casó y vive en La Habana.

---

[28]*chubby* [29]*opening* [30]*rocking chair* [31]rejillas... *sagging and partially cracked cane work*
[32]*to rock* [33]*creakings* [34]por... *in advance* [35]*delay* [36]oscuridad [37]*surroundings* [38]*wall table*
[39]*black-spotted* [40]*back* [41]apagados... *faded landscapes* [42]*glided* [43]*was riveted* [44]se... *estaba*
[45]*footsteps* [46]sin... *without removing* [47]*groceries* [48]habría... *we would just have to see*
[49]*a museum piece* [50]*embarrassment* [51]*gesture* [52]*brightness* [53]toque... *don't hesitate to knock*
[54]algo... *someone related to you* [55]como... *as if it were hard for him* [56]*dictatorship (of Batista in 1958)* [57]*hills*

68 CAPITULO CUATRO LA FAMILIA

El hombre sólo atinó[58] a mover la cabeza y salió con prisa de la casa. Una vez en la calle, se detuvo, pestañeó[59] bajo el intenso sol y miró hacia la puerta, ya cerrada.

—¿Van a reparar nuestra casa? —le preguntó un anciano que llevaba dos grandes cartuchos[60] acomodados en el brazo; de uno de ellos salía una barra de pan.[61]

—Trataremos de hacerlo —dijo el hombre—. Pero usted sabe como son estas cosas... Aunque creo que sí. En realidad vale la pena.

—Desentonaría[62] mucho en la cuadra —dijo el anciano—. Le quitaría presencia[63] a las demás —añadió con un dejo de astucia.[64]

—Sí, tiene razón —respondió el hombre mirando  hacia la casa—. La estuve viendo  por dentro. Por dentro está bastante bien.

—Ah, menos mal. El problema es el techo, ¿no? Pero eso no sería[65] un problema grande, ¿no? La de al lado[66] tampoco tenía techo de tejas, y mírela ahora lo bien que luce.[67]

De improviso[68] el anciano dio unos pasos hacia el hombre y, abriendo  la boca, le observó detenidamente[69] el rostro.[70]

—Usted es... —empezó a decir con voz débil.

—Sí.

—¿Ella lo reconoció? —preguntó el hombre después de pasarse la lengua por los labios.

—Creo que no. Adentro estaba un poco oscuro. Además, han pasado  años y ahora llevo barba.

El anciano caminó cabizbajo[71] hacia el poyo[72] de la puerta y, colocando  los cartuchos en la piedra, se sentó trabajosamente[73] junto a ellos.

---

[58]*managed*   [59]*blinked*   [60]*grocery bags*   [61]barra... *baguette*   [62]*It would be out of place*
[63]Le... *It would take away from the effect*   [64]dejo... *trace, touch of shrewdness*   [65]*wouldn't be*
[66]La... *The house next door*   [67]*it looks*   [68]De... *Unexpectedly*   [69]*attentively*   [70]*cara*   [71]*head down*
[72]*stone bench*   [73]con dificultad

—Vivíamos en La Habana, pero los dos somos de aquí. Este es un pueblo viejo. Quisimos regresar y pasar estos años aquí. No tenemos familia. Es natural, ¿no? —dijo el anciano, ahora mirándose (↻) los zapatos, gastados[74] y torcidos en las puntas[75]—. El mismo día en que llegamos... Ahí mismo —dijo señalando (↻) un punto en la acera—, ahí mismo estaba el retrato. ¿Usted vivía cerca?

—No, andaba por las lomas. Pero a veces bajaba al pueblo. Tenía una novia que vivía... Me gustaba caminar por esta plaza —dijo el hombre señalando (↻) vagamente calle arriba—. Me parece que comprendo la situación —añadió dejando (↻) caer el brazo.

—No, no puede comprender. No tiene la edad para comprender... La gente de enfrente, los de al lado, todos creen que usted es su nieto. Tal vez ella misma.

—¿Por qué sólo *su* nieto?

—La idea fue de ella —respondió el anciano—. Siempre fue muy dispuesta,[76] dispuesta y un poco novelera.[77] Es una pena que no hayamos podido (←) tener familia. Ella, ¿comprende?

—Lo siento.

—¿Qué va a hacer? —preguntó el anciano, mirando (↻) al hombre con ojos vacíos.

—Pues, dígale a la gente de enfrente y de al lado que el nieto de La Habana vino a trabajar un tiempo aquí.

El anciano sonrió y sus ojos cobraron brillo.[78]

—¿Le sería mucha molestia[79] venir esta noche por acá? —El hombre fue junto a él y lo ayudó a levantarse.

—Sería[80] lo natural, ¿no le parece? —dijo mientras le alcanzaba[81] los cartuchos.

[74]*worn out* [75]torcidos... *turned up at the toes* [76]*clever* [77]*given to inventing stories* [78]cobraron... *shone* [79]¿Le... *Would it be too much trouble for you* [80]*It would be* [81]*handed*

Comprensión

A Cambie los verbos entre paréntesis por la forma apropiada del presente de indicativo o de subjuntivo, según el contexto. Luego diga si las oraciones son ciertas (**C**) o falsas (**F**) y corrija las falsas.

1. _____ El hombre le manda a la anciana que le (traer) un vaso de limonada.
2. _____ La anciana no quiere que el hombre (entrar) en su casa, ya que está sola.
3. _____ El hombre dice que (hacer) fresco dentro de la casa.
4. _____ El anciano quiere que los obreros (arreglar) su casa.
5. _____ El hombre insiste en que la mujer le (decir) de quién es el retrato.
6. _____ El anciano sabe que el retrato (ser) del arquitecto.
7. _____ El anciano espera que el arquitecto (volver) esa noche.
8. _____ El arquitecto dice que no (poder) volver porque tiene mucho trabajo.

B Elija todos los adjetivos de la lista a continuación que mejor describan a cada uno de los personajes del cuento. Al final, compare sus listas de los tres personajes para averiguar cuáles son las características que comparten. ¿Qué revelan estos rasgos compartidos en cuanto a los valores de los personajes?

agradable	delgado	imaginativo	sentimental
alegre	educado	instruido	sofisticado
analfabeto	egoísta	listo	tímido
arrogante	elegante	patético	trabajador
cansado	enojado	pobre	triste
cómico	generoso	rico	urbano
comunicativo	humilde	rural	viejo

C ¡Necesito compañero! Trabajando en parejas, determinen a cuál(es) de los personajes corresponde cada uno de los siguientes objetos. Luego, comparen sus resultados con los de los otros estudiantes. Si algunos dieron respuestas diferentes, discutan hasta que todos estén de acuerdo con las asociaciones hechas.

el marco	los mandados	la camisa a cuadros
la limonada	los planos	el sillón
los zapatos gastados	el gorro verde oliva	los bolígrafos de colores

D Busque en el cuento dónde se encuentra exactamente la siguiente información.

1. por qué la pareja vive en esa casa
2. por qué el joven está allí
3. por qué la vieja dice que el hombre del retrato es su nieto

Interpretación

A A continuación se mencionan algunos de los pensamientos y acciones de los personajes del cuento. Explique la causa de cada uno. ¡Cuidado! Puede haber más de una respuesta para cada oración.

1. La anciana le ofrece un vaso de limonada al hombre.
2. El hombre mira con mucha atención el retrato que está sobre la mesa.
3. Para la anciana, el hombre del retrato que está en la mesa es su nieto.
4. El anciano invita al hombre a volver esa misma noche.
5. El hombre dice que va a volver a visitar a los ancianos.

B Entre todos Vuelvan a la actividad C de la página 66 y repasen las respuestas que Uds. dieron en cuanto a las relaciones entre los abuelos y los nietos.

■ ¿Cuántas de las expectativas y recomendaciones que mencionaron caracterizan las relaciones entre el joven y los ancianos del cuento?

■ ¿Qué elementos que existen en estas relaciones no mencionaron Uds.?

■ ¿Qué aspectos de las relaciones entre los personajes del caso presentado les parecen más significativos? Expliquen.

C ¿En qué sentido son las relaciones entre el joven y los viejos típicas de las que existen entre abuelos y nietos? ¿En qué sentido desfamiliarizan la idea generalizada de lo que constituye una familia? ¿Cuáles de los siguientes elementos son necesarios para producir este nuevo tipo de familia?

una sociedad rural	una sociedad en donde hay poco crimen	un matrimonio progresista
una sociedad socialista	una sociedad patriarcal	un matrimonio cariñoso
una sociedad pobre	un matrimonio tradicional	un matrimonio desigual

¿Es posible decir que el cuento sugiera una desfamiliarización de la familia tradicional? ¿Por qué sí o por qué no?

D El hecho de que los personajes de un cuento no tengan nombre puede indicar la ausencia de personalidad, como en una sociedad moderna e impersonal, o puede indicar que son representativos de cierto tipo de persona. En este texto, ¿cuál de estos dos efectos le parece más evidente? ¿Qué otras impresiones puede dejar este anonimato en el lector / la lectora?

Aplicación

A El cuento «El nieto» presenta un concepto de familia que no tiene lazos consanguíneos, es decir, que no se basa en relaciones de sangre. ¿Qué otros ejemplos de familias sin lazos consanguíneos se ven en la sociedad moderna? ¿Cree Ud. que la sociedad contemporánea acepta totalmente el matrimonio sin hijos? ¿Hay algunas maneras que se han institucionalizado hoy en día de «inventar» a un hijo o a un nieto? Explique.

B Para la anciana del cuento, tener hijos es un hecho de gran importancia. ¿Es tan importante para el marido de ella? ¿Es igualmente importante para las mujeres hoy en día? ¿y para los hombres? ¿Cuáles de las siguientes afirmaciones le parecen que reflejan la opinión de un sector considerable de la gente de hoy?

1. Los matrimonios que deciden no tener hijos son egoístas.
2. El hombre que no puede tener hijos no es hombre.
3. La gente debe poder decidir si quiere formar una familia o no.
4. La gente que no tiene hijos va a sentirse más solitaria en la vejez que la que tiene hijos.
5. La pareja sin hijos es más feliz.
6. El matrimonio tiene como fin principal la reproducción.
7. La pareja sin hijos es más responsable socialmente hoy en día, ya que la sobrepoblación es un problema grave para nuestro planeta.

 C Papel y lápiz Vuelva a la actividad Papel y lápiz de la página 65 para repasar lo que Ud. escribió sobre la familia típica. Usando el esquema que se da allí, determine en qué punto la familia descrita en «El nieto» difiere de la narrativa de la familia «normal». A partir de ese punto, escriba una breve historia sobre la formación de este nuevo tipo de familia.

LECTURA II
LA GUERRA Y LA PAZ

APROXIMACIONES AL TEXTO

La «desfamiliarización» (Parte 2)

There are many different ways in which a text can break with the reader's expectations. One of the purposes of defamiliarization is to force the reader to look at what has become familiar with a fresh vision, as if seeing it for the first time. A frequent technique employed in narrative to disrupt accepted patterns of perception is the introduction of an "innocent" narrator, one who does not fully comprehend what he/she is observing and telling. This "innocent," or "naive," narrator is outside the normal power structure and communicates to the reader a vision of the events that does not take for granted certain conventions or rules. What is normal is now challenged, turned upside-down, confronted with another perspective that refuses to accept what has become the natural order of things. "Innocent" narrators are often unfamiliar with the language of the world they are describing and will sometimes make use of long, detailed descriptions for lack of appropriate terminology, or will repeat the language they are hearing from other informants but without really understanding the meaning. Their language is a distorted or eerie echo of institutionalized discourse.

There are many kinds of "innocent" narrators, including clowns, country bumpkins, foreigners who don't really understand local custom, talking horses, children, or senile old men or women. In William Faulkner's *The Sound and the Fury,* a mentally retarded character narrates how he sees several men swinging in an open area between the flowering trees. He watches them approach a flag and then swing some more before they go on and look for something in the grass. As the reader processes the words, it gradually becomes clear that the narrator is describing a golf game, in slow motion and without using any of the usual golf terminology. The narrator is outside the system and does not know its rules or the language normally used to describe it, and this perspective offers the reader the opportunity to similarly step back and reconsider events or processes with a fresh perspective and a more critical eye.

A Lea las siguientes narraciones y determine si representan el punto de vista de un narrador «inocente» que queda fuera de las normas y reglas de lo que describe o si presenta una perspectiva que está en consonancia con las normas y reglas del mundo que describe. Subraye las palabras que le parecen más significantes para establecer esta relación entre el narrador y la materia que describe.

1. Damas y caballeros, los invito a pasar al maravilloso mundo del circo Polavski. Dentro de la carpa les espera un espectáculo sin par en el mundo. Payasos, gimnastas, nuestro incomparable domador de leones y tigres, la bella artista del trapecio que hace su peligrosísimo acto a cien

metros de altura. Pasen, pasen, sin tardar ni un momento más para no perder el magnífico espectáculo del circo Polavski.

2. Llegamos a una especie de edificio sin techo. Tenía la forma de un círculo o más bien un óvalo. Las paredes del edificio eran bien altas y había escaleras desde abajo hasta arriba y la gente, pero mucha gente, se sentaba en las escaleras. En el centro del edificio sin techo, en el suelo, había una cosa como alfombra verde con rayas blancas. En los dos extremos había unas cosas de metal en forma de H. Por unas horas algunos hombres enormes, de hombros muy, muy grandes y con un gorro muy duro en la cabeza, peleaban furiosamente, golpeándose, tirándose al suelo, todo por conseguir un curioso objeto color marrón. La gente sentada en las escaleras gritaba mucho, se ponía de pie, movía los brazos y luego se sentaba de nuevo.

3. Llevábamos muchos días encerrados en el barco. Fue un viaje difícil porque el agua estaba muy agitada y había llovido con vientos fuertes por mucho tiempo. Por fin, el hombre de barba blanca y larga me tomó en su mano y me habló en esa jerga extraña en que suelen hablarnos los seres humanos. Parecía darme instrucciones para hacer algo pero no tengo la menor idea qué me decía. Al final, me llevó a una ventana y me soltó. Yo me sentía tan alegre de poder salir del maldito barco que volaba alto, miraba el mundo abajo, tan pequeñito, y por fin, para descansar, bajé a un árbol, donde me paré un momentito. Como estaba harto de dormir dentro del barco, cogí una pequeña rama para construirme un nido en la parte alta de la nave. Me la llevé al barco y cuando el viejo me vio, empezó a gritar y a saltar de una forma jamás vista. No sabía que la construcción de un nido de pájaro podría tener tanta importancia para un ser humano.

4. Salimos del campamento de noche. Todos llevábamos nuestras armas bien cargadas y sabíamos que ésta era una batalla definitiva. Guardábamos un silencio absoluto y nos sentíamos orgullosos de participar en la guerra para terminar todas las guerras. El odiado enemigo no tenía idea de lo que le esperaba. Dentro de poco vería que la fuerza, la justicia y el futuro de la raza humana estaban de nuestra parte.

B Trabajando en grupos de tres estudiantes, examinen uno de los siguientes escenarios familiares y determinen cuál(es) de las personas nombradas sería(n) (*would be*) más apropiada(s) para representar la perspectiva «inocente». Expliquen las circunstancias específicas para cada caso. Al final, todos los grupos deben presentar sus conclusiones al resto de la clase. Si la clase no está de acuerdo con las conclusiones de algún grupo, ese grupo debe justificar su decisión hasta convencer a los demás.

1. Los miembros de una familia hablan de la llegada inmediata de un nuevo bebé.
   Participantes: el padre, la madre, el hijo de 12 años, el perro
2. Los miembros de una familia discuten y determinan cómo van a dividir los bienes ahora que los padres se divorcian.
   Participantes: el padre, la madre, el hijo de 12 años
3. Los miembros de una familia de inmigrantes hispanoamericanos se preparan para una visita a Disneyland.
   Participantes: el padre, la madre, la abuela, la hija de 8 años
4. *Inventen un escenario para otros grupos de la clase.*

Palabras y conceptos

abandonar to abandon
las acciones shares of stock; actions
la adolescencia adolescence
agotado worn out
ajeno other; belonging to another
amistoso friendly
aprobar (ue) to approve
autoritario authoritarian
los bienes assets
la calva bald spot
ceder to relinquish; to abandon
la cólera anger
el cornudo cuckold
el corresponsal correspondent
la derrota defeat
disfrutar (de) to enjoy

empalidecer to become pale
enrojecer to blush
el estorbo annoyance; obstacle
el estudio study (*room*)
fastidiar to annoy
fracasar to fail
galantear to flirt
materno maternal
murmurar to murmur, whisper
paterno paternal
las pavadas foolishness
la pluma feather
prevalecer to prevail, triumph
el sillón armchair
sobrevivir to survive

A Busque los sinónimos de las siguientes palabras en la lista del vocabulario.

1. simpático
2. las acciones
3. coquetear
4. abandonar
5. las tonterías

B Busque los antónimos de las siguientes palabras en la lista del vocabulario.

1. la calma
2. la vejez
3. la victoria
4. propio
5. morir
6. tener éxito

C Busque en la lista del vocabulario todas las palabras que se relacionan de una manera u otra con las siguientes categorías.

1. el mundo financiero
2. el cuerpo
3. el mundo emotivo

D ¡Necesito compañero! ¿Qué asocian Uds. con las palabras de la lista del vocabulario? ¿Son positivas o negativas esas asociaciones? Trabajando en parejas, coloquen cada una de las palabras y expresiones en la línea a continuación.

← ——————————————————————————— →

positivo   negativo

Den por lo menos una razón que explique el porqué de su reacción. Luego, comparen sus asociaciones con las de los otros compañeros de clase. ¿Hay mucha diferencia de opiniones?

E El título del cuento que Ud. va a leer es «La guerra y la paz». ¿Qué le sugiere este título? ¿Dónde cree Ud. que va a tener lugar la acción? ¿Quiénes pueden ser los personajes? Mire con atención los dibujos que acompañan el texto. ¿Confirman las expectativas creadas por el título? Explique.

La guerra y la paz

Nota: The text you are about to read makes frequent use of ellipses, omitting the initial word of many sentences. This typically occurs when the narrator has already indicated that he/she is reporting other people's speech and then goes on to relate in incomplete sentences what he/she has heard. Watch out for these cases, which may begin with the word **que** or with the repetition of a given phrase. You will be asked about these passages in the **Comprensión** and **Interpretación** activities.

Uruguay

Sobre el autor   *Mario Benedetti nació en el Uruguay en 1920. Es poeta, ensayista, novelista, cuentista, dramaturgo y periodista. Toda su vida ha estado involucrado en la política izquierdista, a raíz de lo cual tuvo que salir del Uruguay y vivir en el exilio durante el gobierno militar y conservador de los años 1973–1984. Actualmente reside en el Uruguay y España.*

1   Cuando abrí la puerta del estudio, vi las ventanas abiertas como siempre y la máquina de escribir destapada[1] y sin embargo pregunté: —¿Qué pasa?—. Mi padre tenía un aire autoritario que no era el de mis exámenes perdidos.[2] Mi madre era asaltada por espasmos de cólera que la convertían en una cosa inútil.

5   Me acerqué a la biblioteca y me arrojé en[3] el sillón verde. Estaba desorientado, pero a la vez me sentía misteriosamente atraído por el menos maravilloso de los presentes. No me contestaron, pero siguieron contestándose (ᴖ). Las respuestas, que no precisaban[4] el estímulo de las preguntas para saltar[5] y hacerse añicos,[6] estallaban[7] frente a mis ojos, junto a mis oídos. Yo era un corresponsal de guerra.

10   Ella le estaba diciendo (ᴖ) cuánto le fastidiaba la persona ausente de la Otra.[8] Qué importaba que él fuera (←) tan puerco[9] como para revolcarse[10] con esa buscona,[11] que él se olvidara (←) de su ineficiente matrimonio, del decorativo, imprescindible ritual de la familia. No era precisamente eso, sino la ostentación desfachatada,[12] la concurrencia[13] al Jardín Botánico llevándola (ᴖ) del brazo, las

15   citas en el cine, en las confiterías.[14] Todo para que Amelia, claro, se permitiera (←) luego aconsejarla con burlona piedad[15] (justamente ella, la buena pieza[16]) acerca de ciertos límites de algunas libertades. Todo para que su hermano disfrutara (←) recordándole (ᴖ) sus antiguos consejos prematrimoniales, justamente él, el muy cornudo, acerca de la plenaria[17] indignidad de mi padre. A esta altura

20   el tema había ganado en precisión[18] y yo sabía aproximadamente qué pasaba. Mi adolescencia se sintió acometida[19] por una leve sensación de estorbo y pensé en levantarme. Creo que había empezado (←) a abandonar el sillón. Pero, sin mirarme, mi padre dijo: —Quédate—. Claro, me quedé. Más hundido[20] que antes en el pullman[21] verde. Mirando (ᴖ) a la derecha alcanzaba a[22] distinguir la

---

[1]*uncovered*   [2]*failed*   [3]*me... threw myself into*   [4]*necesitaban*   [5]*burst forth*   [6]*hacerse... shatter*   [7]*exploded*   [8]*the Other Woman*   [9]*disgusting*   [10]*wallow*   [11]*whore*   [12]*shameless*   [13]*attendance*   [14]*tea rooms*   [15]*burlona... ironic compassion*   [16]*buena... tramp*   [17]*complete*   [18]*había... had become more defined*   [19]*assailed*   [20]*Más... Sunk deeper*   [21]*armchair*   [22]*alcanzaba... pude*

pluma del sombrero materno. Hacia la izquierda, la amplia frente y la calva paternas. Estas se arrugaban y alisaban[23] alternativamente, empalidecían y enrojecían siguiendo (∩) los tirones[24] de la respuesta, otra respuesta sola, sin pregunta. Que no fuera falluta.[25] Que si él no había chistado[26] cuando ella galanteaba con Ricardo, no era por cornudo sino por discreto, porque en el fondo la institución matrimonial estaba por encima de todo y había que tragarse las broncas[27] y juntar tolerancia para que sobreviviese.[28] Mi madre repuso que no dijera[29] pavadas, que ella bien sabía de dónde venía su tolerancia.

De dónde, preguntó mi padre. Ella dijo que de su ignorancia; claro, él creía que ella solamente coqueteaba con Ricardo y en realidad se acostaba con él. La pluma se balanceó con gravedad, porque evidentemente era un golpe tremendo. Pero mi padre soltó una risita[30] y la frente se le estiró,[31] casi gozosa. Entonces ella se dio cuenta de que había fracasado (←), que en realidad él había aguardado (←) eso para afirmarse[32] mejor, que acaso siempre lo había sabido (←), y entonces no pudo menos que desatar unos sollozos[33] histéricos y la pluma desapareció de la zona visible. Lentamente se fue (←) haciendo (∩) la paz. El dijo que aprobaba, ahora sí, el divorcio. Ella que no. No se lo permitía su religión. Prefería la separación amistosa, extraoficial,[34] de cuerpos y de bienes. Mi padre dijo que había otras cosas que no permitía la religión, pero acabó cediendo.[35] No se habló más de Ricardo ni de la Otra. Sólo de cuerpos y de bienes. En especial, de bienes. Mi madre dijo que prefería la casa del Prado. Mi padre estaba de acuerdo: él también la prefería. A mí me gusta más la casa de Pocitos. A cualquiera le gusta más la casa de Pocitos. Pero ellos querían los gritos, la ocasión del insulto. En veinte minutos la casa del Prado cambió de usufructuario[36] seis o siete veces. Al final prevaleció la elección de mi madre. Automáticamente la casa de Pocitos se adjudicó a mi padre. Entonces entraron dos autos en juego.[37] El prefería el Chrysler. Naturalmente, ella también. También aquí ganó mi madre. Pero a él no pareció afectarle; era más bien una derrota táctica. Reanudaron la

[23]se... would become furrowed and smooth   [24]tugs   [25]Que... Don't be two-faced. (slang)
[26]no... hadn't said anything   [27]había... one had to swallow the aggravations   [28]para... in order for it to survive   [29]que... that he not say   [30]soltó... let out a little laugh   [31]se... smoothed out
[32]get the upper hand   [33]sobs   [34]unofficial   [35]acabó... ended up giving in   [36]cambió... changed hands   [37]entraron... the two cars came into play

pugna[38] a causa de la chacra,[39] de las acciones de Melisa, de los títulos hipoteca-
rios, del depósito de leña. Ya la oscuridad invadía el estudio. La pluma de mi
55   madre, que había reaparecido (←), era sólo una silueta contra el ventanal. La
calva paterna ya no brillaba. Las voces se enfrentaban roncas,[40] cansadas de gol-
pearse; los insultos, los recuerdos ofensivos, recrudecían[41] sin pasión, como para
seguir una norma impuesta por ajenos. Sólo quedaban números, cuentas[42] en el
aire, órdenes a dar. Ambos se incorporaron,[43] agotados de veras,[44] casi sonrientes.
60   Ahora los veía de cuerpo entero. Ellos también me vieron, hecho[45] una cosa
muerta en el sillón. Entonces admitieron mi olvidada presencia y murmuró mi
padre, sin mayor entusiasmo: —«Ah, también queda éste[46]»—. Pero yo estaba inmóvil, ajeno, sin deseo, como los otros bienes gananciales.[47]

---

[38]Reanudaron... *They resumed the fight*   [39]*farm*   [40]*hoarse*   [41]*flared up*   [42]*accounts*   [43]se...
stood up   [44]de... *truly*   [45]*turned into*   [46]queda... *we still have this left*   [47]bienes... *joint properties*

Comprensión

A Cambie los verbos entre paréntesis por una forma del presente de indicativo
o de subjuntivo, según la oración. Luego indique si cada oración es cierta (**C**)
o falsa (**F**). Corrija las oraciones falsas.

1. _____ El padre le pide a su hijo que (venir) al estudio para hablar de sus
   malas notas.
2. _____ La madre dice que su marido (ser) una persona indecente y que su
   amante (*mistress*) lo es también.
3. _____ El adolescente quiere (marcharse), pero su padre insiste en que
   (quedarse).
4. _____ El padre espera que la madre (revelar) lo de las relaciones de ella
   con Ricardo para usar esto como arma en contra de ella.
5. _____ La madre prefiere que (haber) una separación amistosa pero el
   padre quiere que ellos (divorciarse).
6. _____ Tanto la madre como el padre insisten en que el adolescente
   (vivir) consigo y no con la otra persona.

B Trabajando en grupos de tres estudiantes, determinen cuáles de los siguientes adjetivos o sustantivos asocian con cada uno de los tres personajes del cuento. Al considerar las cualidades del padre y de la madre, indiquen si asocian las palabras con sólo uno de ellos o con ambos, organizando sus selecciones según el diagrama a continuación.

astuto	los exámenes	infiel	la pluma
autoritario	fastidiado	inocente	puerco
la buscona	la frente	insultar	rico
el Chrysler	histérico	interesado	el sillón
colérico	hundido	manipulador	solitario
curioso	ignorante	materialista	los sollozos
desorientado	incómodo	muerto	sorprendido
estorbo	indignado	pasivo	traidor

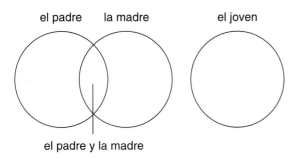

el padre   la madre   el joven

el padre y la madre

Comparen su diagrama con los de los otros grupos para llegar a un acuerdo entre sí. En su opinión, ¿hay algunos adjetivos o sustantivos que falten? ¿Hay palabras o expresiones que Uds. asocien con *todos* los miembros de la familia? Expliquen.

C Vuelva a mirar la actividad D de la página 75. Después de haber leído (*having read*) el cuento «La guerra y la paz», ¿han cambiado algunas de las asociaciones que Ud. y su compañero/a habían hecho antes? ¿Qué palabras necesitan colocarse en un lugar diferente de la línea? ¿Por qué?

D Invente dos mandatos que se darían (*would give*) los siguientes personajes unos a otros. (En esta familia, todos se tratan de **tú**.)

1. padre ↔ hijo   **2.** padre ↔ madre   **3.** madre ↔ hijo

E Determine cuál de los personajes dijo o podría haber dicho (*could have said*) cada una de las siguientes oraciones.

1. «Yo era un corresponsal de guerra.»
2. «El matrimonio es algo sagrado y hay que ser tolerante para sobrevivir.»
3. «¡Dios mío! El muy sinvergüenza me ha hecho revelar lo de mi adulterio.»
4. «En realidad prefiero la casa de Pocitos pero si se lo digo, va a decir que también la quiere sólo para fastidiarme.»
5. «Yo también estaba agotado. No podía moverme y ya no sentía nada.»

Interpretación

A Describa las relaciones entre los personajes del cuento. Cuando el adolescente se refiere a su madre, pone énfasis en la pluma que ella lleva en el sombrero; cuando se refiere a su padre, pone énfasis en la frente arrugada de éste. ¿Qué revela la pluma de la personalidad de la madre y de sus relaciones con su hijo? ¿Qué revela la frente arrugada de la personalidad del padre y de sus relaciones con su hijo?

B ¿Cuál es el nivel social y económico de la familia? ¿Qué elementos del texto lo indican? ¿Cómo ha influido (*has influenced*) el nivel socioeconómico de la familia en las relaciones entre los padres y cómo ha influido en las relaciones entre ellos y su hijo?

C ¡Necesito compañero! Trabajando en parejas, contesten las siguientes preguntas. Luego compartan su información con las otras parejas para ver en qué están de acuerdo.

- El adolescente se describe a sí mismo como un corresponsal de guerra. ¿Qué hace un corresponsal de guerra? ¿Suele ser imparcial o suele apoyar a un lado u otro? ¿Es objetivo o subjetivo al analizar la situación? ¿Suele estar enterado de los hechos o simplemente describe lo que ve sin entender su significado? ¿Presenta riesgos su trabajo?

- ¿En qué sentido cumple el adolescente el papel de corresponsal de guerra como narrador de este texto? ¿En qué sentido difiere su papel del de un corresponsal de guerra?

D Trabajando en grupos de tres estudiantes, contesten las siguientes preguntas. En su opinión, ¿es ejemplo de un «inocente» el adolescente? ¿Cuáles de las siguientes características del «inocente» comparte?

- No ocupa una postura de poder dentro del sistema descrito.

- No entiende las reglas del sistema que describe.

- No participa activamente en los hechos que se describen.

- No domina el vocabulario empleado por los que sí saben las reglas del juego.

Busquen citas del texto para apoyar sus respuestas.

E Estudie las siguientes oraciones tomadas del cuento. Indique en cada caso si es la voz del adolescente y su visión de las cosas, o si son la voz y visión del padre o de la madre filtradas por el adolescente.

1. No era precisamente eso, sino la ostentación desfachatada, la concurrencia al Jardín Botánico llevándola del brazo, las citas en el cine, en las confiterías.

2. A esta altura el tema había ganado en precisión y yo sabía aproximadamente qué pasaba.

3. Que si él no había chistado cuando ella galanteaba con Ricardo, no era por cornudo sino por discreto.

4. Prefería la separación amistosa, extraoficial, de cuerpos y bienes.

5. A cualquiera le gusta más la casa de Pocitos. Pero ellos querían los gritos, la ocasión del insulto.

6. Yo estaba inmóvil, ajeno, sin deseo, como los otros bienes gananciales.

F Papel y lápiz ¿Qué le espera en el futuro al adolescente? ¿Con quién cree Ud. que va a vivir? ¿Cómo le va a afectar la separación de sus padres? ¿Cree Ud. que puede recuperar su inocencia? Vuelva al resumen que Ud. preparó para la actividad Papel y lápiz de la página 65 y repase sus apuntes. Prepare una nueva versión escrita del resumen desde el punto de vista del adolescente ahora que éste ha perdido (*has lost*) su inocencia y tiene una idea más clara de la situación y una visión más cínica de los hechos.

Aplicación

A Imagínese que Ud. es un consejero / una consejera familiar y que tiene como clientes a la familia del cuento «La guerra y la paz». ¿Qué recomendaciones o consejos les daría (*would you give*) a los miembros de esta familia de acuerdo con la situación en que se encuentran? Use las siguientes expresiones y verbos, y ¡tenga cuidado con el uso del subjuntivo!

Aconsejar que	Es necesario que	Preferir que
Esperar que	Es preferible que	Recomendar que
Es importante que	Insistir en que	Sugerir que

B Tanto en el primer cuento de este capítulo, «El nieto», como en el segundo, «La guerra y la paz», hay tres personajes. Contraste el tipo de relaciones que se representan en estos cuentos. ¿Qué sentimientos hay entre los personajes de ambos cuentos: ¿amor, odio, desprecio, indiferencia, consideración? ¿Quiénes representan cada sentimiento? Explique. ¿Cuál de estas «familias» se acerca más a la familia ideal?

C En ambos cuentos de este capítulo, se habla de los siguientes temas: en uno, la desunión y la destrucción, y en el otro, la unión y la restauración. ¿En qué cuento se presenta cada tema? ¿Qué personajes representan de una manera u otra esos temas? Explique. ¿De qué manera puede servir el comportamiento de algunos personajes de modelo a los otros?

D Improvisaciones Trabajando en grupos de tres, preparen el diálogo que seguiría (*would follow*) después del final del cuento «La guerra y la paz». ¿Qué respondería (*would respond*) el hijo cuando el padre dijo: «Ah, también queda éste»? ¿Cómo contestarían (*would answer*) los padres la respuesta de su hijo? ¿Qué decisión tomarían (*would make*) los padres después de escuchar la opinión del adolescente?

Después, presenten el diálogo ante la clase para ver las diferentes perspectivas de cada grupo. ¿Fueron parecidas las perspectivas presentadas o fueron muy diferentes? Comenten.

CAPITULO CINCO

5

Geografía, demografía, tecnología

Oswaldo Guayasamín, *Manos de la esperanza*

Estudie el cuadro de la izquierda y luego marque todas las palabras que en su opinión lo describen.

☐ tierno (*tender*)	☐ abstracto	☐ trágico
☐ cruel	☐ sufrimiento	☐ amor
☐ delicado	☐ fuerte	☐ masculino
☐ femenino	☐ viejo	☐ joven
☐ el trabajo	☐ la ciencia	☐ el arte
☐ el miedo	☐ cómico	☐ primitivo
☐ la ciencia ficción	☐ natural	☐ artificial

¿Es un cuadro moderno o tradicional? ¿del siglo XIX o del XX? ¿Qué elementos del cuadro lo revelan?

Los cuadros y los textos pueden transmitir una visión positiva o negativa de la cultura de su tiempo. ¿Cómo se relaciona el cuadro de la página anterior con los temas de geografía, demografía y tecnología de este capítulo? ¿Cuáles son los elementos positivos de la sociedad contemporánea? ¿Cuáles son los negativos? Trabajando en grupos de tres estudiantes, hagan dos listas de esos elementos —una de los positivos y otra de los negativos— para ver cuál es más larga. Luego, comparen su lista con las de los otros grupos. ¿Están todos de acuerdo en cuanto a su visión de la cultura actual?

Papel y lápiz En su cuaderno de apuntes, explore más la relación del cuadro con los temas de geografía, demografía y tecnología.

■ Organice sus ideas sobre la sociedad moderna en un mapa semántico como el siguiente.

la geografía — **LA SOCIEDAD MODERNA** — la demografía

la tecnología

■ Analice las asociaciones que Ud. apuntó en su mapa. ¿Son una mezcla de lo positivo y lo negativo o predomina uno sobre otro?

■ Escriba varias oraciones para resumir sus ideas y expresar la idea principal que contiene su mapa.

LECTURA I ━━━━━━━━
POR QUE MUCHAS PERSONAS NO FIGURAN EN EL ULTIMO CENSO

APROXIMACIONES AL TEXTO

La caracterización

The depiction of literary characters, or characterization, is one of the most important elements of a work of fiction. Characters can be revealed in many different ways. Gestures, clothing, actions, physical attributes, relations with and differences from other characters in the same text, identification with a specific setting, given name or surname or lack of name, and insertion within a specific genre or literary code can all reveal a great deal about the psychology, values, origins, and goals of individual characters. In any text, the reader is presented with only a limited amount of information about a character and must fill in the gaps by using his or her own knowledge of cultural and literary conventions.

One of the most direct ways in which a character can be revealed is through his or her speech, in monologue or dialogue. Modern texts often represent the interior monologue or stream-of-consciousness of a character and both modern and premodern texts make ample use of dialogue, the exchange of words between or among two or more characters. Dialogue not only gives a quicker pace to a work but also allows the reader to judge the characters by their own words rather than solely by what they do or what others, including the narrator, feel and say about them. A character's choice of speech register—including lexicon, formal or informal speech, slang or standard language, earthy or abstract words, and regional or class dialect—communicates a great deal about the speaker. Additionally, the interchange of words with another character sheds light not only on the perspectives of the individual speakers but on the coming together of two distinct personalities with their particular visions of the world and on the implications of this meeting of differences for an understanding of the larger social world of which the characters are a part.

In the following activities, you will be asked to construct a description of character. What do you know about the character based on the limited amount of information that you are given and how do you arrive at this knowledge? Which specific details allow you to construct an image of the character?

A **Diálogo o monólogo:** El siguiente diálogo viene de *El túnel* de Ernesto Sábato. Léalo y luego complete la actividad de la próxima página.

—Necesito verla, María —le dije—. Desde que nos separamos he pensado constantemente en usted, cada segundo.
Me detuve temblando. Ella no contestaba.

—¿Por qué no contesta? —le dije con nerviosidad creciente.

—Espere un momento —respondió.

Oí que dejaba el tubo.[1] A los pocos instantes oí de nuevo su voz, pero esta vez su voz verdadera; ahora también ella parecía estar temblando.

—No podía hablar —me explicó.

—¿Por qué?

—Acá entra y sale mucha gente.

—¿Y ahora cómo puede hablar?

—Porque cerré la puerta. Cuando cierro la puerta saben que no deben molestarme.

—Necesito verla, María —repetí con violencia. —No he hecho otra cosa que pensar en usted desde el mediodía.

Ella no respondió.

—¿Por qué no responde?

—Castel... —comenzó con indecisión.

—¡No me diga Castel! —grité indignado.

—Juan Pablo... —dijo entonces, con timidez.

[1]teléfono

En este diálogo _____[1] habla con _____.[2] El le habla (en una tienda / por teléfono / en una fiesta).[3] Se ve que no se conocen muy bien porque se tratan de (tú/Ud.)[4] al hablarse y porque ella evita (*avoids*) llamarle por su _____[5] hasta que él se lo pide.

A pesar de que no parece que se conocen muy bien, las palabras (del hombre / de la mujer)[6] cuando dice _____[7] indican que la atracción mutua que sienten puede llegar a convertirse en algo más que amistad.

De los dos, (el hombre / la mujer)[8] parece ser más agresivo/a como se ve cuando _____.[9] En cambio, (él/ella)[10] parece que es muy _____.[11]

B **Los gestos, la ropa y las acciones:** ¿Qué emoción o rasgo psicológico de la segunda columna asocia Ud. con cada frase de la primera?

1. el bajar los ojos
2. una mujer vestida de negro
3. un hombre que se come las uñas
4. un hombre vestido con chaqueta de cuero negro y una cadena de hierro como cinturón
5. una persona que ríe con frecuencia

a. la nerviosidad
b. la felicidad
c. la timidez
d. la tristeza
e. la violencia

Palabras y conceptos

aficionado fond, enthusiastic
la calefacción heat; heating system
el censo census
culto educated
el departamento apartment
disimular to cover up (*a problem*); to overlook, forgive
finado deceased
el horno oven

ladrar to bark
el ladrillo brick
llenar to fill in, out (*a form*)
el maíz corn
el mellizo / la melliza triplet; one of multiple birth
el pícaro rascal
la píldora pill
la planilla information form
poner un huevo to lay an egg

prestar to lend
quemar to burn

el tintero inkwell
volcar (ue) to overturn

A ¡Necesito compañero! Trabajando en parejas, estudien las siguientes palabras y frases y agrúpenlas según las categorías que mejor justifiquen las agrupaciones. Luego, comparen sus resultados con los de los otros estudiantes de la clase, explicando las categorías que han usado. Si quedan algunas palabras fuera de las categorías, piensen en dos o tres palabras más para crear una categoría para esas palabras.

quemar	aficionado	llenar
volcar	la calefacción	culto
el tintero	el horno	la planilla
el mellizo	el censo	poner un huevo
la píldora	el ladrillo	el departamento

B Estudie los elementos de la lista a continuación para determinar dónde se pueden colocar mejor en el siguiente continuo: ¿se inclinan más hacia el lado de la vida urbana o más hacia el de la vida rural?

la vida urbana   la vida rural

1. la desconfianza hacia personas desconocidas
2. el miedo al crimen
3. el contacto con la naturaleza
4. la confianza en los vecinos
5. el invitar a una persona desconocida a entrar en la casa
6. los papeles tradicionales de los sexos

C Divídanse en dos grupos. La mitad de la clase va a trabajar sobre la vida en el campo y la otra mitad sobre la vida en la ciudad. Utilizando palabras de la lista del vocabulario y otras que le parezcan útiles, cada grupo debe completar el siguiente mapa semántico para describir la vida en el lugar asignado. Después de terminar el mapa, los dos grupos deben presentar sus resultados a la clase para tener una comparación completa de la diferencia entre la vida rural y la urbana.

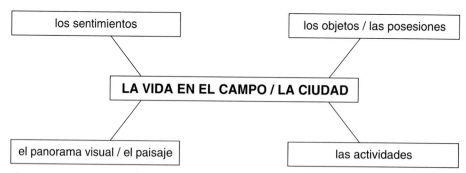

D Defina la palabra **censo**, incluyendo cuándo se hace, quién lo hace, cómo se hace y qué tipo de información se recoge. Después, trabaje con un compañero / una compañera para llenar el siguiente cuestionario sobre el censo.

Imagínese que su compañero/a es un(a) agente del censo que llega a su casa y le pregunta sobre todas las personas que viven con Ud.

CARACTERISTICAS DE LOS RESIDENTES HABITUALES DE LA VIVIENDA

P E R S O N A S	LISTA DE PERSONAS	CUESTIONARIO PARA RELLENAR							
	Por favor, dígame el nombre y apellido de cada una de las personas que viven en esta vivienda, empezando por el jefe o la jefa.	Sexo			¿Sabe leer y escribir?		¿Habla otra lengua además del inglés?		¿Cuál?
#	NOMBRE	M	F	EDAD	SI	NO	SI	NO	OTRA LENGUA
1									
2									
3									
4									
5									
6									

P E R S O N A S	Lugar de nacimiento	RELIGION A) Católica B) Protestante C) Judaica D) Ninguna E) Otra	ESTADO CIVIL A) Soltero B) Casado C) Divorciado D) Viudo E) Otro	OCUPACION PRINCIPAL ¿Cuál es el oficio, puesto o cargo que desarrolla en su trabajo principal?	¿Cuáles son las tareas o funciones que realiza en su trabajo?	ESCOLARIDAD A) Preescolar B) Primaria C) Secundaria D) Universidad E) Ninguna
1		Ⓐ Ⓑ Ⓒ Ⓓ Ⓔ	Ⓐ Ⓑ Ⓒ Ⓓ Ⓔ			Ⓐ Ⓑ Ⓒ Ⓓ Ⓔ
2		Ⓐ Ⓑ Ⓒ Ⓓ Ⓔ	Ⓐ Ⓑ Ⓒ Ⓓ Ⓔ			Ⓐ Ⓑ Ⓒ Ⓓ Ⓔ
3		Ⓐ Ⓑ Ⓒ Ⓓ Ⓔ	Ⓐ Ⓑ Ⓒ Ⓓ Ⓔ			Ⓐ Ⓑ Ⓒ Ⓓ Ⓔ
4		Ⓐ Ⓑ Ⓒ Ⓓ Ⓔ	Ⓐ Ⓑ Ⓒ Ⓓ Ⓔ			Ⓐ Ⓑ Ⓒ Ⓓ Ⓔ
5		Ⓐ Ⓑ Ⓒ Ⓓ Ⓔ	Ⓐ Ⓑ Ⓒ Ⓓ Ⓔ			Ⓐ Ⓑ Ⓒ Ⓓ Ⓔ
6		Ⓐ Ⓑ Ⓒ Ⓓ Ⓔ	Ⓐ Ⓑ Ⓒ Ⓓ Ⓔ			Ⓐ Ⓑ Ⓒ Ⓓ Ⓔ

Por qué muchas personas no figuran en el último censo

Argentina

Sobre el autor *Conrado Nalé Roxlo (1898–1971) fue dramaturgo, cuentista, periodista y poeta argentino. Como dramaturgo fue conocido por su imaginación y originalidad; como cuentista, por su delicado sentido del humor.*

1 **V**ivienda entre rancho y casa, entre calle y potrero.[1] Cerco de alambre tejido con campanillas azules,[2] y detrás un perro chico que ladra como si fuera[3] grande cuando golpeo las manos.[4] Detrás del perro aparece una dama, entre jamona[5] y vieja, arreglándose (∿) las mechas.[6]

5 —Buenas tardes, señora. Vengo por lo del censo.

—¿Del censo? ¡Qué sorpresa más agradable! Pase, joven, pase. ¡Cuánto van a sentir las chicas[7] no estar en casa!... ¡Son tan aficionadas!

—¿A los censos, señora?

—En general, caballero, a las visitas de personas cultas.

10 —Muchas gracias, señora. ¿Llenaron la planilla?

—¿Qué planilla? ¡Ah, sí! ¿El documento? Estaba confundida. ¡Como todos los días dejan papeles de liquidaciones[8] que son un horror, de píldoras, de tantas cosas!... ¡Mire que se ha vuelto (←) papelera[9] la gente! Si una fuera[10] a comprar todo lo que anuncian, no le alcanzaría[11] el tiempo. ¿No es cierto?

15 —Sí, señora, el tiempo vuela. ¿Quiere tener la bondad[12] de darme la planilla?

—¡Qué compromiso[13]! Pero usted sabrá (→) disimular. Resulta que cuando estábamos por[14] llenarla, mi sobrino, el hijo de mi hermana viuda, que es de la piel de Judas,[15] volcó el tintero que nos había prestado (←) el turco[16] de la esquina. ¡Qué contratiempo[17]!, ¿no?

20 —No es nada, señora, aquí tengo otra planilla y mi estilográfica.[18] ¿Quién es aquí el jefe de la familia?

—Mi esposo.

—¿Cómo se llama su esposo?

—Se llamaba, joven, se llamaba, porque ya es finado. Estaba tan sano[19] y tan 25 bueno como usted y como yo, pero el médico se equivocó,[20] y cuando llamamos al curandero[21] ya era tarde. Hizo que le ataran[22] una gallina blanca a la pierna izquierda para que el mal[23] pasara (←) al irracional,[24] pero ya era tarde: la gallina puso un huevo y mi esposo dejó de persistir.[25]

—Lo lamento, señora. Pero, ¿quién viene a ser ahora el jefe de la familia?

30 —Siempre lo sigue siendo (∿) el finadito, porque yo hice una promesa en la sala ardiente[26] y la renové frente al panteón de la Chacarita,[27] de no desobede-

---

[1]*cattle farm* [2]*Cerco...Wire fence with bellflowers woven through it* [3]*como... as if he were* [4]*golpeo... I clap my hands* [5]*buxom* [6]*pelo* [7]*¡Cuánto... The girls are going to be so sorry* [8]*terrific sales* [9]*que usa mucho papel* [10]*were going* [11]*no... there wouldn't be enough* [12]*amability* [13]*horror* [14]*a punto de* [15]*es... es un diablo* [16]comerciante del Oriente Medio [17]*desastre* [18]*pluma* [19]*healthy* [20]*se... hizo un error* [21]*folk healer* [22]*Hizo... He made them tie (to him)* [23]enfermedad [24]*animal* [25]dejó... murió [26]*sala... funeral parlor* [27]cementerio de Buenos Aires

cerlo jamás, ya que él se molestaba tanto en vida cuando no le hacíamos caso. Me acuerdo, como si fuera hoy,[28] cómo se enojó en el carnaval del 98 porque me disfracé de bailarina... Bueno, hay que tener en cuenta que siempre fue muy celoso, sin motivo, naturalmente...

—Permítame, señora, ¿quiénes viven en la casa?

—Nosotras. ¿Quiénes van a vivir? Hasta el año pasado teníamos un italiano, único inquilino,[29] pero usted sabe como son los italianos. Nélida, la mayor de mis niñas, que ahora estudia corte y confección,[30] lo puso en su lugar, y yo le dije: «Muy bien hecho, nena, porque a mí no me gustan los juegos de manos.[31]»

Pero usted se debe estar aburriendo (⌒). Voy a poner la radio.

—¡No, por Dios, señora! Dígame, por favor, quiénes viven en la casa.

—Desde que se fue el italiano, nosotras solas. En un tiempo supo vivir mi compadre,[32] pero en este barrio hay gente muy murmuradora,[33] y como la menor de mis chicas, Adelina, se le parece tanto[34]...

—¿Así que vive usted aquí con sus hijas?

—Temporariamente, caballero, temporariamente, porque esto queda muy a trasmano.[35] Y les digo siempre que debíamos irnos a un departamento con calefacción y agua caliente. ¿No le parece que estaríamos[36] mejor?

—Depende, señora...

—Claro, usted lo dice por no contrariar[37] a Noemí, que como tiene el novio en el horno, no se quiere ir del barrio.

—¡El novio en el horno! ¿Y no teme que se le queme?

—Es un decir:[38] trabaja en el horno de ladrillos. Buen muchacho, pero sin porvenir.[39]

—Señora: le ruego que responda a mis preguntas en forma más concreta.

—Me parece que no le oculto nada. ¡Si le estoy hablando como si fuera[40] de la familia!

—Bien; ¿cómo se llama usted?

—Casilda Ortigosa de Salvatierra; Salvatierra por mi esposo, el finado, que a su vez se llamaba Bartolomé Salvatierra. Supo ser[41] cochero[42] del general Mitre, que le decía tocayo.[43] ¡Era tan sencillo el general! ¿Usted lo conoció?

—No, señora, dada[44] mi edad...

—¡Naturalmente, si usted es un pichón[45]! Soltero, ¿no?

—No, señora, casado.

[28]como... *as if it were today* [29]*boarder* [30]corte... *dressmaking* [31]juegos... *men who can't keep their hands off* [32]supo... *vivía aquí mi buen amigo* [33]*gossipy* [34]se... *se parece tanto al compadre* [35]a... *lejos de la ciudad* [36]*we would be* [37]*oponerse* [38]*saying* [39]*futuro* [40]como... *as if you were part* [41]Supo... *Era* [42]*coachman* [43]le... *tenía el mismo nombre* [44]*a causa de* [45]*muy joven*

—¡No me lo diga! Debe ser una broma. ¡Qué va a ser casado con esa cara tan alegre y tan bien vestido! Por lo menos no tendrá[46] hijos.

80 —Tengo tres.

—¿Mellizos?

—No, señora, uno por vez.

—¿Usted vio las mellizas Dionne* en el cine? A nosotras nos gusta mucho el cine: es un espectáculo altamente moral para familias. Los picnics también son en-

85 tretenidos... Y usted, ¿cuánto gana, si no es indiscreción?

—Este[47]... señora, el que tiene que hacer el censo soy yo.

—Disculpe si lo he ofendido (←), pero no vaya a creer que lo hago de curiosa;[48] pero como usted hace tantas preguntas, creí, digo yo, que también podía hacer alguna.

90 —No es que me ofenda, señora, pero es que así no vamos a terminar nunca.

—Comprendo, y usted tendrá apuro[49] por llegar a su casa a ver a su esposa e hijos..., o a alguna otra, porque usted tiene cara de ser muy pícaro. Pero hace mal, el esposo no debe dar mal ejemplo. Eso, sin ir más lejos, le decía yo siempre a mi finado, pero él, dale que dale,[50] con una y con otra, hasta que le pasó lo del maíz.

95 Que, por otro concepto, lo tuvo muy bien empleado.[51]

—Naturalmente, señora. ¿Edad?

—La muchacha tendría[52] unos veinte años, aunque ella decía diez y ocho. Era una chiruza.[53]

—Pero, ¿de qué muchacha me está hablando (∿)?

100 —De la de la historia del maíz, naturalmente. Porque a mí, es bueno que lo vaya sabiendo (∿), no me gusta hablar sin fundamento. Claro que lo del maíz fue

---

[46]no... probablemente no tiene   [47]*Well, er*   [48]de... por ser curiosa   [49]tendrá... probablemente tiene prisa   [50]dale... una y otra vez, constantemente   [51]por... *on the other hand he had it coming to him*   [52]tendría... probablemente tenía   [53]*common, ignorant young woman*

*The Dionne quintuplets, born to a French Canadian family in 1934.

una exageración del padre. ¡Lo que se rió el general Mitre cuando se lo contaron!... ¡Era tan chichón[54]!

    —¡Por lo que más quiera,[55] señora, terminemos de una vez!

105   —Se lo cuento en dos palabras. Resulta que el finadito le andaba arrastrando el ala[56] a la hija del dueño de una cochería[57] donde guardaba, y viene que se entera el padre,[58] y como era casado, mi esposo, se la juró,[59] y una noche, cuando fue a dejar el coche, lo esperó con una horquilla,[60] y atándolo a un pesebre[61] no lo dejó salir hasta que se comió un kilo de maíz.

110   —¡Qué barbaridad!

    —Sí, menos mal que era maíz pisado.[62]

    —Menos mal. Y ahora ¿me quiere decir su edad?

    —¡Pero cómo no se la voy a decir, no faltaría más[63]! ¿Cuánto[64] cree que tengo?

115   —Señora, no soy adivino.[65]

    —Diga lo que le parezca, a ver si acierta, porque todos dicen que estoy muy conservada y no represento.[66]

    —No puedo más, señora, tenga piedad[67] de mí. Dígame, sin más comentarios, el día, el mes y el año en que nació para mi desdicha.[68]

120   —Nací el día de Santa Casilda, por eso me pusieron[69] Casilda, aunque mi mamá me quería poner Dosia, como la heroína de una novela, y mi papá, que era masón, Luz de Oriente. ¿Usted no es masón?

    —¡Qué voy a ser! ¡Lo que soy es un infeliz que tiene que ganarse la vida! ¡Pero ahora mismo voy a renunciar a mi empleo aunque mi mujer y mis hijos tengan que comer maíz pisado el resto de su vida!

125   Y eché a correr seguido por el perro y la voz de doña Casilda que decía:

    —¡Pero qué mosca le habrá picado![70]

---

[54]tan... *such a joker*   [55]Por... Por el amor de Dios   [56]arrastrando... *courting*   [57]*coachhouse*
[58]viene... *it happens that the father found out*   [59]se... *he swore to get even*   [60]*pitchfork*   [61]atándolo...
tying him to a manger   [62]*ground*   [63]no... por supuesto   [64]¿Cuántos años   [65]*mind reader*
[66]aparento mis años   [67]compasión   [68]mala suerte   [69]dieron el nombre de   [70]¡Pero... *What's his
problem!*

Comprensión

A ¿Cuál de las siguientes afirmaciones contesta mejor la pregunta incorporada en el título del cuento?

  1. El cuento nunca revela la respuesta.

  2. A mucha gente no le gusta hablar con los representantes del censo.

  3. Mucha gente habla demasiado y no sabe limitarse a las preguntas del censo.

  4. Mucha gente muere antes de que pueda ser contada.

  5. Los representantes del censo son unos incompetentes que suelen ser insensibles a las necesidades y situaciones de los ciudadanos a quienes entrevistan.

B Divídanse en grupos de tres o cuatro estudiantes. Cada grupo debe volver al cuento y buscar la información necesaria para llenar uno de los números que aparecen en la gráfica de la próxima página. Después de terminar, cada grupo debe compartir la información que recogió con el resto de la clase.

	¿COMO ES?	¿DONDE ESTA SITUADA?	¿QUIENES VIVEN ALLI AHORA?	¿QUIENES VIVIAN ALLI ANTES?
1. La vivienda de Casilda				
	CARACTERISTICAS FISICAS	RASGOS PSICOLOGICOS	ACTITUD ANTE LA VIDA (CONSERVADORA, PESIMISTA, ...)	OTROS HABITOS O CARACTERISTICAS
2. Casilda				
	JEFE DE LA FAMILIA	HIJOS/HIJAS	OTROS PARIENTES	AMIGOS
3. La familia y amigos de Casilda				
	¿QUIEN ERA?	¿COMO ERA?	PROFESION	¿COMO MURIO?
4. Bartolomé				
	EDAD Y ESTADO CIVIL (SOLTERO, CASADO)	MOTIVO DE SU VISITA	PROBLEMA QUE ENCUENTRA	RESULTADO DE SU VISITA
5. El joven del censo				

C Termine las oraciones de la primera columna con la información apropiada de la segunda, sustituyendo los verbos entre paréntesis por la forma correcta del indicativo o subjuntivo.

1. Ya que parece tan joven el hombre del censo, Casilda no puede creer que _____
2. Casilda le promete a su marido que _____
3. El dueño de la cochería se pone furioso porque _____
4. Casilda no llenó la planilla pero espera que el joven _____
5. Al joven del censo le vuelve loco que _____
6. A Casilda no le gusta que el huésped italiano _____
7. La gente del lugar cree que _____

a. siempre le (ir) a obedecer después de muerto.
b. (aceptar) sus explicaciones de por qué no pudo hacerlo.
c. la hija menor de Casilda (ser) hija del compadre que vivió con ellas por un tiempo.
d. (tener) esposa e hijos.
e. (practicar) juegos de manos con sus hijas.
f. el esposo de Casilda (coquetear) con su hija.
g. Casilda (contar) tantas historias.

Interpretación

A ¡Necesito compañero! Trabajando en parejas, digan cuáles de las siguientes afirmaciones se aplican a Casilda. Luego expliquen por qué Uds. tienen esa impresión de su carácter. ¿Se basa en algo que ella dijo o hizo? ¿en lo que otros dicen de ella? Luego, compartan su análisis con las demás parejas para ver si hay mucha diferencia de opiniones.

_____ A Casilda le gustan los hombres.

_____ Casilda es tímida.

_____ Casilda es inocente.

_____ Casilda es discreta y no revela secretos familiares.

_____ Casilda piensa que todos los hombres son mujeriegos (*womanizers*).

_____ A Casilda no le gustan los chistes.

B ¿Qué revelan las siguientes afirmaciones en cuanto a los valores y costumbres de Casilda y del agente del censo?

1. Casilda está contenta con la visita del joven del censo.
2. Casilda quiere mudarse a la ciudad.
3. El joven quiere acabar pronto con la entrevista.
4. Casilda no aprueba al novio de su hija Noemí.
5. Casilda quiere que el joven adivine su edad.

C Basándose en lo que Ud. sabe de Casilda, ¿cuál sería (*would be*) la opinión de ella ante las siguientes situaciones? Comparta sus respuestas con otros compañeros para ver en qué están de acuerdo o en desacuerdo.

1. Su hija se casa y el yerno (*son-in-law*) de Casilda empieza a tener relaciones íntimas con otras mujeres.
2. Una hija soltera entra en relaciones amorosas con un hombre rico y casado.
3. La hija de Casilda está embarazada y se niega a casarse con el padre del bebé.
4. Un vecino rico y feo le dice a Casilda que quiere casarse con ella.

D Casilda y el agente del censo representan dos mundos diferentes. Lea las seis citas a continuación, determine quién dice cada una y describa cómo refleja el nivel económico y social, la educación y la visión del mundo de cada personaje. Como guía, puede servirse de la siguiente lista de modos de hablar.

el lenguaje informal	el lenguaje formal	la expresión coloquial
el estilo espontáneo	el estilo cortés	el lenguaje vulgar
el estilo directo	el estilo desorganizado	el lenguaje especializado

1. —¿Quiere tener la bondad de darme la planilla?
2. —Muy bien hecho, nena, porque a mí no me gustan los juegos de manos.
3. —Le ruego que responda a mis preguntas en forma más concreta.
4. —Me parece que no le oculto nada. ¡Si le estoy hablando como si fuera de la familia!

5. —Y usted, ¿cuánto gana, si no es indiscreción?

6. —¡Pero qué mosca le habrá picado!

E Comente la diferencia entre Casilda y el agente del censo con respecto a su concepción del tiempo. ¿Tienen la misma actitud ante el valor del tiempo o no? ¿Cómo se explica la actitud de cada uno?

F **Papel y lápiz** El joven del censo, a pesar de sus dificultades en conseguir los datos que busca, logra informarse sobre la vida de Casilda. Vuelva al formulario del censo que aparece en la página 87 y llénelo con los datos que ha dado Casilda. Luego escríbale una nota a su jefe, explicándole por qué no pudo Ud. completar todo el formulario de Casilda.

Aplicación

A Con frecuencia, se ven situaciones como la de Casilda y el joven del censo en los *sit-coms* de la televisión. ¿Cuál de los siguientes personajes o programas es más parecido a la situación representada en el cuento de Nalé Roxlo? ¿Cree Ud. que tanto estos programas como el cuento critican la sociedad o que simplemente quieren divertir al público sin ningún deseo de criticar?

- Roseanne
- Gracie Allen
- «I Love Lucy»
- Lily Tomlin
- Abbott & Costello
- «Fresh Prince»

- «Beverly Hillbillies»
- «The Munsters»
- «The Nanny»
- «Bewitched»
- «Seinfeld»
- ¿ ?

B **¡Necesito compañero!** Trabajando en parejas, contesten las siguientes preguntas y luego compartan sus respuestas con el resto de la clase. El curandero es una figura común en muchas partes del mundo. ¿Dónde aparece en el cuento? ¿Qué cura recomienda y con qué resultados? ¿Creen Uds. que en los Estados Unidos hay mucha fe en las curas tradicionales? ¿Cuáles son los remedios tradicionales que se sugieren para los siguientes casos? ¿Cuáles de ellos han probado Uds.?

a. una picadura de abeja (*bee*)
b. un dolor de cabeza
c. una fiebre muy alta
d. una persona desmayada (*fainted*)
e. una quemadura (*burn*) en un dedo

f. el hipo (*hiccups*)
g. una resaca (*hangover*)
h. un dolor de garganta
i. un resfriado (*cold*)
j. la tos (*cough*)
k. el insomnio

LECTURA II TESIS

APROXIMACIONES AL TEXTO

Simplifying Sentence Structure

It is a lot easier to identify the main parts of a sentence (subject, verb, object) if you can first identify the nonessential parts. Prepositional phrases and verbal phrases are two constructions that can complicate the basic structure of a sentence. Fortunately, both are easy to recognize.

Recognizing Prepositional Phrases

Prepositional phrases are always introduced by prepositions such as **por, para, contra, de,** and so on. The preposition is always followed by a noun, pronoun, or infinitive that serves as the object of the preposition: **por él, para Juan, contra mis deseos, de plástico, sin comer.** The preposition and object together form a prepositional phrase.

It's helpful to identify and omit prepositional phrases, in addition to subordinate clauses, when you are trying to locate the main subject and verb of a sentence.

Lea las siguientes oraciones y tache (*cross out*) todas las frases preposicionales y cláusulas subordinadas que contienen. Después, identifique las partes principales que quedan de la oración básica: el sujeto (**S**), el verbo (**V**) y cualquier complemento (**C**).

1. Locust estaba satisfecho de nosotros, así como de los resultados de nuestras intervenciones.
2. A mi modo de ver, una evacuación no corresponde al caso (no es necesaria), ya que no pueden determinarse con certeza (seguridad) los lugares absolutamente seguros.
3. No sé qué pensarían (*were probably thinking*) los demás, pero para mí este mundo, como los anteriores, era algo sagrado y hermoso.

Recognizing Verbal Phrases

Like prepositional phrases and subordinate clauses, verbal phrases can be skipped over in complicated sentences. A verbal phrase, in contrast to a clause, does not contain a conjugated verb. It consists instead of either a past participle (**-do: hablado, comido**) or a present participle (**-ndo: hablando, comiendo**). The past participle functions as an adjective and the present participle as an adverb.

Cualquier discurso **pronunciado por él** tiene que ser interesante.	*Any speech given by him has to be interesting.*
Queremos resolver el problema **hablando con ellos.**	*We want to solve the problem by talking with them.*

Verbal phrases like these can be ignored while you locate the main verb and the rest of the main sentence.

Nota: When these forms are accompanied by auxiliary verbs, they function as verbs and should be considered carefully when you analyze the sentence. Auxiliary verbs used with the past participle include **haber** (**he preparado** = *I have prepared*), **ser** (**es preparado** = *it is prepared*), and **estar** (**está preparado** = *it is prepared*). Auxiliary verbs used with the present participle include, among others, **estar** (**estoy preparando** = *I am preparing*), **venir** (**viene preparando** = *he's coming along preparing*), and **seguir** (**siguen preparando** = *they continue preparing*).

A Lea las siguientes oraciones y tache todas las frases preposicionales, frases verbales y cláusulas subordinadas que contienen. Después, identifique las partes principales que quedan de la oración básica: el sujeto (**S**), el verbo (**V**) y cualquier complemento (**C**).

1. Por tal motivo, yo propondría (*would propose*) la solución que menciona el profesor Klander en sus «Indicaciones Generales», capítulo «Catástrofes Hidrológicas».

2. Debido a las enormes existencias de agua, puede esperarse un desastre, particularmente en el sector, muy bajo y plano, en el que se ha establecido (*has been established*) la cultura monoteísta.

3. Cayó de rodillas, entre su intranquilo ganado, y escuchó, con la arrugada faz vuelta hacia el cielo.

B Lea los párrafos a continuación, del cuento «Tesis», tratando de identificar la idea principal. Después, conteste las preguntas de la próxima página.

El profesor Locust tomó asiento frente a Andros y le palmeó cariñosamente[1] el hombro izquierdo.

«Muy bien», dijo, «Infórmeme ahora con exactitud y precisión de su hallazgo».

Andros tomó su libreta de apuntes y echó una mirada a lo anotado.[2]

«En cincuentidós mil ochocientas dos horas universales ingresará ($\rightarrow$) el cometa en la esfera de influencia de este sistema. Según la medida cronológica del planeta en cuestión eso significaba 258 días».

Escuchábamos tensos las palabras de Andros. El era el último en terminar su trabajo de investigación. Luego del informe[3] de Andros regresaríamos[4] a entregar nuestras tesis a la Universidad. El doctorado estaba a la vista.[5] Había sido ($\leftarrow$) una buena expedición. Mentalmente pasamos revista a cada uno de nuestros trabajos, que a menudo habían sido ($\leftarrow$) acompañados de escenas verdaderamente emocionantes. En el fondo[6] Locust estaba satisfecho de nosotros, así como de los resultados de nuestras intervenciones. Andros, su favorito, además de ser el último, por lo visto iba a ser también el único que sería autorizado a tomar medidas personales de intervención.[7] Para algo[8] era el tipo de alumno que lleva frutas al pupitre del profesor.

---

[1]palmeó... *affectionately patted* [2]echó... *glanced at the notes* [3]Luego... *After the report* [4]*we would return* [5]estaba... *was in sight* [6]En... *In his heart* [7]sería... *would be authorized to intervene personally* [8]Para... *It wasn't for nothing that*

1. ¿Qué pasa en esta escena?
   a. Un grupo de estudiantes graduados terminan la presentación de sus investigaciones para su profesor.
   b. Un joven se entrevista para un puesto en la universidad.
   c. Un profesor critica duramente el trabajo de un grupo de sus estudiantes favoritos.
   d. Varios estudiantes elogian (*praise*) el estilo y el trabajo de su profesor favorito.
2. Entre los estudiantes, Andros es especial porque...
   a. es el único que aprueba el examen.
   b. termina su trabajo más rápidamente que los otros.
   c. es el único que tiene permiso para intervenir activamente en el experimento.
   d. es el más popular.
3. Lea la siguiente oración, identificando las frases preposicionales y eliminándolas. Luego identifique los sujetos (**S**), verbos (**V**) y complementos (**C**) de la oración que queda.

   Andros, su favorito, además de ser el último, por lo visto iba a ser también el único que sería autorizado a tomar medidas personales de intervención.

Palabras y conceptos

el altoparlante loudspeaker
la aprobación approval
brindar to toast, drink to
la cadena chain
la choza hut
la clave (*n., adj.*) key (*to a problem*)
el codo cubit, length of the forearm; elbow
debido a due to

desarrollar to develop
la encrucijada crossroad
evacuar to evacuate
el hallazgo find, discovery
la inundación flood
la nave ship
la oruga caterpillar
la tesis thesis; dissertation

A ¿Qué palabra no pertenece al grupo? Explique por qué.

   1. la cadena, la aprobación, la tesis   2. el codo, la choza, la voz

B ¡Necesito compañero! ¿En qué circunstancias se harían (*would be done*) las siguientes acciones? Trabajando en parejas, indiquen por lo menos dos circunstancias en que harían cada una. Luego, compartan sus sugerencias con las demás parejas. ¿Cuántas circunstancias diferentes pudieron indicar?

   1. hablar por altoparlante   3. escribir una tesis
   2. brindar   4. evacuar

C ¡Necesito compañero! Cada uno de los pares de palabras a continuación sugiere una pequeña historia o secuencia de sucesos. Trabajando en parejas, expliquen la secuencia en cada caso. Es posible utilizar las palabras en cualquier orden.

MODELO: la clave / el hallazgo →
Después de años de investigación, los científicos encontraron la evidencia clave que les permitió hacer un hallazgo espectacular sobre el cáncer.

1. la clave / la aprobación
2. desarrollar / los apuntes
3. la nave / la inundación
4. la encrucijada / el hallazgo

Ahora, compartan sus explicaciones con los otros estudiantes. ¿Hay muchas secuencias diferentes?

D Estudie los dibujos que acompañan el cuento «Tesis». En su opinión, ¿a cuál de los siguientes subgéneros literarios pertenece el cuento?

- ■ un cuento de detectives
- ■ un cuento de amor
- ■ un cuento de ciencia ficción
- ■ un cuento de misterio
- ■ un cuento de aventura
- ■ un cuento religioso

E ¿En qué circunstancias tiene uno que escribir una tesis? ¿Cuáles son las palabras o expresiones de la lista del vocabulario que Ud. asocia con la actividad de escribir una tesis? ¿Cuál de los personajes de los dibujos cree Ud. que es el autor de la tesis? ¿Quiénes son los otros personajes? ¿Dónde se desarrolla la acción de este cuento? ¿Cómo es el lugar y en qué siglo parece que se desarrolla la historia? Explique sus respuestas.

Tesis

Perú

Sobre el autor *José Adolph es un escritor peruano de ciencia ficción. En esta historia suya se ofrece una interesante explicación de un acontecimiento muy conocido.*

1   El profesor Locust tomó asiento frente a Andros y le palmeó cariñosamente el hombro izquierdo.

«Muy bien», dijo, «Infórmeme ahora con exactitud y precisión de su hallazgo».

5   Andros tomó su libreta de apuntes y echó una mirada a lo anotado.

«En cincuentidós mil ochocientas dos horas universales ingresará (→) el cometa en la esfera de influencia de este sistema. Según la medida cronológica del planeta en cuestión eso significaba 258 días».

Escuchábamos tensos las palabras de Andros. El era el último en terminar su
10   trabajo de investigación. Luego del informe de Andros regresaríamos a entregar nuestras tesis a la Universidad. El doctorado estaba a la vista. Había sido (←) una buena expedición. Mentalmente pasamos revista a cada uno de nuestros trabajos, que a menudo habían sido (←) acompañados de escenas verdaderamente emocionantes. En el fondo Locust estaba satisfecho de nosotros, así como de los re-
15   sultados de nuestras intervenciones. Andros, su favorito, además de ser el último, por lo visto iba a ser también el único que sería (→) autorizado a tomar medidas

personales de intervención. Para algo era el tipo de alumno que lleva frutas al pupitre del profesor.

20 «El planeta en referencia», prosiguió Andros, «pertenece a la clase V. Esto significa, según la escala de Vandor, que existe una inteligencia desarrollable. Se ejerce

25 la agricultura y el transporte, así como algunos trabajos artesanales».

Era insufrible cuando relataba, pero Locust estaba encan-

30 tado.

«Cultura y religión», preguntó.

«En general primitivas, prenivel 3. Aunque existe un grupo

35 que empieza a desarrollar características monoteístas. Existe media docena de pequeñas ciudades, la más grande de las cuales registra unos cinco mil habitantes».

«¿Qué consecuencias tendrá (→) el paso del cometa?»

40 «Debido a las enormes existencias de agua, puede esperarse un desastre, particularmente en el sector, muy bajo y plano,[1] en el que se ha establecido (←) la cultura monoteísta. Grandes inundaciones son de esperar,[2] así como tremendas precipitaciones debido al recalentamiento del aire y del agua».

«¿Qué medidas propondría usted?»

45 «A mi modo de ver, una evacuación no corresponde al caso, ya que no pueden predeterminarse con certeza los lugares absolutamente seguros. Las regiones altas también serán (→) afectadas por las precipitaciones. Una evacuación, para el prenivel 3, sería demasiado arriesgada,[3] y, además, encontraría[4] resistencia».

«¿Entonces?»

50 «Por tal motivo, yo propondría la solución que menciona el profesor Klander en sus 'Indicaciones Generales', capítulo 'Catástrofes Hidrológicas'».

«Precise usted».

«La solución (b)».

Locust sonrió. Conocíamos esa sonrisa. Significaba aprobación.

55 «Bien», dijo.«Enviaremos (→) los resultados de su trabajo y sus propuestas a la Universidad. Deme también sus apuntes. Espero que contendrán (→) los detalles específicos».

«Naturalmente, profesor».

«Y ustedes, damas y caballeros», dijo Locust, con un amplio gesto que nos in-

60 cluía a todos, «pueden ahora dedicarse a su party».

Una palabra clave. Mesas y sillas plegadas,[5] los ojos de buey[6] de la nave cerrados y encendida la iluminación de las grandes ocasiones. La fiesta fue sumamente alegre —había sido (←) un agotador[7] período de trabajo— y la noche pasó con gran rapidez.

---

[1]*flat* [2]son... *are to be expected* [3]sería... *would be too risky* [4]*would meet* [5]*folded up* [6]ojos... *portholes* [7]difícil, duro

65   A la madrugada retornaron los papeles de Andros, a través del facsimilador. Estaban aprobados y ostentaban el sello[8] del rector. Brindamos y seguimos bailando (ᶯ) hasta el amanecer.[9]

    Al día siguiente comenzaron los preparativos para el plan de Andros. Como es de rigor, esperamos un momento propicio, cuando el territorio en cuestión es-
70 tuviera cubierto[10] de nubosidad baja. Teníamos la ventaja de poder atravesar[11] las nubes con nuestros instrumentos.

    Debajo nuestro[12] se extendían los amplios y pacíficos campos utilizados por la cultura monoteísta para apacentar su ganado.[13] Algunos campesinos trabajaban bajo una fina llovizna. Era un cuadro como lo habíamos visto (←) ya docenas de
75 veces, y, a pesar de ello, siempre nos inducía a una sensación de extraño respeto el ser testigo del nacimiento de una civilización. No sé qué pensarían los demás, pero para mí este mundo, como los anteriores, era algo sagrado y hermoso. En un viaje de estudios como éste, uno descubría que no hay principio ni fin en la misteriosa cadena de la vida. Las culturas nacían, se desarrollaban y fundían unas con
80 otras[14] para luego intentar el gran salto al universo. Muchas morían antes de lograrlo. Esto suele suceder, como consta[15] en los textos que estudiamos al comenzar el curso, cuando el desarrollo social se retrasa frente al técnico, cuando la cultura es ahogada[16] por la civilización. Hubo casos como el de... pero dejemos eso. Este mundo bajo nosotros aún no conocía esos problemas. Ya llegaría[17] el día en
85 que se abriría[18] ante él la encrucijada clásica. Nadie podría[19] entonces ayudarle: al igual que una oruga que pugna[20] por convertirse en mariposa, estaría[21] obligado a resolver sus problemas solo o a hundirse.[22]

---

[8]*stamp*   [9]*dawn*   [10]estuviera... *was covered*   [11]*pasar por*   [12]Debajo... *Below us*   [13]apacentar... *allow the livestock to graze*   [14]fundían... *intermingled*   [15]*is clear*   [16]*sofocada*   [17]*would arrive*   [18]se... *would open up*   [19]*could*   [20]*lucha*   [21]*it would be*   [22]*to go under, fail*

El plan de Andros estaba totalmente adaptado a este mundo. Nos dirigíamos[23] al cacique de esta tribu y le daríamos[24] nuestras instrucciones. El resto era asunto de ellos.[25]

Nos era favorable el hecho de que últimamente habían aumentado (←) las incursiones de piratería contra las gentes de la cultura superior. Eso nos serviría[26] de clave.

Descubrimos al viejo cuando se dirigía[27] a su choza.

Conectamos el altoparlante y Andros comenzó a hablar con su voz fuerte y juvenil, sin dejar de ser[28] solemne. Sus primeras palabras resonaron sobre los campos:

«El fin de toda carne ha venido (←) delante de mí, porque la tierra está llena de violencia... Hazte un arca de madera de Gofer...»

Nunca olvidaré (→) la cara asustada[29] pero reverente del viejo cacique. Cayó de rodillas, entre su intranquilo ganado, y escuchó, con la arrugada faz vuelta[30] hacia el cielo:

«...Y de esta manera la harás (→): de trescientos codos de longitud, de cincuenta codos de anchura, y de treinta codos de altura».

---

[23]Nos... *We would address ourselves*   [24]*we would give*   [25]era... *was up to them*   [26]*would serve*   [27]se... iba   [28]sin... *while still being*   [29]*frightened*   [30]la... *his wrinkled face turned*

Comprensión

A Vuelva a la actividad B de las páginas 96–97 para ver en qué acertó en sus adivinanzas. Ahora que Ud. ha leído (*have read*) el cuento, ¿cuántas de sus respuestas originales son correctas y cuántas tiene que cambiar?

B ¿Cierto (**C**) o falso (**F**)? Corrija las oraciones falsas.

1. _____ Andros y sus amigos son estudiantes.
2. _____ Al profesor Locust no le cae bien Andros.
3. _____ El paso del cometa por el sistema que describe Andros no tendrá (*will not have*) ninguna consecuencia.
4. _____ La acción del cuento transcurre principalmente en el planeta «Tierra».
5. _____ Entre los estudiantes hay hombres y mujeres.
6. _____ Recibieron los resultados del trabajo de Andros por teléfono.
7. _____ Andros y sus amigos toman medidas para salvar una civilización.
8. _____ El mundo que observan los estudiantes todavía no conoce los problemas de las civilizaciones técnicamente avanzadas.
9. _____ Andros y sus amigos deciden evacuar a la gente de la Tierra.
10. _____ El viejo cacique no se asusta al oír a Andros.

Interpretación

A Los cuentos de ciencia ficción comparten convenciones particulares en cuanto al argumento, la resolución del conflicto, los personajes y el lugar de la acción, entre muchas otras. Conteste las siguientes preguntas para determinar si «Tesis» se conforma con el modelo o si rompe con las convenciones.

1. **El argumento:** ¿Qué suele pasar en un cuento de ciencia ficción? ¿En qué consiste el conflicto? ¿Qué es más importante: la acción y la aventura o el análisis del problema?
2. **La resolución del conflicto:** ¿Cómo suelen terminar los cuentos de ciencia ficción, feliz o trágicamente? ¿Quiénes normalmente se salvan? ¿Qué importa más en la resolución: la inteligencia, la fuerza física, la riqueza, el desarrollo tecnológico, ... ?
3. **Los personajes:** ¿Quiénes suelen ser los protagonistas en los cuentos de ciencia ficción? ¿Cuál es su formación educativa? ¿su sexo? ¿sus valores? ¿su profesión? ¿su edad?
4. **El lugar de la acción:** ¿Dónde suele tener lugar la acción? ¿en qué época histórica?

UN CUENTO DE CIENCIA FICCION TIPICO	«TESIS»
1.	
2.	
3.	
4.	

¿Sigue «Tesis» las convenciones de los cuentos de ciencia ficción o no? ¿En qué aspectos se aparta del género y en qué aspectos sigue esas convenciones? ¿Hay otros elementos del cuento que no se han mencionado que sean típicos o atípicos de un cuento de ciencia ficción? Explique.

 B ¡Necesito compañero! «Tesis» ofrece una nueva lectura o explicación de una historia muy conocida. Trabajando en parejas, preparen una descripción del argumento de la historia tradicional y luego llenen una tabla como la siguiente para compararlas. Después de terminar, compartan sus resulta-

	«TESIS»	LA HISTORIA TRADICIONAL
los personajes		
el protagonista / el foco de poder		
la época histórica		
la moraleja (lección)		
la visión del ser humano y su destino		
la visión de la Tierra		

dos con los otros miembros de la clase para hacer una comparación general que incluya las ideas de todos los estudiantes de la clase.

C El cuento no da mucha información sobre Andros pero sí describe algo de su relación con los otros estudiantes. ¿Qué opina el narrador de Andros? ¿Cree Ud. que el narrador tiene una perspectiva fiable (*trustworthy*) o no? ¿Cómo se imagina Ud. a Andros? ¿Qué tipo de personaje es? ¿Qué información hay en el texto para respaldar su imagen?

Aplicación

A La situación que se presenta en «Por qué muchas personas no figuran en el último censo» puede parecer cómica pero a veces es muy difícil saber cuántas personas viven en una gran ciudad como Chicago o Los Angeles. ¿Cuáles son algunos de los problemas que impiden contar con exactitud a ciertos sectores de la población? ¿Por qué es importante tener un censo exacto? ¿Qué gana o pierde una ciudad a medida que las cifras del censo aumentan o bajan? ¿Qué puede hacer un gobierno para averiguar mejor el número de habitantes de un lugar? ¿Puede ayudar la tecnología? ¿otras formas de identificar y entrevistar a la gente? Explique.

B En muchas películas de ciencia ficción se presentan distintas culturas que invaden al planeta Tierra. Describa una película de este tipo. Luego imagínese que los seres humanos tienen que salir de la Tierra porque no hay bastante oxígeno en la atmósfera. ¿Adónde debe dirigirse la humanidad? ¿Cómo debe prepararse para el encuentro con otras civilizaciones en otros planetas? ¿Qué virtudes de la civilización humana facilitarían (*would facilitate*) las posibilidades de convivir con civilizaciones extraterrestres? ¿Qué defectos podrían (*could*) impedir una convivencia?

C ¿Es posible que haya vida en otros planetas? Divídanse en grupos de tres o cuatro estudiantes. Varios grupos deben hacer una lista de todas las razones que apoyen la existencia de vida en otros lugares, mientras que los otros grupos deben hacer una lista de todas las razones que se opongan a la idea de la existencia de vida en otros planetas. Luego, tanto los grupos que están en pro como los que están en contra deben reunirse para hacer una sola lista de razones que apoyen o que se opongan al tema. Finalmente, comparen las dos listas. ¿Cuál de las dos es más larga? ¿Cuál es más convincente?

D Papel y lápiz En los dos cuentos de este capítulo se presentan encuentros de individuos que en la sociedad premoderna no se pondrían (*would not come*) en contacto nunca. Explique en qué sentido se facilita este encuentro en el mundo moderno descrito en los cuentos. ¿Qué elementos de su propia vida facilitan encuentros con personas que en una sociedad premoderna serían (*would be*) desconocidas para Ud.? Escriba una breve descripción de cómo los sistemas de transporte y de comunicación le han permitido (*have enabled*) conocer a personas de otros «mundos».

CAPITULO SEIS

6

El hombre y la mujer en el mundo actual

Frida Kahlo, *Las dos Fridas*

E l cuadro de la página anterior rompe con la tradición del autorretrato (*self-portrait*) para mostrar una representación inquietante (*disquieting*) e innovadora. ¿Qué elementos del cuadro le parecen inquietantes? ¿En qué aspectos le parece que el cuadro rompe con la tradición del autorretrato? ¿En qué son parecidas las dos figuras? ¿En qué difieren? ¿Qué puede representar la presencia de dos mujeres en el cuadro? De la siguiente lista, marque todas las interpretaciones que se puedan hacer sobre este cuadro de Frida Kahlo.)

☐ Las dos figuras representan dos momentos en la vida de la artista: una cuando era joven y la otra cuando es mayor.

☐ Representan a la mujer que es y a la mujer que ella quisiera (*she would like*) ser.

☐ Representan a la mujer como figura pública (la que es para la sociedad) y a la mujer privada (la que cree ser para sus adentros).

☐ Una representa su lado optimista y la otra, su lado pesimista.

☐ Una figura representa la forma en que la ven los demás y la otra, la forma en que se ve a sí misma.

☐ Una representa su lado femenino y la otra su lado masculino.

☐ Representan a la mujer tradicional y a la moderna.

☐ Una representa a la mujer como madre y la otra, a la mujer como amante.

Compare sus respuestas con las de los otros estudiantes de la clase. ¿Hay algunas interpretaciones que todos escogieron? ¿Hay otras que todos creen que no son probables? ¿Hay algunas interpretaciones que a Uds. se les ocurren, pero que no están en la lista? Comenten las diferencias de opinión para tratar de llegar a un consenso.

LECTURA I ROSAMUNDA

APROXIMACIONES AL TEXTO

Puntos de vista masculinos y femeninos

A knowledge of the literary and social conventions implicit in a text is a helpful tool for understanding the text. This is true for all kinds of texts, since even uncomplicated messages, such as those communicated in popular literature and in advertisements, require a great deal of cultural as well as linguistic knowledge to be understood.

The more one reads and becomes familiar with literary conventions, the easier it is to understand literary texts. Knowledge of literary conventions, however, does not necessarily imply only one interpretation of a text. Think of how many pages have been written on the character of Hamlet! An important reason for different interpretations is that each reader brings his or her personal experiences and perceptions to the text.

In recent years attention has focused on the differences between readers, and in particular, between male and female readers. Men and women appear to react to texts in different ways, whether for biological or sociohistorical reasons. Texts that are generally popular with one sex are often disliked by the other. And certain experiences that male writers and critics have presented as universal are limited to the male sphere of action, being either outside female experience or experienced negatively by women. For example, in James Joyce's *Portrait of the Artist As a Young Man,* the male protagonist contemplates a young woman on a beach and, through her sensuality and beauty, comes to a more profound understanding of beauty and of the universe in general. A male reader may well identify with this experience and incorporate Joyce's feelings and meaning, but a female reader may not respond in the same way; the presentation of female beauty as perceived by the male may be an alien experience for her.

A ¿Cuáles de los siguientes subgéneros cree Ud. que comúnmente se asocian más con el sexo femenino (**F**), y cuáles con el masculino (**M**)?

1. _____ novelas o películas de guerra
2. _____ novelas de ciencia ficción
3. _____ historias de amor
4. _____ novelas históricas
5. _____ comedias musicales
6. _____ novelas de espías
7. _____ melodramas
8. _____ películas de tipo «Indiana Jones»
9. _____ novelas rosa
10. _____ películas de tipo «Rambo»

Ahora piense en las siguientes obras y haga el mismo análisis.

11. _____ *The Clan of the Cave Bear* de Jean Auel
12. _____ *Spiderman,* versión de tebeo (*comic book*)

13. _____ *Silas Marner* de George Eliot
14. _____ *Little House on the Prairie* de Laura Ingalls Wilder
15. _____ *Pelican Brief* de John Grisham
16. _____ *Dungeons and Dragons*
17. _____ *It Takes a Village* de Hillary Rodham Clinton
18. _____ *It* de Stephen King
19. _____ *If Life Is a Bowl of Cherries, What Am I Doing in the Pits?* de Erma Bombeck
20. _____ la revista *Car and Driver*

Often the beginning paragraphs of a story or novel are the most difficult to follow because the context has not yet been fully established. To understand the beginning of the story in this chapter, use all the strategies practiced thus far: focus on the words you know rather than on the words you don't know; be confident in your ability to guess unfamiliar words from context; and look for the overall sense of the passage rather than concentrating on every detail.

B Lea el siguiente pasaje —sobre una mujer que hace un viaje en tren— y luego conteste las preguntas.

Nota: Beginning in this chapter, symbols for verb tenses will be dropped. Remember that any verb form that ends in **-ndo** is the equivalent of English *-ing:* **hablando** = *speaking,* **comiendo** = *eating,* and so on. You can now recognize the forms of the past participle (for example, **comido, roto, trabajado**) and their use with **haber** to form the present perfect (**he comido** = *I have eaten*). Unfamiliar vocabulary, new grammatical structures, and various other verb forms will continue to be glossed at the bottom of the page.

Estaba amaneciendo,[1] al fin. El departamento de tercera clase olía[2] a cansancio, a tabaco y a botas de soldado. Ahora se salía de la noche como de un gran túnel y se podía ver a la gente acurrucada, dormidos hombres y mujeres en sus asientos duros. Era aquél un incómodo vagón-tranvía,[3] con el pasillo atestado de cestas y maletas. Por las ventanillas se veía el campo y la raya plateada del mar.

Rosamunda se despertó. Todavía se hizo una ilusión placentera al ver la luz entre sus pestañas[4] semicerradas. Luego comprobó que su cabeza colgaba hacia atrás,[5] apoyada en el respaldo[6] del asiento y que tenía la boca seca de llevarla abierta. Se rehizo, enderezándose.[7] Le dolía el cuello —su largo cuello marchito[8]—. Echó una mirada a su alrededor y se sintió aliviada al ver que dormían sus compañeros de viaje. Sintió ganas de estirar[9] las piernas entumecidas —el tren traqueteaba, pitaba[10]—. Salió con grandes precauciones, para no despertar, para no molestar, «con pasos de hada[11]» —pensó—, hasta la plataforma.

[1]Estaba... *Day was breaking* [2]*smelled* [3]*incómodo... uncomfortable train car* [4]*eyelashes* [5]colgaba... *was hanging back* [6]*back* [7]*straightening up* [8]*withered* [9]*stretch* [10]*whistled* [11]*fairy*

1. ¿Dónde tiene lugar la escena? ¿Quiénes están allí?
2. ¿Es temprano o tarde? ¿Tiene esto importancia? ¿Suele significar algo esta hora del día?
3. ¿Huele (*Smells*) bien o mal el tren?
4. ¿Cuántas personas están despiertas?

5. Mire la última oración del párrafo otra vez.

- ¿Cuál es el sujeto?
- ¿Qué connotaciones tiene la frase «con pasos de hada»? ¿Cuáles de los siguientes adjetivos asocia Ud. con esa frase?

delicado	ideal	real	joven
feo	bello	viejo	anticuado
simple	sofisticado	moderno	romántico
femenino	masculino	fuerte	torpe (*slow, clumsy*)

Palabras y conceptos

aborrecer to hate, abhor
el alrededor surroundings
el amanecer dawn
amenazar to threaten
el asiento seat
asombrado astonished
atar to lace up
borracho drunk
el cansancio fatigue
el carnicero butcher
casarse (con) to marry, get married (to)
celoso jealous
la cinta ribbon
el collar necklace
comprobar (ue) to verify, ascertain
convidar to invite (*to a meal*)
dar pena to cause grief, cause pain

desdichado unfortunate
estrafalario odd, strange
flaco skinny
la lágrima tear
el lujo luxury
la mariposa butterfly
la naturaleza nature
necio foolish, stupid
odiar to hate
la paliza beating
el pelo hair
el pendiente earring
la plata silver
salvar to save
soñador dreamy
tosco rough, coarse

 A ¡Necesito compañero! Trabajando en parejas, indiquen qué palabras de la lista del vocabulario tienen una connotación masculina y cuáles se asocian con lo femenino. Luego, comparten sus conclusiones con el resto de la clase.

 B ¡Necesito compañero! Trabajando en parejas, indiquen qué palabras de la lista del vocabulario tienen una connotación más bien positiva y cuáles se asocian más con lo negativo. Luego, comparen sus conclusiones con las del resto de la clase.

C Defina brevemente los siguientes términos en español.

1. el pelo   2. el asiento   3. el amanecer

D ¿En qué circunstancias haría Ud. una de las siguientes acciones?

1. casarse con
2. soñar
3. comprobar
4. escapar de su alrededor
5. hacer un viaje por tren
6. inventar una historia
7. volver a vivir con alguien
8. trabar (*strike up*) conversación con una persona desconocida en un viaje

E Mire con atención los dibujos que acompañan la Lectura I y luego indique si las siguientes afirmaciones son ciertas (**C**) o falsas (**F**).

1. _____ La mujer del primer dibujo ha olvidado atarse los zapatos.
2. _____ En el segundo dibujo se comprueba que toda la familia de la mujer tiene interés en la historia que ella narra.
3. _____ En este mismo dibujo se ve que la mujer cuenta cómo unos hombres la convidaron a cenar.
4. _____ El hombre en este dibujo parece estar muy asombrado al oír la historia de la mujer.

F Entre todos Comenten los siguientes temas para llegar a un acuerdo.

■ En su opinión, ¿por qué atraen ciertos subgéneros a uno u otro sexo? ¿Qué experiencias necesita tener un lector / una lectora para apreciar cada uno de los subgéneros mencionados en la actividad A de Aproximaciones al texto? ¿Cómo se presenta a la mujer o al hombre en cada género? ¿Hay algo en esta presentación que explique la preferencia o aversión de uno u otro sexo por el subgénero?

■ Con respecto a *Pasajes: Literatura,* ¿cuáles de las selecciones de los capítulos anteriores les han gustado más a los hombres de la clase y cuáles les han gustado más a las mujeres? ¿Qué factores pueden explicar esto?

■ En muchas obras contemporáneas se representa el desarrollo psicológico del / de la protagonista, quien pasa por una serie de pruebas hasta que madura. Frecuentemente en estas obras, el proceso es distinto según el sexo de ese personaje porque hasta recientemente, los hombres y las mujeres pasaban por distintas etapas en su proceso hacia la madurez. ¿Cuáles de los siguientes «pasos» les parecen más típicos de un personaje masculino (**M**) o de un personaje femenino (**F**), y cuáles les parecen comunes a ambos sexos (**A**)? ¿Están de acuerdo los otros miembros de la clase? ¿Quiénes están en desacuerdo? ¿Por qué será?

1. _____ X abandona a su familia y sale a buscar fortuna.
2. _____ X decide estudiar y seguir una carrera.
3. _____ Los padres de X quieren que se case con cierta persona, pero X decide casarse con la persona a quien ama.
4. _____ X se casa, su matrimonio acaba mal, ve que su vida no tiene sentido y se suicida.
5. _____ X no se adapta muy bien a la sociedad en que vive, tiene algunos problemas con las autoridades y decide empezar una nueva vida en las selvas de Africa.
6. _____ X se enamora, pero se da cuenta de que su amor impide su desarrollo y abandona a la persona amada para continuar su proceso de maduración.
7. _____ X es artista; cree que sus relaciones personales impiden su creatividad y, por eso, rompe con su amante.
8. _____ X seduce a varios individuos, los abandona y luego se casa con un individuo puro y bello.

G ¿Qué revela el título «Rosamunda»? ¿Es un nombre común? ¿A qué sexo pertenece el/la protagonista? ¿A cuál de los géneros a continuación pertenece el cuento, probablemente? (¡Cuidado! Puede haber más de una respuesta.)

1. el cuento militar
2. el cuento de aventuras
3. el cuento de amor
4. el cuento de ciencia ficción
5. el cuento de detectives
6. el cuento psicológico

H ¿Qué connotaciones tienen los siguientes pares de palabras?

1. sueño/realidad
2. monotonía/aventura
3. artista/carnicero
4. las palizas / la delicadeza

I Papel y lápiz Estudie los dibujos que acompañan el cuento «Rosamunda» y, tomando en cuenta el título, el primer párrafo del cuento (que ya leyó en la página 107) y las palabras de la lista del vocabulario, describa en su cuaderno de apuntes lo que cree que va a pasar. Incluya en su descripción respuestas a las preguntas *¿quién?*, *¿dónde?*, *¿cuándo?* y *¿qué pasa?*

Nota: The following story is told in both the first and third person. The first-person narrative occurs in the dialogues between the two main characters, Rosamunda and a soldier, and also in their interior monologue (that is, their unspoken thoughts). The third-person narrative unfolds on two levels. The first is the voice of an objective and distant observer who, like a camera, simply records what can be seen. The second is the voice of an omniscient narrator who reveals the inner feelings of the two characters, thus communicating to the reader information that otherwise would not be known. The shifting back and forth from one level to another adds a variety of dimensions to the story and forces the reader to question the accuracy of the descriptions presented.

Rosamunda

España

Sobre la autora *Carmen Laforet (1921–) es una novelista española. Su primera novela,* Nada *(1944) es considerada como una de las primeras obras importantes escritas después de la Guerra Civil Española (1936–1939) que abrió el paso a una visión crítica de la España de la dictadura de Franco. Además de novelas, Laforet ha escrito libros de cuentos y narraciones sobre sus viajes por Europa y América.*

1　Estaba amaneciendo, al fin. El departamento de tercera clase olía a cansancio, a tabaco y a botas de soldado. Ahora se salía de la noche como de un gran túnel y se podía ver a la gente acurrucada, dormidos hombres y mujeres en sus asientos duros. Era aquél un incómodo vagón-tranvía, con el pasillo atestado de cestas y
5　maletas. Por las ventanillas se veía el campo y la raya plateada del mar.

Rosamunda se despertó. Todavía se hizo una ilusión placentera al ver la luz entre sus pestañas semicerradas. Luego comprobó que su cabeza colgaba hacia atrás, apoyada en el respaldo del asiento y que tenía la boca seca de llevarla abierta. Se rehizo, enderezándose. Le dolía el cuello —su largo cuello
10　marchito—. Echó una mirada a su alrededor y se sintió aliviada al ver que dor-

mían sus compañeros de viaje. Sintió ganas de estirar las piernas entumecidas —el tren traqueteaba, pitaba—. Salió con grandes precauciones, para no despertar, para no molestar, «con pasos de hada» —pensó—, hasta la plataforma.

El día era glorioso. Apenas[1] se notaba el frío del amanecer. Se veía el mar entre naranjos.[2] Ella se quedó como hipnotizada por el profundo verde de los árboles, por el claro horizonte de agua.

—«Los odiados, odiados naranjos... Las odiadas palmeras[3]... El maravilloso mar...»

—¿Qué decía usted?

A su lado estaba un soldadillo. Un muchachito pálido. Parecía bien educado. Se parecía a[4] su hijo. A un hijo suyo que se había muerto. No al que vivía; al que vivía, no, de ninguna manera.

—No sé si será[5] usted capaz de entenderme —dijo [ella], con cierta altivez[6]—. Estaba recordando unos versos[7] míos. Pero si usted quiere, no tengo inconveniente en recitar...

El muchacho estaba asombrado. Veía a una mujer ya mayor, flaca, con profundas ojeras.[8] El cabello[9] oxigenado, el traje de color verde, muy viejo. Los pies calzados en unas viejas zapatillas de baile..., sí, unas asombrosas zapatillas de baile, color de plata, y en el pelo una cinta plateada también, atada con un lacito[10]... Hacía mucho que él la observaba.

—¿Qué decide usted? —preguntó Rosamunda, impaciente—. ¿Le gusta o no oír recitar?

—Sí, a mí...

El muchacho no se reía porque le daba pena mirarla. Quizá más tarde se reiría.[11] Además, él tenía interés porque era joven, curioso. Había visto[12] pocas

[1]*Hardly, Scarcely* [2]*orange trees* [3]*palm trees* [4]*Se... He resembled* [5]*are likely to be* [6]*orgullo*
[7]*lines of poetry* [8]*bags under her eyes* [9]*pelo* [10]*little bow* [11]*se... he would laugh* [12]*Había... He had seen*

cosas en su vida y deseaba conocer más. Aquello era una aventura. Miró a Rosamunda y la vio soñadora. Entornaba[13] los ojos azules. Miraba al mar.

—¡Qué difícil es la vida!

Aquella mujer era asombrosa. Ahora había dicho esto con los ojos llenos de lágrimas.

—Si usted supiera,[14] joven... Si usted supiera lo que este amanecer significa para mí me disculparía.[15] Este correr hacia el Sur. Otra vez hacia el Sur... Otra vez a mi casa. Otra vez a sentir ese ahogo[16] de mi patio cerrado, de la incomprensión de mi esposo... No se sonría usted, hijo mío; usted no sabe nada de lo que puede ser la vida de una mujer como yo. Este tormento infinito... Usted dirá[17] que por qué le cuento todo esto, por qué tengo ganas de hacer confidencias, yo, que soy de naturaleza reservada... Pues, porque ahora mismo, al hablarle, me he dado cuenta de que tiene usted corazón y sentimiento y porque esto es mi confesión. Porque, después de usted, me espera, como quien dice,[18] la tumba... El no poder hablar ya a ningún ser humano..., a ningún ser humano que me entienda.

Se calló, cansada, quizá, por un momento. El tren corría, corría... el aire se iba haciendo cálido,[19] dorado. Amenazaba un día terrible de calor.

—Voy a empezar a usted mi historia, pues creo que le interesa... Sí. Figúrese[20] usted una joven rubia, de grandes ojos azules, una joven apasionada por el arte... De nombre, Rosamunda... Rosamunda ¿ha oído?... Digo que si ha oído mi nombre y qué le parece.

El soldado se ruborizó[21] ante el tono imperioso.

—Me parece bien... bien.

—Rosamunda... —continuó ella, un poco vacilante.

Su verdadero nombre era Felisa; pero, no se sabe por qué, lo aborrecía. En su interior siempre había sido Rosamunda, desde los tiempos de su adolescencia. Aquel Rosamunda se había convertido en la fórmula mágica que la salvaba de la estrechez de su casa, de la monotonía de sus horas; aquel Rosamunda convirtió al novio zafio y colorado[22] en un príncipe de leyenda. Rosamunda era para ella un nombre amado, de calidades exquisitas... Pero ¿para qué explicar al joven tantas cosas?

—Rosamunda tenía un gran talento dramático. Llegó a actuar con éxito brillante. Además, era poetisa. Tuvo ya cierta fama desde su juventud... Imagínese, casi una niña, halagada, mimada[23] por la vida y, de pronto, una catástrofe... El amor... ¿Le he dicho a usted que era ella famosa? Tenía dieciséis años apenas, pero la rodeaban por todas partes los admiradores. En uno de los recitales de poesía, vio al hombre que causó su ruina. A... A mi marido, pues Rosamunda, como usted comprenderá,[24] soy yo. Me casé sin saber lo que hacía, con un hombre brutal, sórdido y celoso. Me tuvo encerrada años y años. ¡Yo!... Aquella mariposa de oro que era yo... ¿Entiende?

(Sí, se había casado, si no a los dieciséis años, a los veintitrés; pero ¡al fin y al cabo![25]... Y era verdad que le había conocido un día que recitó versos suyos en casa de una amiga. El era carnicero. Pero, a este muchacho, ¿se le podían contar[26] las cosas así? Lo cierto era aquel sufrimiento suyo, de tantos años. No había podido ni recitar un solo verso, ni aludir a sus pasados éxitos —éxitos quizá inven-

---

[13]*She half-closed* [14]*(only) knew* [15]*you would forgive* [16]opresión [17]*probably wonder*
[18]*como... as they say* [19]se... *was becoming hot* [20]Imagínese [21]se... *blushed*
[22]zafio... *boorish and ruddy* [23]halagada... *flattered, spoiled* [24]*can probably guess*
[25]¡al... *it's all the same!* [26]se... *could he be told*

tados, ya que no se acordaba[27] bien; pero... —Su mismo hijo solía decirle que se volvería[28] loca de pensar y llorar tanto. Era peor esto que las palizas y los gritos de él cuando llegaba borracho. No tuvo a nadie más que al hijo aquél, porque las hijas fueron descaradas[29] y necias, y se reían de ella, y el otro hijo, igual que su marido, había intentado hasta encerrarla.)

85 —Tuve un hijo único. Un solo hijo. ¿Se da cuenta?[30] Le puse[31] Florisel... Crecía delgadito, pálido, así como usted. Por eso quizá le cuento a usted estas cosas. Yo le contaba mi magnífica vida anterior. Sólo él sabía que conservaba un traje de gasa,[32] todos mis collares... Y él me escuchaba, me escuchaba... como

90 usted ahora, embobado.[33]

Rosamunda sonrió. Sí, el joven la escuchaba absorto.

—Este hijo se me murió. Yo no lo pude resistir... El era lo único que me ataba a aquella casa. Tuve un arranque,[34] cogí mis maletas y me volví a la gran ciudad de mi juventud y de mis éxitos... ¡Ay! He pasado unos días maravillosos y amar-

95 gos. Fui acogida[35] con entusiasmo, aclamada de nuevo por el público, de nuevo adorada... ¿Comprende mi tragedia? Porque mi marido, al enterarse de[36] esto, empezó a escribirme cartas tristes y desgarradoras: no podía vivir sin mí. No puede, el pobre. Además es el padre de Florisel, y el recuerdo del hijo perdido estaba en el fondo[37] de todos mis triunfos, amargándome.

100 El muchacho veía animarse[38] por momentos a aquella figura flaca y estrafalaria que era la mujer. Habló mucho. Evocó un hotel fantástico, el lujo de-

[27]no... she didn't remember   [28]se... she would go   [29]impudent   [30]¿Se... ¿Comprende?
[31]Le... I named him   [32]gauze, muslin   [33]fascinado   [34]fit   [35]Fui... Me recibieron
[36]enterarse... descubrir   [37]background   [38]veía... saw become enlivened

rrochado[39] en el teatro el día de su «reaparición»; evocó ovaciones delirantes y su propia figura, una figura de «sílfide[40] cansada», recibiéndolas.

105 —Y, sin embargo, ahora vuelvo a mi deber... Repartí[41] mi fortuna entre los pobres y vuelvo al lado de mi marido como quien va a un sepulcro.

Rosamunda volvió a quedarse[42] triste. Sus pendientes eran largos, baratos; la brisa los hacía ondular... Se sintió desdichada, muy «gran dama»... Había olvidado aquellos terribles días sin pan en la ciudad grande. Las burlas de sus amistades ante su traje de gasa, sus abalorios[43] y sus proyectos fantásticos. Había olvidado 110 aquel largo comedor con mesas de pino cepillado,[44] donde había comido[45] el pan de los pobres entre mendigos[46] de broncas toses.[47] Sus llantos,[48] su terror en el absoluto desamparo[49] de tantas horas en que hasta los insultos de su marido había echado de menos. Sus besos a aquella carta del marido en que, en su estilo tosco y autoritario a la vez,[50] recordando al hijo muerto, le pedía perdón y la per-115 donaba.

El soldado se quedó mirándola. ¡Qué tipo más raro, Dios mío! No cabía duda[51] de que estaba loca la pobre... Ahora [ella] le sonreía... Le faltaban dos dientes.

El tren se iba deteniendo[52] en una estación del camino. Era la hora del de-120 sayuno, de la fonda[53] de la estación venía un olor apetitoso... Rosamunda miraba hacia los vendedores de rosquillas.[54]

—¿Me permite usted convidarla, señora?

En la mente del soldadito empezaba a insinuarse una divertida historia. ¿Y si contara[55] a sus amigos que había encontrado en el tren una mujer estupenda y 125 que...?

—¿Convidarme? Muy bien, joven... Quizá sea la última persona que me convide... Y no me trate con tanto respeto, por favor. Puede usted llamarme Rosamunda... no he de enfadarme por eso.[56]

[39]squandered [40]sylph, nymph [41]Dividí [42]volvió... again became [43]glass beads [44]pino... scrubbed pine [45]había... she had eaten [46]beggars [47]broncas... hoarse coughs [48]sobs [49]helplessness [50]a... al mismo tiempo [51]No... No había duda [52]se... was stopping [53]restaurante [54]sweet fritters [55]he should tell [56]no... it won't bother me

Comprensión

A Vuelva a la actividad Papel y lápiz de la página 110 y compare sus predicciones anteriores con lo que sabe ahora sobre el cuento. ¿Qué elementos pudo predecir y cuáles no?

B Complete las siguientes oraciones según la Lectura I.

1. El cuento tiene lugar en ____.
2. Rosamunda habla al soldado porque ____.
3. Rosamunda lleva ropa ____.
4. El soldado nunca ha conocido a nadie que ____.
5. Rosamunda dice que le espera la tumba porque ____.
6. A Rosamunda le gusta el nombre Rosamunda porque ____.
7. Rosamunda dice que se casó a los dieciséis años, pero en realidad ____. No dice la verdad porque ____.
8. Rosamunda dice que sólo tuvo un hijo porque ____.

9. Cuando Rosamunda fue a la ciudad, encontró _____.

10. El soldado cree que Rosamunda _____.

C Complete este cuadro con información de la Lectura I.

	LUGAR EN QUE ESTA(N)	CARACTERISTICAS FISICAS	CARACTERISTICAS PSICOLOGICAS Y EMOCIONALES	SUEÑOS E IDEALES
Rosamunda				
el soldado				
los hijos				
el marido				

D ¿Cómo reacciona Ud.? Lea las oraciones a continuación y luego exprese su reacción a cada una, usando una de las siguientes frases. ¡Cuidado! A veces hay que usar el subjuntivo e incorporar también complementos pronominales.

es verdad   es imposible   dudo
es obvio   no creo   no es verdad
es posible

MODELO: La autora del cuento es Carmen Laforet. →
         Es verdad que la autora es Carmen Laforet.

1. Hay tres protagonistas en el cuento: Rosamunda, el soldado y Florisel.
2. Rosamunda viaja a la ciudad para visitar al soldado.
3. Rosamunda está contenta con su viaje.
4. Rosamunda tiene unos veinte años.
5. Rosamunda es soltera.
6. La ropa de Rosamunda revela mucho acerca de su carácter.
7. El soldado es un don Juan.
8. El soldado se llama Felipe.
9. El soldado considera a Rosamunda una mujer fascinante.
10. Rosamunda se considera a sí misma una figura trágica.
11. A Rosamunda no le gusta su verdadero nombre.
12. Rosamunda no quiere revelar al soldado nada de su pasado.

E En este cuento hay dos narradores principales: Rosamunda/Felisa y el narrador omnisciente. ¿Quién habla en los siguientes párrafos? ¡Cuidado! En algunos alternan los dos narradores.

1. en el primer párrafo   **3.** en el párrafo que empieza en la línea 20
2. en el segundo párrafo   **4.** en el párrafo que empieza en la línea 76

F ¿Qué semejanzas o diferencias hay entre la versión de Rosamunda y la versión que nos da el narrador omnisciente? Complete el cuadro de la próxima página. ¡Cuidado! A veces el narrador no nos da su versión directamente. En su opinión, ¿cuál podría ser (*could be*) la versión del narrador?

VERSION DE ROSAMUNDA	VERSION DEL NARRADOR
Se casó a los dieciséis años.	
Se casó con un hombre brutal, sórdido y celoso.	
Tenía una vida familiar muy triste.	
Florisel la entendía y la admiraba.	
Rosamunda volvió a la ciudad cuando se le murió el hijo.	
En la ciudad, Rosamunda fue acogida con mucho entusiasmo y tuvo mucho éxito.	
El esposo le escribió a Rosamunda rogándole que volviera (*she return*) a casa.	
El soldado la convida porque la encuentra irresistible.	

G Los personajes del cuento comparan lo que tienen en realidad con lo que quisieran (*they would like*) tener. ¿Qué diría (*would say*) cada uno de ellos en los siguientes contextos?

1. ROSAMUNDA: Tengo un marido que _____. Prefiero un marido que _____.
2. EL MARIDO: Tengo una esposa que _____. Quiero una esposa que _____.
3. EL HIJO QUE MURIO: Tengo un padre que _____. Quiero un padre que _____.
4. LAS HIJAS: Tenemos un padre que _____. Preferimos un padre que _____. Tenemos una madre que _____. Queremos una madre que _____.
5. EL SOLDADO: (Antes del viaje) No conozco a una mujer que _____. (Ahora) Puedo decir que conozco a una mujer que _____.

Interpretación

A ¿Qué parte de la historia que narra Rosamunda le parece a Ud. inventada por ella y qué parte le parece real? ¿Por qué? ¿Cómo se imagina Ud. al marido de Rosamunda? ¿Hasta qué punto cree Ud. que la visión que ella nos presentó sea verdadera? ¿Es posible que Rosamunda haya inventado toda la historia?

B ¿Qué visión tiene Rosamunda de sí misma? ¿Qué visión tiene el soldado de ella? ¿Qué visión parece tener el narrador con respecto a Rosamunda? ¿Cree Ud. que el cuadro de Frida Kahlo que aparece al principio de este capítulo refleja un conflicto parecido entre la percepción que uno puede tener de sí mismo y la que otros tienen de uno? ¿Qué diferencias observa Ud. entre las mujeres del cuadro de Kahlo y las de este cuento?

C ¿Cómo va a ser la historia que inventa el soldado sobre su encuentro con Rosamunda? ¿Para quién(es) la va a inventar: para hombres o mujeres? ¿Cómo va a influir esto en la manera en que el soldado «escribe» su cuento?

D ¿Con quién simpatiza Ud. en el cuento: con el soldado, con Rosamunda o con el narrador? ¿Cree Ud. que el narrador adopta un punto de vista femenino o masculino? Justifique su respuesta.

E En su opinión, ¿quién es responsable del fracaso del matrimonio: Rosamunda o su marido? ¿Cómo cree Ud. que va a ser la vida de Rosamunda después de que vuelva con su marido? ¿Por qué?

F ¡Necesito compañero! Trabajando en parejas, completen la siguiente tabla y después comparen sus respuestas con las de los demás compañeros de clase para ver en qué coinciden y en qué difieren.

	DOS COSAS QUE NUNCA HAYA(N) HECHO	DOS COSAS QUE HACE(N) CON FRECUENCIA	UNA ACCION QUE HAYA(N) HECHO Y DE LA QUE ESTE(N) CONTENTO/A/OS	UNA ACCION QUE HAYA(N) HECHO Y DE LA QUE NO ESTE(N) CONTENTO/A/OS	ALGO QUE NO HAYA(N) HECHO TODAVIA PERO QUE POSIBLEMENTE HAGA(N) DENTRO DE POCO
Rosamunda					
el soldado					
el marido					
el hijo que murió					
los hijos que sobreviven					

G ¿Por qué cree Ud. que Laforet hace transcurrir (*take place*) la acción de su cuento en un tren? ¿Qué otros ambientes serían (*would be*) igualmente apropiados? ¿Por qué?

Aplicación

Papel y lápiz En los viajes o en otros encuentros con desconocidos, algunas personas prefieren no hablar nada mientras que otras les cuentan toda su vida. Explore este tema en su cuaderno de apuntes.

■ En la película *Forrest Gump,* el protagonista les cuenta su vida a una serie de individuos que se sientan a su lado en el banco de un parque público. ¿Le ha ocurrido a Ud. algo parecido en una estación de tren, en un autobús, durante un viaje en avión o en algún otro lugar? Describa brevemente lo que pasó.

- ¿Qué características suelen tener las personas que prefieren no hablar con desconocidos en los lugares públicos y en los vehículos de transporte público? ¿Y cuáles suelen tener los individuos que hablan abiertamente con personas desconocidas sobre su vida privada?

LECTURA II HOMBRE PEQUEÑITO

APROXIMACIONES AL TEXTO: LA POESIA

Symbols

A symbol (**un símbolo**) signifies or represents something else. For example, a cross is an object made of two pieces of wood or other material that can symbolize the Christian faith, the suffering of Christ, the power of religion, or the protection offered by God to believers. The use of symbols has the same function as that of connotative language: both enable the writer to suggest multiple meanings with single words. Some symbols are universal; others vary from culture to culture.

A A continuación hay una lista de palabras que se usan simbólicamente en la poesía. ¿Qué momentos o etapas de la vida simbolizan? Hay más de una respuesta en cada caso.

1. el amanecer
2. el invierno
3. un huevo
4. el mar
5. el mármol (*marble*)

B Imagínese que Ud. trabaja en el departamento de arte de una compañía que quiere diseñar un lema (*slogan*) o símbolo para los siguientes clientes. ¿Qué sugiere Ud. en cada caso?

1. un club para ejercicios aeróbicos
2. un grupo de médicos que se especializa en atender emergencias
3. una fábrica de ropa para mujeres
4. una compañía que se especializa en inversiones (*investments*)
5. una universidad

Palabras y conceptos

amar to love
la jaula cage
mientras tanto meanwhile

A Comente en qué sentido o en qué contexto las palabras **amar** y **jaula** se pueden asociar y en qué sentido o contexto pueden resultar contradictorias.

B Termine la siguiente oración a base del dibujo que acompaña el primer poema.

Un pájaro hembra (*female*) está en una jaula; mientras tanto,...

C ¿Qué connotaciones puede tener la palabra **pequeño**? ¿Puede tener distintas connotaciones según se refiera a una mujer o a un hombre? Explique.

D ¿Qué connotaciones le sugieren las siguientes palabras? ¿Cuáles de ellas son positivas y cuáles negativas?

1. un pájaro   **2.** una jaula   **3.** escapar

Hombre pequeñito

Sobre la autora   *Alfonsina Storni (1892–1938) fue una poeta argentina que escribió sobre las dificultades de la mujer en una sociedad dominada por los hombres. Su poesía frecuentemente expresa melancolía, amargura y desilusión. Mientras Ud. lee este poema, piense en cómo Storni utiliza el simbolismo para trasmitir su mensaje.*

Argentina

1 Hombre pequeñito, hombre pequeñito,
Suelta[1] a tu canario que quiere volar...
Yo soy el canario, hombre pequeñito,
Déjame saltar.

5 Estuve en tu jaula, hombre pequeñito,
Hombre pequeñito que jaula me das.
Digo pequeñito porque no me entiendes,
Ni me entenderás.[2]

Tampoco te entiendo, pero mientras tanto
10 Abreme la jaula, que quiero escapar;
Hombre pequeñito, te amé media hora,
No me pidas más.

[1]*Free*   [2]*will you understand*

Comprensión

A En el poema «Hombre pequeñito», ¿hay un hablante o una hablante? ¿A quién se dirige esa persona?

B ¿Qué le pide al hombre? ¿Por qué?

Interpretación

A ¿Cómo se presenta a la mujer en el poema?

B ¿Qué palabra se repite con frecuencia en el poema? ¿Qué efecto tiene esta repetición en el lector / la lectora?

C ¿Cuáles son los dos símbolos básicos de «Hombre pequeñito»? ¿Qué comunican?

D ¿Qué significan las frases «te amé media hora, / No me pidas más»? Explique su respuesta.

LECTURA III
ME GUSTAS CUANDO CALLAS

Palabras y conceptos

el alma (*f.*) soul
el anillo ring

callar(se) to be quiet
parecerse (a) to resemble

A ¿Qué asociaciones hace Ud. con las siguientes palabras de la lista del vocabulario?

   1. el alma   **2.** callar(se)   **3.** parecerse

B Explique cómo cree Ud. que un anillo puede evocar algo simple.

C El título del poema a continuación es «Me gustas cuando callas». ¿Tiene este título connotaciones positivas o negativas? Explique.

D ¿Qué connotaciones pueden tener las siguientes metáforas/imágenes?

   1. mariposa de sueño
   2. mariposa en arrullo (*cooing*)
   3. te pareces a la palabra melancolía
   4. eres como la noche

Me gustas cuando callas

Sobre el autor   *El chileno Pablo Neruda (1904–1973), quien recibió el premio Nobel de Literatura en 1971, es uno de los poetas más importantes de la literatura hispánica. El mundo poético de Neruda ha ejercido una notable influencia en la poesía contemporánea. El siguiente poema pertenece a la colección titulada* Veinte poemas de amor y una canción desesperada *(1924), uno de sus primeros y más conocidos libros.*

1   Me gustas cuando callas porque estás como ausente,
y me oyes desde lejos, y mi voz no te toca.
Parece que los ojos se te hubieran volado[1]
y parece que un beso te cerrara la boca.

5   Como todas las cosas están llenas de mi alma
emerges de las cosas, llena del alma mía.
Mariposa de sueño, te pareces a mi alma,
y te pareces a la palabra melancolía.

Me gustas cuando callas y estás como distante.
10   Y estás como quejándote, mariposa en arrullo.
Y me oyes desde lejos, y mi voz no te alcanza:[2]
déjame que me calle con el silencio tuyo.

Déjame que te hable también con tu silencio
claro como una lámpara, simple como un anillo.

[1]*se... might have left you*   [2]*reach*

15   Eres como la noche, callada y constelada.[3]
      Tu silencio es de estrella, tan lejano y sencillo.

      Me gustas cuando callas porque estás como ausente.
      Distante y dolorosa como si hubieras muerto.[4]
      Una palabra entonces, una sonrisa bastan.
20   Y estoy alegre, alegre de que no sea cierto.

[3]llena de estrellas   [4]como... *as if you had died*

Comprensión

A ¿Habla un hablante o una hablante en este poema?

B ¿Quién es el **tú** del poema? ¿Cómo se presenta a esta persona? Dé algunos ejemplos de las cualidades que tiene y con qué la compara el poeta.

Interpretación

A ¿Qué representa la amada para el hablante? ¿Por qué prefiere que no hable? ¿Por qué el poeta la compara con la noche?

B Ahora que Ud. ha leído el poema, ¿qué connotaciones tienen las frases «mariposa de sueño» y «mariposa en arrullo»? ¿Es distinta su interpretación ahora de la que aparece en sus respuestas de la actividad D de Palabras y conceptos? ¿En qué es distinta? ¿En qué sentido se puede parecer una mariposa al alma?

C En la última estrofa surge una nota nueva, inesperada. ¿Qué es? ¿Por qué cree Ud. que se introduce? ¿Cómo es la reacción del hablante?

D Mire con atención los tres dibujos a continuación y determine cuál capta mejor las relaciones entre el hablante y el **tú** del poema «Me gustas cuando callas». Explique su respuesta.

1.   2.   3.

E Los dos poemas de este capítulo hablan de las relaciones amorosas entre un hombre y una mujer. ¿En qué sentido son semejantes las dos visiones presentadas de estas relaciones? ¿Cómo difiere una de la otra?

F En su opinión, ¿sería (*would be*) igual la reacción de un lector masculino a la de una lectora femenina ante estos dos poemas? ¿Por qué sí o por qué no? Si Ud. tuviera que (*had to*) elegir entre ser el hombre o la mujer en los dos poemas, ¿cuál elegiría (*would you choose*) ser? Explique.

Aplicación

A ¿Qué indican «Rosamunda», «Hombre pequeñito» y «Me gustas cuando callas» sobre la sociedad descrita por los autores y sobre las relaciones entre ambos sexos en esas sociedades? ¿Cree Ud. que existe la misma clase de relaciones entre hombres y mujeres en los Estados Unidos? Explique.

B En «Hombre pequeñito», el pájaro enjaulado simboliza la situación de la mujer. ¿A qué otras situaciones de la vida puede aplicarse este símbolo?

C En este capítulo se han presentado ciertos tipos: el hombre joven e ingenuo, la mujer estrafalaria e insatisfecha con su matrimonio, el carnicero insensible y brutal, la amada que quiere independizarse. ¿Son universales estos personajes o sólo representan unos tipos hispanos? ¿Puede Ud. nombrar algunos personajes parecidos entre los que aparecen en la televisión, las películas o los libros de los años recientes en los Estados Unidos?

D Es muy común exagerar la historia de la propia vida cuando uno está hablando con una persona desconocida a quien no volverá a ver (*will not see again*) jamás. ¿Cómo cree Ud. que contarían (*would tell*) su vida los siguientes personajes si estuvieran (*they were*) en estas circunstancias?

1. Un estudiante de esta universidad. Quiere ser abogado, pero no estudia mucho porque le gustan las fiestas y al día siguiente no tiene ganas de asistir a las clases. Durante el verano piensa buscar un trabajo en la playa para poder ganar algo de dinero y, al mismo tiempo, pasarlo bien. Ahora habla con un señor distinguido, que parece ser un profesional que ha triunfado.

2. Una estudiante de su universidad. Estudia muchísimo; casi nunca sale; recibe notas excelentes. Está aburrida de su vida y sabe que hay algo más que los estudios. Por eso, ha buscado un trabajo de verano en *Disneyworld,* donde trabajan muchos estudiantes de varias partes del país. Ahora habla con el jefe de los trabajadores estudiantiles, un hombre joven y guapo. Ella no sabe mucho de él, pero quisiera (*she would like*) saber más.

E En el libro *Men Are from Mars, Women Are from Venus* de John Gray, se habla de que la incomprensión entre hombres y mujeres se debe muchas veces a que hay diferencias entre lo que los hombres y las mujeres consideran esencial en las relaciones entre ambos. ¿Le parece cierto? ¿Puede dar como ejemplo un caso que Ud. conozca? ¿Puede ocurrir esto en la clase? ¿A qué se deberán las discrepancias entre los estudiantes de uno y otro sexo cuando tratan un mismo tema? Reflexione sobre este asunto y prepare un pequeño informe para presentar a la clase.

F Papel y lápiz   En su cuaderno de apuntes, explore más los temas presentados, ya sea en la actividad A o en la actividad E de esta sección de Aplicación.

CAPÍTULO 7 SIETE

El mundo de los negocios

Joaquín Sorolla, *Saliendo del baño*

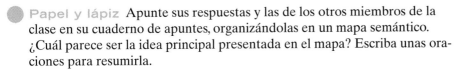

Estudie el cuadro de la página anterior y conteste estas preguntas.
¿Quiénes son las figuras representadas en el cuadro? ¿Cuál es la
relación entre ellas? ¿Dónde están? ¿En qué época del año transcurre
la escena? ¿Qué tiempo hace? ¿Qué emociones despierta en Ud. el agua y el
sol? ¿Ha estado en un lugar parecido al que se representa en el cuadro de la
izquierda? ¿Cuándo y con quiénes? ¿Recuerda momentos en que otra persona llevaba a Ud. en brazos? ¿Quién(es) era(n)? Describa las memorias que
tiene de su estadía en ese lugar y las emociones que despierta en Ud. Luego
compartan sus respuestas con los otros miembros de la clase para saber si
están de acuerdo o no con respecto al cuadro y si tienen memorias parecidas
a las de Ud.

● Papel y lápiz Apunte sus respuestas y las de los otros miembros de la
clase en su cuaderno de apuntes, organizándolas en un mapa semántico.
¿Cuál parece ser la idea principal presentada en el mapa? Escriba unas oraciones para resumirla.

LECTURA I   EL DELANTAL BLANCO (PARTE 1)

APROXIMACIONES AL TEXTO

El drama

As you know, writers and readers depend on certain conventions or patterns when they write and read. Genre is an important convention, serving as a kind of contract between the writer and the reader. Although many writers use defamiliarization to make the experience of reading more interesting, they must respect literary conventions to some extent, or the reader simply will not comprehend their work. Drama is one of the five major genres; the others are the novel, the short story, the essay, and the poem. In comparison with other genres, many literary theorists consider drama to be the genre most bound by convention and the least difficult to define. Like other genres, it includes a theme (**el tema**) and, like novels and short stories, it has a story line or plot (**el argumento**). Drama, as well as narrative, is generally constructed around a conflict (**el conflicto**) between individuals or beliefs. In other respects, the characteristics of drama are unique to the genre.

Using the following questions and activities as a guide and drawing on your own knowledge and experience of the theater, determine some of the characteristics of drama.

A **La extensión** (*length*):

- ¿Cuál es la extensión normal de una obra de teatro?
- ¿Cuáles de los siguientes factores contribuyen a limitar la extensión?
  1. el costo de la producción
  2. el talento del dramaturgo / de la dramaturga
  3. la atención del público
  4. el número de actores
  5. el tamaño del teatro
  6. la presentación oral de la información

B **Los receptores:** En toda comunicación, hay tres elementos: el emisor / la emisora (*sender*), el mensaje (*message*) y el receptor / la receptora (*receiver*). En una novela el autor / la autora manda el mensaje por medio de uno o más narradores. Los lectores son los receptores. El caso del drama representado en el teatro es algo más complicado.

Lea con atención la siguiente lista e indique cuáles de las figuras son emisores y cuáles son receptores. A veces una figura puede ser emisor y receptor a la vez. ¿Puede Ud. indicar quiénes hacen este doble papel?

1. el autor / la autora
2. el actor / la actriz
3. el director / la directora
4. el personaje
5. el público

C **El escenario:**

- ¿Dónde se suele ver un drama?
- ¿Cómo afectan los siguientes aspectos de la obra dramática este espacio físico?
    1. el número de personajes
    2. la complejidad de la acción
    3. el trasfondo (*background*) en que tiene lugar la acción y el número de cambios en él

D **El lenguaje:** En el teatro, el público recibe el mensaje auditiva y visualmente (escucha a los actores y ve el escenario), en contraste con la novela, en la que los lectores leen la información y tienen que imaginarse el escenario. Cuando leemos una obra de teatro, tenemos que imaginarnos el aspecto visual y auditivo a base de las acotaciones (*stage directions*) y nuestra imaginación, tratando de figurar cómo el director / la directora y los actores presentarían (*would perform*) la obra. Cuando una persona lee una novela, puede volver a leer las páginas anteriores si quiere aclarar una idea o resolver un dilema. Esto no es posible cuando uno presencia un drama, lo cual tiene un efecto en el lenguaje dramático.

Indique cuáles de las siguientes características son típicas de la obra dramática.

1. parlamentos (*speeches*) largos
2. parlamentos cortos
3. oraciones largas y complicadas con muchas cláusulas dependientes
4. la repetición de información esencial
5. expresiones coloquiales
6. un lenguaje literario complicado

E **El control social:** Algunos críticos creen que el drama es el género más susceptible al control social. Esto puede incluir la censura del gobierno, pero también puede ser un control menos evidente, por ejemplo, uno que viene de la industria teatral, o del público, que tiene la opción de asistir o no a una obra.

Pensando en lo que el dramaturgo / la dramaturga necesita hacer para que se represente su obra y en el tipo de persona que generalmente va al teatro, ¿en cuál de los siguientes artistas cree Ud. que un gobierno totalitario de derecha o de izquierda tendría (*would have*) más interés? ¿Por qué?

1. un(a) poeta
2. un(a) novelista
3. un dramaturgo / una dramaturga

Palabras y conceptos

arrendar (ie) to rent
bañarse to swim, bathe
el blusón cover-up (*clothing*)
la bolsa bag

el bolsillo pocket; money (*slang*)
la carpa beach tent
la clase (social) class
el delantal uniform

duro tough, hard
entretenerse (ie) to enjoy oneself
pasarlo bien to have a good time
la plata money; silver
raptar to kidnap
la revista magazine
el sueldo salary

tenderse (ie) to stretch out
tirar to throw
tomar el sol to sunbathe
tostado tanned
el traje de baño bathing suit
veranear to vacation
   el veraneo summer vacation

A Nombre cuatro objetos de la lista del vocabulario que se encuentran en la playa.

B Nombre cuatro actividades de la lista del vocabulario que se hacen comúnmente durante el verano.

C ¿Qué palabras de la lista del vocabulario se asocian con los ricos y cuáles con los menos afortunados? Explique.

D Defina brevemente en español.

   1. el sueldo   **2.** veranear   **3.** raptar   **4.** el blusón

E Explique la diferencia entre los siguientes pares de palabras.

   1. arrendar / comprar   **3.** el delantal / el traje de baño
   2. lavarse / bañarse

F Mire con atención el primer dibujo que acompaña la Lectura I de este capítulo. ¿Qué imágenes despierta en Ud.?

G Mire los dibujos que acompañan el drama. ¿Dónde tiene lugar la acción? ¿Quiénes son los personajes que aparecen en la obra? ¿Cuál parece ser la relación entre ellos? ¿Qué cambio se nota con respecto a las dos mujeres en los dibujos? ¿Qué conflictos parece haber en la obra?

H En su opinión, ¿qué quiere decir la frase «clase social»? ¿Qué características asocia Ud. con la clase alta? ¿con la clase media? ¿y con la clase baja? ¿Ha leído Ud. algún texto o visto alguna película en que un individuo intente hacerse pasar por miembro de otra clase o en que una persona de la clase alta cambie su posición con otra de la clase baja o viceversa? ¿Para quién es más fácil el cambio? Explique. En esas obras, ¿cómo reaccionan los otros personajes? ¿Notan el cambio? ¿Cómo se sabe a qué clase pertenece una persona? ¿Por su ropa? ¿su manera de hablar? ¿sus valores? ¿ ?

 I Papel y lápiz Vuelva al cuadro que aparece al principio del capítulo. ¿A qué clase social parece que pertenecen los individuos que se ven allí? ¿Cambiaría (*Would change*) su interpretación del cuadro si resultara (*it turned out*) que la mujer es una criada y el niño el hijo de una familia rica? ¿Cambiaría su interpretación de las relaciones entre esas personas, de sus razones por estar allí, de las emociones que sienten en el lugar, etcétera? En su cuaderno de apuntes, anote sus comentarios al respecto y compárelos con sus respuestas y las de la clase la primera vez que hablaron del cuadro.

El delantal blanco (Parte 1)

Sobre el autor   *Sergio Vodanović (1926–) es un dramaturgo chileno cuya obra dramática abarca el realismo crítico e incorpora retratos complejos de personajes y actitudes. En* El delantal blanco, *Vodanović cuestiona la validez de ciertos valores y papeles sociales.*

Chile

PERSONAJES

LA SEÑORA   LA JOVENCITA

LA EMPLEADA   EL CABALLERO DISTINGUIDO

DOS JOVENES

1   La playa.
     Al fondo, una carpa.
     Frente a ella, sentadas a su sombra, la señora y la
     empleada. La señora está en traje de baño y, sobre
5   él, usa un blusón de toalla[1] blanca que le cubre
     hasta las caderas.[2] Su tez está tostada por un largo
     veraneo. La empleada viste su uniforme blanco.
     La señora es una mujer de treinta años, pelo claro,
     rostro[3] atrayente aunque algo duro. La empleada
10   tiene veinte años, tez blanca, pelo negro, rostro
     plácido y agradable.

LA SEÑORA: (*Gritando hacia su pequeño hijo,
             a quien no ve y que se supone está
             a la orilla[4] del mar, justamente, al
15   borde del escenario.*) ¡Alvarito!
             ¡Alvarito! ¡No le tire* arena a la
             niñita! ¡Métase al agua! Está
             rica... ¡Alvarito, no! ¡No le
             deshaga el castillo a la niñita!
20   Juegue con ella... Sí, mi hijito...
             juegue...
LA EMPLEADA: Es tan peleador...[5]
LA SEÑORA: Salió[6] al padre... Es inútil corre-
             girlo. Tiene una personalidad
25   dominante que le viene de su
             padre, de su abuelo, de su abuela...
             ¡sobre todo de su abuela!

[1]*terrycloth* [2]*hips* [3]cara [4]*edge* [5]*combative* [6]Es igual

---

*Note that **la señora** uses the **usted** form when speaking to her son. Although this form usually denotes formality or distance, in Chile and some other Latin American countries it is used to express intimacy and affection.

LA EMPLEADA: ¿Vendrá[7] el caballero[8] mañana?

LA SEÑORA: (*Se encoge de hombros con desgana.*[9]) ¡No sé! Ya estamos en marzo, todas mis amigas han regresado y Alvaro me tiene todavía aburriéndome en la playa. El dice que quiere que el niño aproveche[10] las vacaciones, pero para mí que es él quien está aprovechando. (*Se saca*[11] *el blusón y se tiende a tomar sol.*) ¡Sol! ¡Sol! Tres meses tomando sol. Estoy intoxicada de sol. (*Mirando inspectivamente a la empleada.*) ¿Qué haces tú para no quemarte?

LA EMPLEADA: He salido tan poco de la casa...

LA SEÑORA: ¿Y qué querías? Viniste a trabajar, no a veranear. Estás recibiendo sueldo, ¿no?

LA EMPLEADA: Sí señora. Yo sólo contestaba su pregunta...

La señora permanece[12] *tendida recibiendo el sol. La empleada saca de una bolsa de género una revista de historietas fotografiadas y principia*[13] *a leer.*

LA SEÑORA: ¿Qué haces?

LA EMPLEADA: Leo esta revista.

LA SEÑORA: ¿La compraste tú?

LA EMPLEADA: Sí, señora.

LA SEÑORA: No se te paga tan mal, entonces, si puedes comprarte tus revistas, ¿eh?

La empleada no contesta y vuelve a mirar la revista.

LA SEÑORA: ¡Claro! Tú leyendo y que Alvarito reviente,[14] que se ahogue[15]...

LA EMPLEADA: Pero si está jugando con la niñita...

---

[7]*Will come* [8]*gentleman* (se refiere al marido) [9]*Se... She shrugs her shoulders indifferently.* [10]*take advantage of* [11]*quita* [12]*queda* [13]*empieza* [14]*get carried away by the waves* [15]*se... he drown*

LA SEÑORA: Si te traje a la playa es para que vigilaras a Alvarito y no para que te pusieras a leer.

55 *La empleada deja la revista y se incorpora[16] para ir donde está Alvarito.*

LA SEÑORA: ¡No! Lo puedes vigilar desde aquí. Quédate a mi lado, pero observa al niño. ¿Sabes? Me gusta venir contigo a la playa.

LA EMPLEADA: ¿Por qué?

LA SEÑORA: Bueno... no sé... Será[17] por lo mismo que me gusta venir en
60 auto, aunque la casa esté a dos cuadras.[18] Me gusta que vean el auto. Todos los días, hay alguien que se para al lado de él y lo mira y comenta. No cualquiera tiene un auto como el de nosotros... Claro, tú no te das cuenta de la diferencia. Estás demasiado acostumbrada a lo bueno... Dime... ¿Cómo es tu
65 casa?

LA EMPLEADA: Yo no tengo casa.

LA SEÑORA: No habrás nacido[19] empleada, supongo. Tienes que haberte criado[20] en alguna parte, debes haber tenido padres... ¿Eres del campo?

70 LA EMPLEADA: Sí.

LA SEÑORA: Y tuviste ganas de conocer la ciudad, ¿ah?

LA EMPLEADA: No. Me gustaba allá.

LA SEÑORA: ¿Por qué te viniste, entonces?

LA EMPLEADA: Tenía que trabajar.

75 LA SEÑORA: No me vengas con ese cuento. Conozco la vida de los inquilinos[21] en el campo. Lo pasan bien. Les regalan una cuadra[22] para que cultiven. Tienen alimentos gratis y hasta les sobra[23] para vender. Algunos tienen hasta sus vaquitas... ¿Tus padres tenían vacas?

80 LA EMPLEADA: Sí señora. Una.

LA SEÑORA: ¿Ves? ¿Qué más quieren? ¡Alvarito! ¡No se meta tan allá que puede venir una ola! ¿Qué edad tienes?

LA EMPLEADA: ¿Yo?

LA SEÑORA: A ti te estoy hablando. No estoy loca para hablar sola.

85 LA EMPLEADA: Ando en[24] los veintiuno...

LA SEÑORA: ¡Veintiuno! A los veintiuno yo me casé. ¿No has pensado en casarte? *I married at 21*

La empleada baja la vista[25] y no contesta.

LA SEÑORA: ¡Las cosas que se me ocurre preguntar! ¿Para qué querrías[26]
90 casarte? En la casa tienes de todo: comida, una buena pieza,[27] delantales limpios... Y si te casaras... ¿Qué es lo que tendrías[28]? Te llenarías de chiquillos,[29] no más.

LA EMPLEADA: (*Como para sí.*) Me gustaría casarme...

LA SEÑORA: ¡Tonterías![30] Cosas que se te ocurren por leer historias de
95 amor en las revistas baratas... Acuérdate de esto: Los príncipes azules[31] ya no existen. No es el color lo que

---

[16]se... se levanta   [17]Probablemente es   [18]*blocks*   [19]No... *You were not born*   [20]haberte... *have grown up*   [21]*tenant farmers*   [22]*small piece (of land)*   [23]les... *they have extra*   [24]Ando... Tengo casi [25]baja... *looks down*   [26]*would you want*   [27]*bedroom*   [28]*would you have*   [29]Te... *You'd be pregnant all the time*   [30]*Rubbish!*   [31]príncipes... *Princes Charming*

		importa, sino el bolsillo. Cuando mis padres no me aceptaban

novio

		importa, sino el bolsillo. Cuando mis padres no me aceptaban un pololo[32] porque no tenía plata,[33] yo me indignaba, pero
100		llegó Alvaro con sus industrias y sus fundos y no quedaron contentos hasta que lo casaron conmigo. A mí no me gustaba porque era gordo y tenía la costumbre de sorberse los mocos,[34] pero después en el matrimonio, uno se acostumbra a todo. Y llega a la conclusión que todo da lo mismo, salvo la plata. Sin la plata no somos nada. Yo tengo plata, tú no
105		tienes. Esa es toda la diferencia entre nosotros. ¿No te parece?
	LA EMPLEADA:	Sí, pero...
	LA SEÑORA:	¡Ah! Lo crees, ¿eh? Pero es mentira. Hay algo que es más importante que la plata: la clase. Eso no se compra. Se tiene o no se tiene. Alvaro no tiene clase. Yo sí la tengo. Y podría[35]
110		vivir en una pocilga[36] y todos se darían cuenta de[37] que soy alguien. No una cualquiera. Alguien. Te das cuenta, ¿verdad?
	LA EMPLEADA:	Sí, señora.
	LA SEÑORA:	A ver. Pásame esa revista. (*La empleada lo hace. La señora la hojea.[38] Mira algo y lanza una carcajada.[39]*) ¿Y esto lees tú?
115	LA EMPLEADA:	Me entretengo,[40] señora.
	LA SEÑORA:	¡Qué ridículo! ¡Qué ridículo! Mira a este roto[41] vestido de smoking.[42] Cualquiera se da cuenta que está tan incómodo en él como un hipopótamo con faja[43]... (*Vuelve a mirar en la revista.*) ¡Y es el conde[44] de Lamarquina! ¡El conde de Lamar-
120		quina! A ver... ¿Qué es lo que dice el conde? (*Leyendo.*) «Hija mía, no permitiré[45] jamás que te cases con Roberto. El es un plebeyo.[46] Recuerda que por nuestras venas corre sangre azul.» ¿Y ésta es la hija del conde?
	LA EMPLEADA:	Sí. Se llama María. Es una niña sencilla y buena. Está ena-
125		morada de Roberto, que es el jardinero del castillo. El conde no lo permite. Pero... ¿sabe? Yo creo que todo va a terminar bien. Porque en el número[47] anterior Roberto le dijo a María que no había conocido[48] a sus padres y cuando no se conoce a los padres, es seguro que ellos son gente rica y aristócrata
130		que perdieron al niño de chico o lo secuestraron...
	LA SEÑORA:	¿Y tú crees todo eso?
	LA EMPLEADA:	Es bonito, señora.
	LA SEÑORA:	¿Qué es tan bonito?
	LA EMPLEADA:	Que lleguen a pasar cosas así. Que un día cualquiera, uno
135		sepa que es otra persona, que en vez de ser pobre, se es rica, que en vez de ser nadie se es alguien, así como dice Ud....
	LA SEÑORA:	Pero no te das cuenta que no puede ser... Mira a la hija... ¿Me has visto a mí alguna vez usando unos aros[49] así? ¿Has visto a alguna de mis amigas con una cosa tan espantosa[50]?
140		¿Y el peinado? Es detestable. ¿No te das cuenta que una mujer así no puede ser aristócrata?... ¿A ver? Sale fotogra- fiado aquí el jardinero...

---

[32]novio [33]dinero [34]sorberse... *sniffle* [35]*I could* [36]*pigsty* [37]se... *would realize* [38]*leafs through*
[39]*guffaw* [40]Me... Mato el tiempo [41]*loser* [42]vestido... *tuxedo* [43]*girdle* [44]*Count*
[45]no... *I will not permit* [46]*commoner* [47]*issue* [48]no... *had never known* [49]*earrings* [50]*hideous*

LA EMPLEADA: Sí. En los cuadros[51] del final. (*Le muestra en la revista. La señora ríe encantada.*)

145 LA SEÑORA: ¿Y éste crees tú que puede ser un hijo de aristócrata? ¿Con esa nariz? ¿Con ese pelo? Mira... Imagínate que mañana me rapten a Alvarito. ¿Crees tú que va a dejar por eso de tener su aire de distinción?

LA EMPLEADA: ¡Mire, señora! Alvarito le botó[52] el castillo de arena a la 150 niñita de una patada.[53]

LA SEÑORA: ¿Ves? Tiene cuatro años y ya sabe lo que es mandar, lo que es no importarle los demás. Eso no se aprende. Viene en la sangre.

LA EMPLEADA: (*Incorporándose.*) Voy a ir a buscarlo.

155 LA SEÑORA: Déjalo. Se está divirtiendo.

La empleada se desabrocha[54] el primer botón de su delantal y hace un gesto en el que muestra estar acalorada.

LA SEÑORA: ¿Tienes calor?

LA EMPLEADA: El sol está picando fuerte.

160 LA SEÑORA: ¿No tienes traje de baño?

LA EMPLEADA: No.

LA SEÑORA: ¿No te has puesto nunca traje de baño?

LA EMPLEADA: ¡Ah, sí!

LA SEÑORA: ¿Cuándo?

165 LA EMPLEADA: Antes de emplearme. A veces, los domingos, hacíamos excursiones a la playa en el camión del tío de una amiga.

LA SEÑORA: ¿Y se bañaban?

LA EMPLEADA: En la playa grande de Cartagena. Arrendábamos trajes de baño y pasábamos todo el día en la playa. Llevábamos de 170 comer y...

LA SEÑORA: (*Divertida.*) ¿Arrendaban trajes de baño?

LA EMPLEADA: Sí. Hay una señora que arrienda en la misma playa.

LA SEÑORA: Una vez con Alvaro, nos detuvimos en Cartagena a echar bencina[55] al auto y miramos a la playa. ¡Era tan gracioso! ¡Y 175 esos trajes de baño arrendados! Unos eran tan grandes que hacían bolsas por todos los lados y otros quedaban tan chicos que las mujeres andaban con el traste[56] afuera. ¿De cuáles arrendabas tú? ¿De los grandes o de los chicos?

La empleada mira al suelo taimada.[57]

180 LA SEÑORA: Debe ser curioso... Mirar el mundo desde un traje de baño arrendado o envuelta en un vestido barato... o con uniforme de empleada como el que usas tú... Algo parecido le debe suceder a esta gente que se fotografía para estas historietas: se ponen smoking o un traje de baile y debe ser diferente la 185 forma como miran a los demás, como se sienten ellos mismos... Cuando yo me puse mi primer par de medias,[58] el mundo entero cambió para mí. Los demás eran diferentes; yo era diferente y el único cambio efectivo era que tenía puesto

---

[51]*pictures* [52]tiró, destruyó [53]*kick* [54]*se... unbuttons* [55]gasolina [56]*bottom* [57]*sullenly* [58]*stockings*

190		un par de medias... Dime... ¿Cómo se ve el mundo cuando se está vestida con un delantal blanco?
	LA EMPLEADA:	(*Tímidamente.*) Igual. La arena tiene el mismo color... las nubes son iguales... Supongo.
	LA SEÑORA:	Pero no... Es diferente. Mira. Yo con este traje de baño, con este blusón de toalla, tendida sobre la arena, sé que estoy en
195		«mi lugar», que esto me pertenece[59]... En cambio tú, vestida como empleada, sabes que la playa no es tu lugar, que eres diferente... Y eso, eso te debe hacer ver todo distinto.
	LA EMPLEADA:	No sé.
	LA SEÑORA:	Mira. Se me ha ocurrido[60] algo. Préstame tu delantal.
200	LA EMPLEADA:	¿Cómo?
	LA SEÑORA:	Préstame tu delantal.
	LA EMPLEADA:	Pero... ¿Para qué?
	LA SEÑORA:	Quiero ver cómo se ve el mundo, qué apariencia tiene la playa cuando se la ve encerrada en un delantal de empleada.
205	LA EMPLEADA:	¿Ahora?
	LA SEÑORA:	Sí, ahora.
	LA EMPLEADA:	Pero es que... No tengo un vestido debajo.
	LA SEÑORA:	(*Tirándole el blusón.*) Toma... Ponte esto.
	LA EMPLEADA:	Voy a quedar en calzones[61]...

[59]*belongs*   [60]*Se... I just thought of*   [61]*underwear*

Comprensión

A Cambie los verbos entre paréntesis por la forma apropiada de un tiempo verbal en el pasado. ¡Cuidado con el uso del subjuntivo! Luego indique si cada oración es cierta (**C**) o falsa (**F**) y corrija las oraciones falsas.

1. _____ El marido de la señora (querer) que su familia (quedarse) en la playa.
2. _____ La señora (estar) contenta en la playa.
3. _____ La señora (traer) a la empleada a la playa para que (tomar) el sol.
4. _____ La empleada (venir) a trabajar en la ciudad porque no (gustarle) el campo.
5. _____ Los padres de la señora (querer) que ella (casarse) con Alvaro porque él (tener) mucho dinero.
6. _____ Antes de casarse, a la señora no (gustarle) que Alvaro (sorberse) los mocos.
7. _____ La empleada (estar) segura de que Roberto, el muchacho de la historieta que ella (leer), (ser) hijo de aristócratas.
8. _____ Cuando la empleada (vivir) en el campo, a veces (ir) a la playa y (arrendar) un traje de baño.
9. _____ Una vez la señora (ver) a unas muchachas que (llevar) trajes arrendados.
10. _____ La señora (insistir) en que la gente de la clase baja (mirar) el mundo del mismo modo que la gente de la clase alta.

B Complete la siguiente tabla con la información apropiada. Utilice el mayor número posible de palabras de la lista del vocabulario (páginas 127–128).

	LA SEÑORA	LA EMPLEADA
la ropa		
la edad		
el estado civil		
la actitud ante el matrimonio		
la visión de la vida en el campo		
la visión de las historietas de las revistas		
la clase social		

C Haga una breve descripción de Alvarito, basándose en la información de la Lectura I.

Interpretación

A ¿Qué conflictos se presentaron en la primera parte de la obra?

B ¿Qué opina la señora de la empleada? En la opinión de la señora, ¿en qué son distintas ella y la empleada? ¿Está Ud. de acuerdo? ¿Por qué sí o por qué no?

C ¿Por qué cree Ud. que a la criada le gusta leer historietas? ¿Qué clase de revistas cree Ud. que lee la señora? ¿Por qué cree eso?

D ¡Necesito compañero! ¿Qué creen Uds. que va a pasar en la segunda (última) parte de la obra? Trabajen en parejas para hacer algunas conjeturas, basándose en detalles y elementos específicos de la primera parte cuando puedan. Luego, compárenlas con las de los otros estudiantes para ver en qué se parecen y en qué se diferencian sus ideas.

E Papel y lápiz ¿Cómo cree Ud. que va a acabar esta obra? En su cuaderno de apuntes, escriba su versión del final.

LECTURA II
EL DELANTAL BLANCO (PARTE 2)

Palabras y conceptos

acabarse to end
los anteojos para el sol sunglasses
atrás behind
el chiste joke
desconcertado disconcerted, confused
detenerse (ie) to stop
gracioso funny
la pelota ball

quedarle bien (a uno) to look nice (on someone)
recoger to pick up
la riña fight, quarrel
tutear to address with the **tú** form
la uña toenail; fingernail
vestirse (i, i) de to dress as; to dress in
volverse (ue) to turn; to become

A ¿Con cuál de los personajes ya presentados en la obra asocia Ud. las siguientes palabras o frases?

1. los anteojos para el sol
2. sentirse desconcertado
3. la riña con el esposo
4. recoger
5. las uñas pintadas
6. vestirse de blanco
7. una historia de amor
8. la pelota
9. tutear a la dependienta en una carpa
10. quedarse atrás

B Busque los antónimos de las siguientes palabras en la lista del vocabulario.

1. continuar
2. serio
3. empezar

C Termine cada oración con una expresión lógica.

1. No le queda bien el vestido; es demasiado _____.
2. La mujer se volvió loca y empezó a _____.
3. La señora contó un chiste y la criada tuvo que reírse aunque no le parecía _____.

El delantal blanco (Parte 2)

1   LA SEÑORA: Es lo suficiente largo como para cubrirte. Y en todo caso vas a mostrar menos que lo que mostrabas con los trajes de baño que arrendabas en Cartagena. (*Se levanta y obliga a levantarse a la empleada.*) Ya. Métete en la carpa y cámbiate.

5   *Prácticamente obliga a la empleada a entrar a la carpa y luego lanza al*
interior de ella el blusón de toalla. Se dirige al primer plano[1] y le habla a su
hijo.

LA SEÑORA: Alvarito, métase un poco al agua. Mójese las patitas
siquiera[2]... No sea tan de rulo[3]... ¡Eso es! ¿Ves que es rica el
10   agüita? (*Se vuelve hacia la carpa y habla hacia dentro de*
ella.) ¿Estás lista? (*Entra a la carpa.*)

Después de un instante, sale la empleada vestida con el blusón de toalla. Se
ha prendido[4] el pelo hacia atrás y su aspecto ya difiere algo de la tímida
muchacha que conocemos. Con delicadeza se tiende de bruces[5] sobre la
15   *arena. Sale la señora abotonándose aún su delantal blanco. Se va a sentar*
delante de la empleada, pero vuelve un poco más atrás.

LA SEÑORA: No. Adelante no. Una empleada en la playa se sienta siempre
un poco más atrás que su patrona.[6] (*Se sienta sobre sus pan-*
torrillas[7] y mira, divertida, en todas direcciones.)

20   *La empleada cambia de postura[8] con displicencia.[9] La señora toma la*
revista de la empleada y principia a leerla. Al principio, hay una sonrisa
irónica en sus labios que desaparece luego al interesarse por la lectura. Al
leer mueve los labios. La empleada, con naturalidad, toma de la bolsa de
playa de la señora un frasco de aceite bronceador[10] y principia a extenderlo
25   *con lentitud por sus piernas. La señora la ve. Intenta una reacción reproba-*
toria, pero queda desconcertada.

---

[1]primer... *front stage*   [2]Mójese... *Wet your feet at least.*   [3]No... *Don't act as if you have never seen*
water.   [4]*caught up*   [5]de... *face down*   [6]*mistress*   [7]*calves*   [8]*posición*   [9]*indiferencia*   [10]frasco... *bot-*
tle of suntan lotion

LA SEÑORA: ¿Qué haces?

La empleada no contesta. La señora opta por seguir la lectura. Vigilando de vez en vez[11] con la vista lo que hace la empleada. Esta ahora se ha sentado y se mira detenidamente[12] las uñas.

30

LA SEÑORA: ¿Por qué te miras las uñas?

LA EMPLEADA: Tengo que arreglármelas.

LA SEÑORA: Nunca te había visto[13] antes mirarte las uñas.

LA EMPLEADA: No se me había ocurrido.[14]

35

LA SEÑORA: Este delantal acalora.

LA EMPLEADA: Son los mejores y los más durables.

LA SEÑORA: (*Divertida.*) Y tú no te ves nada de mal con esa tenida.[15] (*Se ríe.*) Cualquiera se equivocaría.[16] Más de un jovencito te podría[17] hacer la corte[18]... ¡Sería como para contarlo![19]

40

LA EMPLEADA: Alvarito se está metiendo muy adentro. Vaya a vigilarlo.

LA SEÑORA: (*Se levanta inmediatamente y se adelanta.*[20]) ¡Alvarito! ¡Alvarito! No se vaya tan adentro... Puede venir una ola. (*Recapacita[21] de pronto y se vuelve desconcertada hacia la empleada.*)

45

LA SEÑORA: ¿Por qué no fuiste tú?

LA EMPLEADA: ¿Adónde?

LA SEÑORA: ¿Por qué me dijiste que yo fuera a vigilar a Alvarito?

LA EMPLEADA: (*Con naturalidad.*) Ud. lleva el delantal blanco.

LA SEÑORA: Te gusta el juego, ¿ah?

50

Una pelota de goma, impulsada por un niño que juega cerca, ha caído a los pies de la empleada. Ella la mira y no hace ningún movimiento. Luego mira a la señora. Esta, instintivamente, se dirige a la pelota y la tira en la dirección en que vino. La empleada busca en la bolsa de playa de la señora y se pone sus anteojos para el sol.

55

LA SEÑORA: (*Molesta.*) ¿Quién te ha autorizado para que uses mis anteojos?

LA EMPLEADA: ¿Cómo se ve la playa vestida con un delantal blanco?

LA SEÑORA: Es gracioso. ¿Y tú? ¿Cómo ves la playa ahora?

LA EMPLEADA: Es gracioso.

60

LA SEÑORA: (*Molesta.*) ¿Dónde está la gracia?

LA EMPLEADA: En que no hay diferencia.

LA SEÑORA: ¿Cómo?

LA EMPLEADA: Ud. con el delantal blanco es la empleada; yo con este blusón y los anteojos oscuros soy la señora.

65

LA SEÑORA: ¿Cómo?... ¿Cómo te atreves a decir eso?

LA EMPLEADA: ¿Se habría molestado[22] en recoger la pelota si no estuviese[23] vestida de empleada?

LA SEÑORA: Estamos jugando.

LA EMPLEADA: ¿Cuándo?

70

LA SEÑORA: Ahora.

LA EMPLEADA: ¿Y antes?

---

[11]de... de vez en cuando   [12]*closely*   [13]había... *had I seen*   [14]había... *had occurred*   [15]*outfit*   [16]se... *could make a mistake*   [17]*could*   [18]hacer... *to court*   [19]¡Sería... *It would make a good story!*   [20]se... *goes forward*   [21]*She reconsiders*   [22]Se.. *Would you have bothered*   [23]no... *you weren't*

LA SEÑORA: ¿Antes?

LA EMPLEADA: Sí. Cuando yo estaba vestida de empleada...

LA SEÑORA: Eso no es juego. Es la realidad.

75 LA EMPLEADA: ¿Por qué?

LA SEÑORA: Porque sí.

LA EMPLEADA: Un juego... un juego más largo... como el «paco-ladrón[24]». A unos les corresponde ser «pacos», a otros «ladrones».

LA SEÑORA: (*Indignada.*) ¡Ud. se está insolentando!

80 LA EMPLEADA: ¡No me grites! ¡La insolente eres tú!

LA SEÑORA: ¿Qué significa eso? ¿Ud. me está tuteando?

LA EMPLEADA: ¿Y acaso tú no me tratas de tú?

LA SEÑORA: ¿Yo?

LA EMPLEADA: Sí.

85 LA SEÑORA: ¡Basta ya! ¡Se acabó este juego!

LA EMPLEADA: ¡A mí me gusta!

LA SEÑORA: ¡Se acabó! (*Se acerca violentamente a la empleada.*)

LA EMPLEADA: (*Firme.*) ¡Retírese![25]

La señora se detiene sorprendida.

90 LA SEÑORA: ¿Te has vuelto loca?

LA EMPLEADA: Me he vuelto señora.

LA SEÑORA: Te puedo despedir en cualquier momento.

LA EMPLEADA: (*Explota en grandes carcajadas, como si lo que hubiera oído[26] fuera el chiste más gracioso que jamás ha escuchado.*)

95 LA SEÑORA: ¿Pero de qué te ríes?

LA EMPLEADA: (*Sin dejar de reír.*) ¡Es tan ridículo!

LA SEÑORA: ¿Qué? ¿Qué es tan ridículo?

[24]*cops and robbers*   [25]*Get back!*   [26]*como... as if what she had heard*

LA EMPLEADA:	Que me despida... ¡Vestida así! ¿Dónde se ha visto a una empleada despedir a su patrona?
LA SEÑORA:	¡Sácate esos anteojos! ¡Sácate el blusón! ¡Son míos!
LA EMPLEADA:	¡Vaya a ver al niño!
LA SEÑORA:	Se acabó el juego, te he dicho. O me devuelves mis cosas o te las saco.[27]
LA EMPLEADA:	¡Cuidado! No estamos solas en la playa.
LA SEÑORA:	¿Y qué hay con eso? ¿Crees que por estar vestida con un uniforme blanco no van a reconocer quién es la empleada y quién la señora?
LA EMPLEADA:	(*Serena.*) No me levante la voz.

La señora, exasperada, se lanza sobre la empleada y trata de sacarle el blusón a viva fuerza.

LA SEÑORA:	(*Mientras forcejea.*[28]) ¡China![29] ¡Y te voy a enseñar quién soy! ¿Qué te has creído? ¡Te voy a meter presa[30]!

Un grupo de bañistas han acudido[31] al ver la riña: dos jóvenes, una muchacha y un señor de edad madura y de apariencia muy distinguida. Antes que puedan intervenir la empleada ya ha dominado la situación manteniendo bien sujeta[32] a la señora contra la arena. Esta sigue gritando ad libitum[33] expresiones como: «rota cochina»... «ya te las vas a ver con mi marido»... «te voy a mandar presa»... «esto es el colmo», etcétera, etcétera.

UN JOVEN:	¿Qué sucede?
EL OTRO JOVEN:	¿Es un ataque?
LA JOVENCITA:	Se volvió loca.
UN JOVEN:	Puede que sea efecto de una insolación.[34]
EL OTRO JOVEN:	¿Podemos ayudarla?
LA EMPLEADA:	Sí. Por favor. Llévensela. Hay una posta[35] por aquí cerca...
EL OTRO JOVEN:	Yo soy estudiante de Medicina. Le pondremos[36] una inyección para que se duerma por un buen tiempo.
LA SEÑORA:	¡Imbéciles! ¡Yo soy la patrona! Me llamo Patricia Hurtado, mi marido es Alvaro Jiménez, el político...
LA JOVENCITA:	(*Riéndose.*) Cree ser la señora.
UN JOVEN:	Está loca.
EL OTRO JOVEN:	Un ataque de histeria.
UN JOVEN:	Llevémosla.
LA EMPLEADA:	Yo no los acompaño... Tengo que cuidar a mi hijito... Está ahí, bañándose...
LA SEÑORA:	¡Es una mentirosa! ¡Nos cambiamos de vestido sólo por jugar! ¡Ni siquiera tiene traje de baño! ¡Debajo del blusón está en calzones! ¡Mírenla!
EL OTRO JOVEN:	(*Haciéndole un gesto al joven.*) ¡Vamos! Tú la tomas por los pies y yo por los brazos.
LA JOVENCITA:	¡Qué risa! ¡Dice que está en calzones!

Los dos jóvenes toman a la señora y se la llevan, mientras ésta se resiste y sigue gritando.

---

[27]quito violentamente   [28]*she struggles*   [29]¡Sirvienta!   [30]*in jail*   [31]llegado   [32]*pinned down*   [33]ad... *improvising*   [34]*sunstroke*   [35]*first-aid station*   [36]Le... *Let's give her*

LA SEÑORA: ¡Suéltenme! ¡Yo no estoy loca! ¡Es ella! ¡Llamen a Alvarito! ¡El me reconocerá[37]!

145 *Mutis[38] de los dos jóvenes llevando en peso a la señora. La empleada se tiende sobre la arena, como si nada hubiera sucedido,[39] aprontándose[40] para un prolongado baño de sol.*

EL CAB. DIST.*: ¿Está Ud. bien, señora? ¿Puedo serle útil en algo?

LA EMPLEADA: (*Mira inspectivamente al señor distinguido y sonríe con ama-*
150 *bilidad.*) Gracias. Estoy bien.

EL CAB. DIST.: Es el símbolo de nuestro tiempo. Nadie parece darse cuenta, pero a cada rato, en cada momento sucede algo así.

LA EMPLEADA: ¿Qué?

EL CAB. DIST.: La subversión del orden establecido. Los viejos quieren ser
155 jóvenes; los jóvenes quieren ser viejos; los pobres quieren ser ricos y los ricos quieren ser pobres. Sí, señora. Asómbrese[41] Ud. También hay ricos que quieren ser pobres. Mi nuera va todas las tardes a tejer[42] con mujeres de poblaciones callam-pas.[43] ¡Y le gusta hacerlo! (*Transición.*) ¿Hace mucho tiempo
160 que está con Ud.?

LA EMPLEADA: ¿Quién?

EL CAB. DIST.: (*Haciendo un gesto hacia la dirección en que se llevaron a la señora.*) Su empleada.

LA EMPLEADA: (*Dudando. Haciendo memoria.*) Poco más de un año.

165 EL CAB. DIST.: ¡Y así le paga a Ud.! ¡Queriéndose hacer pasar por una señora! ¡Como si no se reconociera a primera vista quién es quién! (*Transición.*) ¿Sabe Ud. por qué suceden estas cosas?

LA EMPLEADA: ¿Por qué?

EL CAB. DIST.: (*Con aire misterioso.*) El comunismo...

170 LA EMPLEADA: ¡Ah!

---

[37]*will recognize*   [38]*Exit*   [39]como... *as if nothing had happened*   [40]*getting ready*   [41]*Sorpréndase*
[42]*weave, knit*   [43]*squatter*

---

*El... el caballero distinguido

EL CAB. DIST.:	(*Tranquilizador.*) Pero no nos inquietemos. El orden está restablecido. Al final, siempre el orden se restablece... Es un hecho... Sobre eso no hay discusión... (*Transición.*) Ahora, con permiso, señora. Voy a hacer mi footing[44] diario. Es muy conveniente a mi edad. Para la circulación, ¿sabe? Y Ud. quede tranquila. El sol es el mejor sedante.[45] (*Ceremoniosamente.*) A sus órdenes, señora. (*Inicia el mutis. Se vuelve.*) Y no sea muy dura con su empleada, después que se haya tranquilizado... Después de todo... Tal vez tengamos algo de culpa nosotros mismos... ¿Quién puede decirlo? (*El caballero distinguido hace mutis.*)

La empleada cambia de posición. Se tiende de espaldas para recibir el sol en la cara. De pronto se acuerda de Alvarito. Mira hacia donde él está.

LA EMPLEADA:	¡Alvarito! ¡Cuidado con sentarse en esa roca! Se puede hacer una nana[46] en el pie... Eso es, corre por la arenita... Eso es, mi hijito... (*Y mientras la empleada mira con ternura[47] y delectación maternal cómo Alvarito juega a la orilla del mar se cierra lentamente el Telón.*)

[44]*running, jogging* [45]tranquilizante [46]*boo-boo* [47]*tenderness*

Comprensión

A Complete cada oración de la primera columna con todas las frases posibles de la segunda columna.

1. Después de que la empleada sale de la carpa, _____.
2. Después de que la señora sale de la carpa, _____.
3. Para los jóvenes bañistas, _____.
4. Para el caballero distinguido, _____.

a. se sienta atrás de la otra
b. se pone aceite bronceador
c. se tiende en la arena
d. mueve los labios al leer
e. la señora tomó demasiado sol
f. recoge la pelota y la tira
g. el mundo está permanentemente ordenado y no puede cambiar
h. la señora está loca
i. se mira las uñas
j. los empleados deben sentir agradecimiento hacia los patrones
k. manda que la otra vigile a Alvarito

B Complete las siguientes oraciones según la Lectura II. ¡Cuidado con el uso del subjuntivo!

1. La señora le dijo a Alvarito que...
2. Antes de cambiar la ropa con la empleada, la señora creía...
3. A la señora le sorprendió que la empleada...

LECTURA III — LA UNITED FRUIT CO.

APROXIMACIONES AL TEXTO: LA POESIA

Extended Metaphor

You have already studied such poetic devices as denotation, connotation, symbolism, and altered word order. Another device common to poetry is *imagery*. Imagery generally is based on comparisons between elements.

When a comparison is very explicit, it is called a *simile*. Similes are often recognizable by the words *like* or *as*, which join the two elements of the comparison: *love is like a flower*. A *metaphor* is an implied comparison: *love is a flower*. It creates a fresh relationship between two or more elements and the ideas associated with them. Metaphors involve connotation and may include the use of symbols.

Although an author may use several unrelated comparisons in a poem, he or she can also use a single comparison throughout an entire poem. This is called an *extended metaphor*. By means of this device, two distinct frames of reference are made to coexist in the work. Each frame of reference is denoted by the naming of elements that pertain to it, but the meaning of the work lies in the relationship between the two frames of reference.

⬤ En este breve pasaje, se emplea una metáfora extendida con un toque humorístico. Lea el pasaje, buscando en él los elementos que denotan los dos marcos (*frames*) distintos de nivel que se explican a continuación.

> Tengo un vecino completamente loco. Hace varias semanas empezó a construir un barco muy grande y ayer le oí hablar con su mujer y sus tres hijos de como pronto iban a empezar las lluvias anunciadas. Yo escuché las noticias en la televisión anoche y el meteorólogo no dijo nada de tormentas ni de lluvias. Se lo dije a mi vecino, pero insiste en que conoce a un meteorólogo fenomenal y si éste dice que va a llover, así es. Pues hoy empezó a llover y ahora veo que mi vecino está metiendo todos sus muebles y animales en el barco. Además, ha mandado a sus hijos al parque zoológico a recoger más animales. Están todos locos. Yo no salgo de casa durante esta tormenta para nada. Parece que no va a acabar en muchos días.

NIVEL 1: *la edad moderna, denotada por la televisión, un meteorólogo, el zoológico*

NIVEL 2: *los tiempos bíblicos, denotados por el barco grande, la mujer y sus tres hijos, el hecho de meter todos los muebles y animales en el barco, la sugerencia de que lloverá por muchos días.*

El significado, connotado por la relación entre los dos niveles: *recreación humorística de un episodio de la Biblia. El humor proviene del hecho de referirse a Dios como un gran meteorólogo, de la revelación lenta del* *nivel bíblico y de la percepción por parte de los lectores de que el narrador no tiene idea del destino que le espera.*

Palabras y conceptos

bautizar to baptize
la cintura waistline; belt
desembarcar to set sail
la dictadura dictatorship

jugoso juicy
la mermelada marmalade
la mosca fly
el racimo cluster, bunch

A ¿Qué relación existe entre las siguientes expresiones?

1. la cintura y Centroamérica
2. el racimo y la mermelada
3. desembarcar y la compañía multinacional
4. bautizar y renacer
5. jugoso y la mosca
6. «Banana Republic» y la dictadura

B ¿Qué sugiere para Ud. el título «La United Fruit Co.»?

C ¡Necesito compañero! Trabajando en parejas, estudien el dibujo que acompaña el poema de la Lectura III. ¿Qué representa la forma redonda en el centro del dibujo? ¿De quién puede ser la mano? ¿y los barcos? ¿Qué llevarán (*might they carry*) adentro? ¿Adónde transportarán (*might they transport*) su carga? ¿Quiénes pueden ser los que están en el agua? ¿Qué queda en el muelle (*dock*)? ¿Va a quedar allí permanentemente? ¿Cuáles de los elementos del dibujo tienen connotaciones negativas y cuáles tienen connotaciones positivas? Expliquen sus respuestas.

D Neruda compara la United Fruit Co. con un episodio bíblico. Lea rápidamente los primeros once versos (*lines*) e identifique las palabras que se relacionen con el episodio bíblico. ¿A qué episodio bíblico se alude? ¿Qué connotaciones tiene este episodio para la cultura occidental?

E ¿Quién es el sujeto del verbo «bautizó» en el verso diez? Reescriba los versos doce a dieciséis para que el orden de las palabras sea más fácil de entender.

Chile

La United Fruit Co.

Sobre el autor   *Pablo Neruda (Capítulo 6) también fue importante como un poeta social de gran calidad. El poema a continuación pertenece al Canto general (1950).*

1   Cuando sonó la trompeta, estuvo
    todo preparado en la tierra,

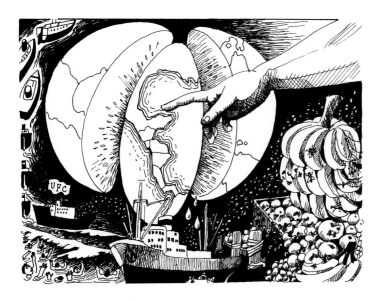

y Jehová repartió[1] el mundo
a Coca-Cola Inc., Anaconda,*
5 Ford Motors y otras entidades;
la Compañía Frutera Inc.
se reservó lo más jugoso,
la costa central de mi tierra,
la dulce cintura de América.

10 Bautizó de nuevo sus tierras
como «Repúblicas Bananas»,
y sobre los muertos dormidos,
sobre los héroes inquietos
que conquistaron la grandeza,
15 la libertad y las banderas,[2]
estableció la ópera bufa:[3]
enajenó los albedríos,[4]
regaló coronas de César,
desenvainó[5] la envidia, atrajo
20 la dictadura de las moscas,
moscas Trujillos, moscas Tachos,
moscas Carías, moscas Martínez,
moscas Ubicos,† moscas húmedas
de sangre humilde y mermelada,
25 moscas borrachas que zumban[6]
sobre las tumbas populares,

[1]*divided up* [2]*flags* [3]cómica, absurda [4]enajenó... tomó control de los hombres [5]reveló [6]*buzz*

*Anaconda Copper, Inc., a U.S.-owned enterprise that until the early 1970s controlled most of Chile's copper industry.
†Trujillos... Rafael Leónidas Trujillo, dictador de la República Dominicana (1930–1961); Anastasio (Tacho) Somoza, dictador de Nicaragua (1936–1956); Tiburcio Carías Andino, dictador de Honduras (1933–1948); Maximiliano Hernández Martínez, dictador y jefe del partido conservador que gobernó El Salvador desde 1931 hasta 1944; Jorge Ubico, dictador de Guatemala (1931–1944).

moscas de circo, sabias[7] moscas
entendidas en[8] tiranía.

30 Entre las moscas sanguinarias[9]
la Frutera desembarca,
arrasando[10] el café y las frutas,
en sus barcas que deslizaron[11]
como bandejas[12] el tesoro
de nuestras tierras sumergidas.

35 Mientras tanto, por los abismos
azucarados[13] de los puertos,
caían indios sepultados
en el vapor de la mañana:
un cuerpo rueda,[14] una cosa
40 sin nombre, un número caído,
un racimo de fruta muerta
derramada en el pudridero.[15]

[7]inteligentes [8]entendidas... que saben mucho de [9]que quieren/buscan sangre [10]totalmente llena de [11]se fueron [12]trays [13]cubiertos de azúcar [14]se mueve como una pelota [15]derramada... echada en un montón de basura

Comprensión

Subraye todos los adjetivos en el poema. Haga una lista de los que se refieren a la United Fruit Company y otra lista de los que se refieren a Centroamérica. ¿Es más positiva una lista que otra? ¿Qué otras diferencias hay entre las dos listas?

Interpretación

A ¿Por qué elige Neruda las moscas para hacer la comparación con los dictadores? ¿Qué otros elementos añade para hacer aún más fuerte el impacto de esta comparación?

B Neruda divide el poema en cuatro partes. ¿Se diferencia la última parte de las tres primeras? Explique su respuesta, dando ejemplos concretos.

C ¿Por qué cree Ud. que Neruda utiliza el Génesis como la base de una metáfora extendida? ¿Qué diferencias hay entre la versión bíblica de la creación y la de Neruda?

Aplicación

A Tanto en *El delantal blanco* como en «La United Fruit Co.» se ve una fuerte crítica social. ¿Qué critica cada obra? ¿A quién(es) se culpa(n) en cada caso? ¿Qué sabe Ud. de la situación sociopolítica de Centroamérica hoy en día? ¿Todavía tienen los Estados Unidos intereses económicos allí? ¿intereses políticos? Neruda critica duramente a la United Fruit Co., a la Ford, a la Coca-Cola y, por implicación, a los Estados Unidos. ¿Cuál es la imagen que se tiene actualmente de los Estados Unidos en Centroamérica? ¿Y en los demás países de Hispanoamérica?

B Pro y contra Divídanse en tres grupos de cuatro o seis estudiantes para debatir el siguiente tema. La mitad de cada grupo debe preparar los argumentos a favor, mientras que la otra mitad prepara los argumentos en contra. Los otros estudiantes de la clase deben preparar preguntas que hacer durante el debate.

Perspectiva A	Perspectiva B
Las compañías multinacionales deben preocuparse más por el bienestar económico de los países que les proveen materias primas (*raw materials*).	Las compañías multinacionales no son responsables del bienestar económico de la gente de los países que les proveen recursos económicos. Esta responsabilidad es de los gobiernos de esos países.

CAPITULO OCHO
8

Creencias e ideologías

Oscar Domínguez, *Ametralladora*

uestras creencias individuales y colectivas funcionan como sistemas para interpretar la vida. Así, frente a una flor, un científico occidental ve un órgano reproductivo adaptado a las condiciones ecológicas, mientras que un budista Zen ve una manifestación de la armonía cósmica. Muchas obras artísticas y literarias contemporáneas invitan a revisar nuestras maneras acostumbradas de percibir, obligándonos a «ver» la realidad de una manera distinta o a cuestionar nuestros hábitos normales de percepción. La pintura de la izquierda presenta de forma abstracta una ametralladora, invitándonos a interpretar sus varios elementos de muchas maneras distintas. ¿En qué situaciones se usa una ametralladora? ¿Con qué personas se asocia esta arma? ¿Qué puede representar la línea roja que sale de la ametralladora? ¿Cómo puede Ud. clasificar los otros colores del cuadro? ¿Representan la violencia, paz, la vida, la muerte, el amor, el frío, el calor? En su opinión, ¿cuál es la relación de la ametralladora con los otros elementos que la rodean? ¿Qué pueden representar estos elementos? ¿Qué emociones provoca en Ud. esta pintura?

¿Qué características se asocian con las personas que tienen determinados sistemas de creencias? Empareje las personas de la izquierda con las características de la derecha.

PERSONAS

1. Alguien que cree en el amor romántico _____ .
2. Alguien que cree en los augurios (*omens*) _____ .
3. Una persona marxista-leninista _____ .
4. Una persona muy religiosa _____ .
5. Alguien que cree en la ciencia empírica _____ .
6. Alguien que confía en la omnipotencia del dinero _____ .

CARACTERISTICAS

a. cree que puede comprar la felicidad
b. cree en la vida después de la muerte
c. sueña con encontrar el amor de su vida
d. confía en la razón y la lógica
e. quiere eliminar las clases sociales
f. les tiene miedo a los gatos negros

¿Son incompatibles algunas de estas creencias? ¿Cuáles de ellas? ¿Qué pasaría (*would happen*) si una persona tuviera al mismo tiempo dos o más de estas creencias «incompatibles»? Piense, por ejemplo, en los conflictos que podría (*could*) tener una bióloga muy religiosa, un marxista supersticioso o un hombre de negocios muy romántico.

LECTURA I ▬▬▬▬
EL SILENCIO EN LAS OREJAS DE JIMMY

APROXIMACIONES AL TEXTO

La crítica cultural

You have already seen how certain texts use defamiliarization to challenge preconceived ideas and propose new perspectives on how phenomena are perceived (Chapter 4). Also, in Chapter 6, you learned how perceptions may vary according to the gender of the person reading the text. In fact, the interpretation of a phenomenon will vary according to an individual's interests, social position, beliefs, and ideologies. These ideologies are often contradictory, not only among different groups in a society (such as liberals versus conservatives), but also within a given individual. For example, although Marxism and religious faith are generally antithetical ("Religion is the opium of the people," according to Karl Marx), there are many Marxists in Latin America who are also deeply Catholic.

Cultural criticism studies how literary texts and other works of art represent these ideological conflicts. Its basic assumption is that every culture is characterized by ideological contradictions and inconsistencies. Such inconsistencies often produce conflicting impulses within an individual. The Cuban movie *Fresa y chocolate* is a good example of this conflict. One of the main characters is a gay artist whose ideas and lifestyle are at odds with the accepted values of the country he loves. A friend of his, who firmly believes that his country's political system guarantees social equality, finally realizes how that system has been flawed with intolerance. A cultural critique implicit in this movie is the contradictory coexistence of Marxism and homophobia in Cuba. These two ideologies are at odds because, whereas Marxist ideology is supposed to defend social equality and inclusion, homophobia is a belief system based on the exclusion of certain lifestyles. Cultural criticism leads to an awareness of the contradictions in a given set of values or beliefs and illustrates how the dominant ideology seeks to eliminate inconsistencies.

 A **¡Necesito compañero!** Trabajando en parejas, piensen en algún libro, película o programa de televisión en que se presente el punto de vista de uno de los grupos sociales o instituciones mencionados a continuación. ¿Qué valores o ideas presenta la obra en que Uds. pensaron? Anótenlos en una tabla como la de la página 153. Luego, consideren en qué son similares y en qué contrastan con los valores o creencias generalizados en la sociedad de los Estados Unidos.

1. las mujeres
2. los indígenas
3. la gente *gay*
4. los judíos
5. los hispanos en los EEUU
6. la gente de origen africano
7. la gente muy conservadora
8. la gente muy liberal
9. el ejército

GRUPO:	
Opiniones sobre este grupo en la obra	Opiniones sobre este grupo en la sociedad en general

Examinen las dos columnas para ver si encuentran algunas contradicciones entre ellas. ¿Quién(es) representa(n) la opinión de la sociedad en general en la obra? ¿Quién(es) representa(n) la parte contraria a esa opinión general? ¿Hay algún personaje que revele una contradicción con respecto a sus valores personales? Expliquen.

B Papel y lápiz ¿Experimenta Ud. ideas o sentimientos contradictorios? En su cuaderno de apuntes, explore las creencias que un individuo puede tener con respecto a algunos de los siguientes temas. ¿Hay contradicciones entre estas creencias o sentimientos? ¿De dónde provienen esos conflictos? ¿Cómo los resuelve Ud.?

1. sus deberes como estudiantes frente a (*versus*) su vida romántica
2. sus ideas políticas (libertad, igualdad) frente a sus creencias religiosas (control, jerarquías)
3. sus ideales sociales (solidaridad, bienestar para todos) frente a sus ambiciones económicas (comodidad, lujo, seguridad)
4. su confianza en la lógica frente a sus impulsos irracionales o su intuición

Palabras y conceptos

acariciar to touch, to caress
el afiche poster
allanar to invade, take over
arder to burn
asustado scared
el augurio omen
las caderas hips
calentarse (ie) to get hot
el candado lock
darse cuenta (de) to realize
el ejército army
el estremecimiento shiver, shudder
la hoguera bonfire
juntarse to get close together
el latido heartbeat
la manifestación march, demonstration
la mejilla cheek

el mentón chin
la metralleta machine gun
la oreja ear
la pancarta placard, poster
el partido political party
la penumbra semidarkness
el presagio foreshadowing, omen
presentir (ie, i) to have a presentiment of
prever to foresee
la quemazón burning
la reja grate; barred door
el semblante face
suceder to happen
  el suceso event
temblar (ie) to tremble, shiver
tener que ver (con) to have to do (with)
tocarle a uno to be one's turn

A Indique por lo menos cuatro palabras de la lista del vocabulario que tienen que ver con los siguientes temas. (¡Cuidado! Una misma palabra puede relacionarse con más de un tema.) Después, explique la relación.

1. el romance
2. la capacidad
3. la represión militar
4. el activismo político

5. las partes del cuerpo
6. el terror o el misterio
7. el calor

B Para entender el contenido de la Lectura I, «El silencio en las orejas de Jimmy», Ud. necesita conocer las siguientes referencias culturales. ¿Puede emparejar los elementos de la izquierda con las explicaciones de la derecha?

ELEMENTOS

1. ___C___ el bolero
2. ___a___ el trío Los Panchos
3. ___d___ el materialismo histórico-dialéctico
4. ___e___ la lucha de clases
5. ___b___ Henry Kissinger

EXPLICACION

a. conjunto de tres cantantes mexicanos que interpretan canciones de amor
b. Secretario de Estado norteamericano que viajó a Latinoamérica durante los años setenta para negociar asuntos políticos
c. música romántica que se baila lentamente
d. ideología marxista que rechaza las creencias metafísicas y religiosas, y que se basa en los sistemas económicos y los conflictos de clase para explicar el proceso histórico de la humanidad
e. concepto marxista que explica el funcionamiento de la sociedad en términos del conflicto entre los ricos y los pobres

C ¡Necesito compañero! Trabajando en parejas, estudien los dibujos que acompañan el cuento y utilícenlos para predecir el argumento. ¿Qué personajes aparecen en ellos? ¿Qué expresiones tienen en la cara? ¿Qué sentimientos o actitudes revelan esas expresiones? ¿Dónde están los personajes? ¿Qué hay en ese lugar? ¿Qué revelan los objetos sobre las actividades e ideología política de los personajes? Según la secuencia de los dibujos, ¿qué creen Uds. que va a pasar en el cuento? Finalmente, intenten establecer una relación entre el título del cuento y las conclusiones que Uds. sacaron a partir de los dibujos. ¿Cuál de los personajes es Jimmy? ¿Qué tienen que ver sus orejas con todo lo que pasa? Comparen sus respuestas con las del resto de la clase. ¿Hay mucha diferencia de opiniones?

El silencio en las orejas de Jimmy

Sobre el autor *Reinaldo Spitaletta (1954–) es un periodista y escritor nacido en la ciudad de Bello, cerca de Medellín, Colombia. Spitaletta es columnista y editor del suplemento cultural del periódico* El Colombiano, *y ha escrito varios libros literarios y de reportajes periodísticos.* «El silencio en las orejas de Jimmy» *es parte del volumen* El desaparecido y otros cuentos, *publicado en 1991. Este libro explora el tema de la violencia política en Colombia con un tono poético y misterioso que profundiza el estilo de muchas obras narrativas desde los años sesenta en la América Latina, estilo que se caracteriza por una visión mágica de la realidad.*

Colombia

1   lgo va a pasar. Jamás se me calientan impunemente[1] las orejas».* Al fondo,[2] Marina y Carlos continúan bailando. Las sombras se alargan en el piso. Se juntan tanto que parecen sólo una. El bolero entra en su parte final. La guitarra puntera hace malabares.[3] Las notas se esparcen[4] con suavidad por la casa de paredes ro-
5   jas y amarillas. Carlos y Marina unen sus labios y sus cuerpos, abolerando sus sentimientos.[5] «Tus besos se llegaron a recrear aquí en mi boca, llenando de pasión y de calor mi vida loca... las horas más sublimes de mi amor fueron contigo, por eso es que mi alma siempre exhala el dulce alivio[6]...». «¿Será[7] que estos dos no se dan cuenta de que algo nos va a suceder?» Sentado sobre una butaca desteñida,[8]
10   Jaime se acaricia las orejas y siente la quemazón en las manos. Afuera, penumbra y silencio. Por entre las rejas oxidadas de la puerta de la calle, penetra un olor a pavimento húmedo, huellas[9] de una llovizna nocturna ahora lejana. «Están muy enamorados. El mundo para ellos es puro[10] trío Los Panchos, y nada de lucha de clases en estos momentos». Jaime se frota[11] las manos. Sus ojos de búho[12] miran
15   los abrazos y las mejillas unidas de sus dos camaradas.[13] Luego, observa su reloj de pulsera. «Son las once y media... Lo mejor será[14] irme ya. Estos dos, al parecer, terminarán en la cama». El ruido del motor de un carro se ausenta. Cada vez más tenue.[15] El silencio vuelve a gobernar afuera. Las guitarras y las voces de Los Panchos se apagan.[16]
20   —¿Por qué estás tan callado, Jimmy? —La voz de Marina es dulzarrona, como la de una maestra de primaria que se dirige a un niño en trance de[17] aprender a leer.

[1]*in vain* [2]*Al... In the background* [3]*La... The lead guitar resonates.* [4]*se... spread* [5]*abolerando... transforming their emotions into a bolero song* [6]*relief* [7]*Is it possible* [8]*old, discolored* [9]*traces* [10]*solamente* [11]*se... rubs* [12]*owl* [13]*comrades* [14]*is probably* [15]*Cada... Más y más suave.* [16]*se... fade away* [17]*en... trying to*

*To understand this story, it is useful to note how the punctuation is used. Guillemets (« ») are used to set off Jimmy's thoughts, as in the opening sentence of the story. Guillemets also enclose the romantic words of the bolero songs (as in the tenth sentence: «Tus besos... »). Dialogue between different characters is introduced by a dash (—), the conventional mark used in Spanish for this purpose, as you have seen in previous texts. The rest of the story is told in the third person by a narrator.

—Estaba pensando, nomás.[18] El país está mal, todo anda mal. Claro, excepto ustedes dos... —Sonríe. Entrelaza los dedos de las manos. Las rodillas le bailan, en un movimiento lateral, continuo—. Algo nos va a pasar... —agrega.

—¿Malo o bueno? —pregunta Carlos, pasando su mano derecha por el barbado mentón.

—Creo que malo.

Otro carro pasa por el frente. Sus luces se cuelan[19] por la reja y tiemblan sobre las paredes. Se esfuman[20] muy rápido. Otra vez la ausencia de sonidos prevalece en la calle. Adentro, hay una pausa en la conversación. Jaime se levanta de la butaca y se mueve de un lado a otro. Su visión choca,[21] primero, contra un cuadro donde la exuberante barba de Carlos Marx parece que continuara en crecimiento.[22] Luego, sobre la frente limpia de Lenin, y haciendo un paneo,[23] se detiene[24] en los mostachos de Stalin. «Estoy seguro de que algo nos va a pasar esta noche».

—Mira, Jimmy. Deja esas aprensiones.[25] Aplica el materialismo histórico y dialéctico al análisis de los fenómenos. Te estás volviendo[26] muy metafísico.

—No, Carlos. Aunque no tengo una explicación científica para eso, sé que nos ocurrirá una desgracia.[27] No sé por qué me quedé aquí, en el comando.[28] Este no es un sitio[29] seguro.

—Tranquilízate, compa.[30] Voy a poner más música. —Marina hunde el «play» de la grabadora. Y otra vez las cadencias[31] de Los Panchos se desparraman por el pasillo colmado de pancartas arrugadas y de astas sin enseñas.[32] En un rincón hay un arrume[33] de tela roja. Y más allá, encima de una mesa de dos metros por uno

---

[18]*that's all* [19]*slip through, sneak in* [20]Desaparecen [21]*focuses* [22]parece... *seems as if it were still growing* [23]haciendo... *shifting his vision* [24]se... *it stops* [25]Deja... *Stop worrying.* [26]Te... *You're becoming* [27]nos... *something horrible will happen to us* [28]*headquarters* [29]*lugar* [30]*compañero* [31]*cadences, rhythm* [32]se... *disperse through the hall full of wrinkled posters and flagpoles without banners* [33]*pile*

y medio, se secan decenas de afiches. Hay olor a pintura fresca y a polvo. Marina y Carlos renuevan el ritual del baile. Las manos de éste aprietan[34] la cadera de aquélla. Marina coloca sus brazos en el cuello de su pareja. Ambos giran despacio como si trataran de[35] prolongar ese instante sublime, arrobador,[36] en que cada uno siente el latido del corazón del otro en su pecho. «Te seguiré hasta el fin de este mundo, te seguiré con un amor profundo... Sólo a ti entregaré el corazón, mi cariño y mi fe y por nada ni nadie en el mundo te olvidaré».

Jaime se examina las orejas y las siente como una hoguera. Corre hasta la puerta enrejada[37] y se asoma. No ve a nadie ni nada sospechoso. Muy lejos, se adivina la intermitencia de un aviso luminario.[38] La noche está metida en todas partes. Jaime aguza el oído,[39] hace pantalla[40] con la mano derecha, como si ésta fuera un radar en el que él aspirara a captar[41] no se sabe qué augurios. No oye nada fuera del silencio. Antes de abandonar su labor de inspección, mira hacia el cielo y ve, muy confusa, una estrella. Los Panchos prosiguen su serenata para dos. Carlos introduce con lentitudes su lengua en la oreja izquierda de Marina. Un estremecimiento la recorre toda. «Yo te daré de mi vida el anhelo[42] y tú serás ese faro[43] de luz, luna de miel para los dos, siempre serás mi amor, en un sueño viviremos los dos, los dos».

—Oigan, creo que vi una sombra móvil en el techo[44] de enfrente.

La voz de Jaime está agitada. Su semblante denota preocupaciones incomprensibles. La frente se le arruga en tres surcos[45] horizontales que lo hacen ver más viejo. O menos joven. Apenas tiene veinte años.

—Jaime, estás asustado sin ningún motivo. Nada nos pasará. Estamos seguros en el comando. Somos un partido legal, vamos a elecciones. ¿Por qué te aceleras tanto[46]?

—Mira, Carlos, tú sabes que hace dos días allanaron la sede[47] de los «mamertos».[48] De pronto, hoy nos toca a nosotros.

—Oh, pelado,[49] estás delirando. Nada tenemos que ver con los «mamertos». Ellos tienen brazo armado[50] y le prenden una vela[51] a Dios y otra al Diablo... Tranquilo... ¿Y tú, Marina, qué piensas?

—Nada, nada. Creo que no hay motivos para anerviarnos tanto. Mañana por la noche habrá pega de carteles y pintada de paredes.[52] Descansemos un poco.

Los Panchos siguen sonando en el interior de Carlos y Marina. En Jaime, en cambio, se acrecientan[53] los malos presagios. «Estas putas[54] orejas siguen calientes. Presiento que nos vigilan.[55] Que nos van a dar una sorpresa». Afuera, se oye el ladrar anochecido[56] de un perro. Jaime vuelve a la puerta. Unos pasos sordos, cautelados,[57] se sienten tal vez en la esquina más próxima al comando. El corazón de Jaime tamborea con fuerza, pum-tún, pum-tún, pum-tún. Escucha ahora con más atención. Ya no oye nada. El silencio se vuelve más oscuro, más espeso,[58] más aturdidor.[59] Las orejas de Jaime están enrojecidas. Le arden. Minutos antes de que una piedra le cayera[60] en la cabeza, en una manifestación en la universidad, Jaime previó el golpazo por un anuncio de sus orejas. Una hora antes de que su hermano menor fuera atropellado[61] por un camión del Ejército, Jaime an-

[34]presionan [35]como... as if they were trying to [36]entrancing [37]framed by grating [38]se... the flickering of a neon light can be perceived [39]aguza... pricks up his ears [40]hace... cups his ear [41]aspirara... were trying to pick up [42]longing [43]lighthouse [44]roof [45]se... wrinkles in three lines [46]te... te pones tan nervioso [47]headquarters [48]De... Tal vez [49]muchacho [50]brazo... armed flank (a guerrilla group affiliated with them) [51]prenden... light one candle [52]habrá... we will post signs and write political graffiti on public walls [53]se... aumentan [54]damned [55]nos... they're watching us [56]ladrar... nightly barking [57]cautious [58]thick [59]deafening [60]le... had hit him [61]fuera... was run over

ticipó el suceso. Sin embargo, no pudo evitarlo.[62] Como tampoco pudo impedir, pese a[63] su extraña clarividencia orejera,[64] la muerte de Elkin, su condiscípulo[65] de Ingeniería, cuando cientos de estudiantes marchaban hacia el centro de la ciudad para rechazar[66] la visita de Kissinger. Antes de que sonaran los disparos[67] de la soldadesca, quizá un minuto antes, sus orejas parecían carne asada. «Elkin, nos van a matar», alcanzó a decir.

—Compañeros, compañeros, salgamos de aquí. Todavía tenemos tiempo. —Marina y Carlos interrumpen el abrazo. Y el beso. Se miran con sorpresa, con ojos de «qué pasa, Jimmy». La voz de Jaime corre, indica, solicita, advierte, casi implora—. Salgamos ya, todavía no han llegado.

—No nos podemos ir —dice Carlos—. Tenemos que dejar listos los carteles[68] para mañana.

—Serénate, Jimmy —lo recrimina Marina—. Pongámonos a trabajar un rato. Vamos, vamos.

—No, yo me voy ya. Si ustedes quieren quedarse, no respondo.[69] Importa más nuestra seguridad que los carteles. Y que los boleros. Mírenme las orejas, mírenmelas, ¿es que no se dan cuenta o qué? Este fenómeno está más allá del marxismo. Abandonemos el comando. Rápido.

La risa de Carlos y Marina se estrella contra[70] la cara asustada de Jaime. Lo miran como si estuviera loco, o borracho. Afuera, hay silencio. Muy distante se adivina el ulular[71] de una sirena. Jaime vacila.[72] Por unos segundos no sabe si irse o quedarse. Se palpa[73] sus orejas incandescentes. Y se decide. Corre hasta la puerta. La cadena de hierro produce un voluminoso ruido a esa hora de silencios.

---

[62]*prevent it from happening*　[63]pese... *despite*　[64]extraña... *weird ear-clairvoyance*
[65]compañero de clase　[66]protestar　[67]*gunshots*　[68]*posters*　[69]no... *I can't take the responsibility*
[70]se... *hits*　[71]*wailing*　[72]*hesitates*　[73]Se... *He touches*

Jaime quita el candado, con rapidez nerviosa. Sale. Y vuelve a enrollar la cadena. Luego, arroja[74] las llaves adentro. Sus pasos todavía son serenos. De pronto, empieza a trotar.[75] Desde adentro, Marina y Carlos lo oyen alejarse. Alzan[76] sus hombros, con expresión de «qué le vamos a hacer». Marina va hasta la grabadora. Y la pone a sonar. Antes de que Los Panchos empiecen a cantar, una cercana ráfaga[77] de metralleta vuelve añicos[78] la noche. Las guitarras llenan de arpegios el comando. Afuera, otra vez nace el silencio, el oscuro silencio...

[74]*he throws*   [75]*jog*   [76]*They shrug*   [77]*burst*   [78]vuelve... *shatters*

Comprensión

 Complete estas oraciones según la Lectura I.

1. A Jaime se le calientan las orejas cuando _____ .
   a. algo malo va a suceder   **b.** hace calor   **c.** está con una mujer bella
2. Carlos y Marina están _____ .
   a. preocupados   **b.** enamorados   **c.** cansados
3. La música que tocan Los Panchos es _____ .
   a. romántica   **b.** política   **c.** metafísica
4. Los tres personajes son miembros de _____ .
   a. un club de amigos   **b.** un grupo militar   **c.** un partido político
5. Carlos y Marina piensan que no hay de qué preocuparse porque sus actividades son _____ .
   a. privadas   **b.** legales   **c.** políticas

B Cambie los verbos entre paréntesis por la forma apropiada del presente de subjuntivo o de indicativo, según el caso. Después, ponga las oraciones en orden según el cuento.

1. __7__ Por fin, Jaime decide irse rápidamente, mientras Carlos y Marina (seguir) bailando. *siguen*

2. __1__ Jaime tiene calientes las orejas, y teme que eso (ser) un mal augurio. *sea* [*ears*]

3. __4__ Jaime les dice que los militares (allanar) con frecuencia la sede de otros grupos políticos, como la de los «mamertos». *allanan*

4. __2__ Ya que están enamorados, es natural que Carlos y Marina (bailar) al ritmo de boleros románticos. *bailen*

5. __5__ Marina le dice a Jaime que (relajarse), porque al día siguiente deben pegar carteles y escribir mensajes políticos en las paredes públicas. *se relaje*

6. __3__ Carlos le pide a Jaime que no (preocuparse) de cosas metafísicas y que (analizar) los hechos con realismo marxista. *se preocupe* *analice*

7. __6__ Jaime recuerda que sus orejas siempre le (anunciar) la muerte violenta de sus parientes y amigos. *anuncian*

C Divídanse en grupos de dos o tres personas. El profesor / La profesora le asignará a cada grupo una de las citas a continuación para analizar. ¿De qué personaje es la cita? ¿A qué o a quién se refiere?

1. «El mundo para ellos es puro trío Los Panchos, y nada de lucha de clases en estos momentos».

2. «Aplica el materialismo histórico y dialéctico al análisis de los fenómenos».

3. «Siempre serás mi amor, en un sueño viviremos los dos».

4. «Ellos tienen brazo armado y le prenden una vela a Dios y otra al Diablo».

5. «Mañana por la noche habrá pega de carteles y pintada de paredes». [*stick*] [*Martha*]

6. «Este fenómeno está más allá del marxismo».

7. «Jamás se me calientan impunemente las orejas».

Interpretación

A Vuelva a leer las citas de la actividad anterior. ¿Qué significado tiene cada cita dentro del argumento del cuento? ¿Qué revela cada una sobre la ideología o las actividades del personaje a quien corresponde?

B ¿Cómo supo Jaime que iba a suceder un desastre? ¿Es la primera vez que presiente que algo malo va a suceder? ¿Tienen sus temores un fundamento científico? Al final, ¿se confirman sus temores? ¿Por qué razón no prestan atención Marina y Carlos a las advertencias de Jaime? ¿Cree Ud. que Marina y Carlos, siendo marxistas, creen en los augurios?

C ¿Qué mensajes o ideas transmiten las canciones que escuchan y bailan Marina y Carlos? ¿Cómo se sienten ellos mientras bailan y escuchan esas canciones? ¿Se transforman estos sentimientos en un obstáculo para darse

Temas—
la vida real/personal
la vida política

augurio—omen

cuenta de otras circunstancias? ¿Qué cree Ud. que les pasa a Carlos y a Marina al final del cuento? Según todo esto, ¿cree Ud. que la evasión romántica afecta la efectividad de la misión política de Marina y Carlos? Explique por qué sí o por qué no.

D ¿Qué clase de grupo serán los «mamertos»? ¿Cuál es la diferencia entre los «mamertos» y el grupo político al que pertenecen Jaime, Marina y Carlos? ¿Qué les pasó a los «mamertos»? ¿Cómo murió el hermano de Jaime? ¿Y Elkin, su compañero de la universidad? Con estos precedentes, ¿puede Ud. deducir quiénes disparan la metralleta al final? ¿Cómo critica el cuento la actitud del ejército frente a la expresión libre de las ideas y hacia los grupos de oposición política?

E ¡Necesito compañero! Trabajando en parejas, señalen los personajes y sucesos que se asocian con cada una de las esferas ideológicas a continuación. Después, expliquen algunas de las contradicciones que existen entre esas ideologías. Al terminar, comparen sus conclusiones con las de las otras parejas. ¿Están todos de acuerdo?

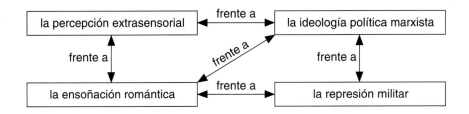

F El silencio forma parte del título de este cuento, y se menciona en varias partes del relato, creando una atmósfera de misterio. Pero el silencio también puede representar ciertas experiencias o ideas que se niegan (*are denied*) o no se reconocen cuando se impone un sistema de creencias hostil a ellas. Por ejemplo, ¿qué se «silencia» con la represión militar? ¿Qué se «silencia» o se niega con las ideas del materialismo marxista? ¿Qué se silencia o no se reconoce cuando le absorbe a uno el amor romántico?

G Papel y lápiz Elija una de las actividades anteriores (A–F) y explórela más a fondo en su cuaderno de apuntes.

Aplicación

A ¿Ha experimentado Ud. (o gente que Ud. conoce) fenómenos de percepción extrasensorial? Describa la experiencia y las distintas reacciones suyas o de otras personas frente al fenómeno. ¿Cree Ud. que estos fenómenos se relacionan con un tipo de «intuición» o «inspiración» a la hora de (*when it comes to*) hacer poesía u otras actividades artísticas, deportivas, financieras, etcétera? ¿Ha empleado Ud. su intuición al tomar una decisión o en algún otro aspecto de su vida? Explique. ¿Confía Ud. en las «corazonadas» (*hunches*)? ¿Por qué sí o por qué no?

B Pro y contra Divídanse en cuatro grupos para analizar uno de los temas que se presentan a continuación. La mitad de cada grupo va a preparar los argumentos a favor del tema asignado, y la otra mitad va a preparar los argumentos en contra. Después, cada grupo va a presentar su caso ante la clase, y entre todos deberán llegar a una conclusión al respecto, haciendo todas las preguntas necesarias para profundizar sobre el tema.

PERSPECTIVA A

1. El ejército debe intervenir en los asuntos internos de un país en ciertos casos.
2. La percepción extrasensorial es una forma válida de acercarse a (*approach*) los fenómenos.
3. La vida romántica es uno de los aspectos más importantes en la vida de un individuo.
4. La ciencia es más válida que la fe y la intuición para comprender todos los fenómenos.

PERSPECTIVA B

1. El ejército nunca debe intervenir en los asuntos internos de un país.
2. La percepción extrasensorial no es una forma válida de acercarse a (*approach*) los fenómenos.
3. La cultura contemporánea exagera la importancia de la vida romántica.
4. La fe y la intuición son tan válidas como la ciencia (o incluso más válidas) para comprender ciertas experiencias.

LECTURA II
PADRE NUESTRO

Palabras y conceptos

A Mire con atención el dibujo que acompaña el texto de la Lectura II, el poema «Padre Nuestro» de Nicanor Parra. ¿Qué hace el hombre en el centro del dibujo? ¿Quiénes son las otras figuras?

B ¿Qué palabra(s) de la siguiente lista asocia Ud. con cada figura del dibujo? (¡Cuidado! Es posible que una palabra se asocie con más de una figura.) ¿Hay algunas palabras que no tengan asociación con ninguna figura? Comparta sus asociaciones con los otros estudiantes de la clase. ¿Hay muchas opiniones diferentes entre Uds.?

agobiado	débil	malo
bueno	duda	paz
confianza	fuerte	poderoso
control	impotente	travieso

C El título del poema de Parra es también el título de otra obra muy conocida universalmente. ¿La reconoce Ud.? ¿Quién es el padre y quiénes son los hijos?

Padre Nuestro

Sobre el autor   *Nicanor Parra (1914–) es un poeta chileno que también es profesor de matemáticas y física. Su segunda colección poética se titula* Poemas y antipoemas *(1954). Como lo indica el título, Parra no emplea en los poemas de esta colección los recursos tradicionales (imágenes, metáforas, etcétera). Al contrario, elige un lenguaje directo y satírico para captar las frustraciones de la vida moderna y para demostrar el fracaso de la civilización.*

Chile

1   Padre nuestro que estás en el cielo
Lleno de toda clase de problemas
Con el ceño fruncido[1]

Como si fueras un hombre vulgar y corriente
5   No pienses más en nosotros.

Comprendemos que sufres
Porque no puedes arreglar las cosas.

Sabemos que el Demonio no te deja tranquilo
Desconstruyendo lo que tú construyes.

[1]ceño... *wrinkled brow*

10	El se ríe de ti
	Pero nosotros lloramos contigo.
	Padre nuestro que estás donde estás
	Rodeado de ángeles desleales
	Sinceramente
15	no sufras más por nosotros.
	Tienes que darte cuenta
	De que los dioses no son infalibles
	Y que nosotros perdonamos todo.

Comprensión

A Complete estas oraciones según la Lectura II. Si más de una respuesta es correcta, explique por qué.

1. El hablante del poema se dirige a _____ .
   a. su padre   **b.** Dios   **c.** un cura
2. El hablante quiere explicarle que _____ .
   a. necesita su ayuda
   b. entiende que él no puede controlar al Demonio
   c. le parece ridículo
3. Al final del poema, _____ .
   a. el hablante perdona a Dios
   b. el hablante le pide perdón a Dios
   c. el hablante le pide a Dios que perdone al Demonio

B Describa las relaciones entre Dios y el ser humano sugeridas en el poema. ¿Qué características tienen los seres humanos en este poema? ¿En qué se parecen esas características a las del Dios de algunas religiones? ¿Cómo es el Dios que se describe en el poema? ¿En qué se parece a los seres humanos?

Interpretación

A ¿Cuál es el tema de este poema? ¿Qué sabemos de Dios y cómo lo sabemos? ¿Es religioso o antirreligioso el poema? ¿Es humorístico o es serio? Explique sus respuestas.

B Vuelva a leer el poema con más atención y conteste las siguientes preguntas. ¿Por qué dice Parra que «nosotros lloramos contigo»? ¿Qué connotaciones tiene «el ceño fruncido»? ¿Qué quiere decir con «nosotros perdonamos todo»?

C Este poema se basa en una obra muy famosa universalmente. ¿Cuál es? ¿En qué sentido se puede decir que hay una «desfamiliarización» en el poema de Parra?

Aplicación

A Describa las relaciones entre Dios y el hombre sugeridas en el poema de Nicanor Parra. ¿Cuál es el papel del diablo en el universo presentado por Parra? Si Dios es tal como lo describe Parra, ¿qué implicaciones hay para el universo? ¿Qué imagen de Dios prefiere Ud., la de un ser omnipotente o la que presenta Parra? Explique.

B Papel y lápiz Vuelva a leer sus apuntes sobre las creencias en conflicto que Ud. exploró para la actividad B de la página 153. Después, en su cuaderno de apuntes, bosqueje (*sketch*) un poema o un cuento que represente el conflicto que Ud. ya exploró. ¿Qué grupo social o qué tipo de individuos cree Ud. que podrán (*could*) identificarse con su obra? ¿Qué tipo de personas van a oponerse? ¿Por qué?

CAPÍTULO NUEVE

9

Los hispanos en los Estados Unidos

Judith F. Baca, *Great Wall of Los Angeles*

DIVISION OF THE BARRIOS & CHAVEZ RAVINE

Para todo grupo minoritario, una de las estrategias importantes para mejorar sus condiciones sociales y enriquecer su propia herencia cultural es la notoriedad (*awareness*) pública. Los hispanos en los Estados Unidos han utilizado el arte y la literatura —entre otros medios— para lograr notoriedad y para expresar sus diferencias culturales. La pintura de la izquierda es un ejemplo de este esfuerzo por difundir públicamente la experiencia hispana en los Estados Unidos. ¿Qué elementos típicamente hispanos se representan en esta pintura? ¿Cree Ud. que esta obra se propone denunciar condiciones sociales difíciles o más bien reafirmar los valores de las culturas hispanas? ¿O logra ambos propósitos al mismo tiempo?

Además del arte y la literatura, ¿qué otros medios pueden ser eficaces para que los hispanos alcancen (*reach*) mayor reconocimiento y respeto dentro de los Estados Unidos? De la siguiente lista, seleccione las tres estrategias que, en su opinión, podrían ser más efectivas.

1. Fomentar una cultura bilingüe en el campo de los negocios, en el sistema educativo, en el gobierno, en los medios de comunicación, etcétera.
2. Servir activamente en el ejército de los Estados Unidos.
3. Organizar celebraciones étnicas en las calles de las ciudades principales.
4. Adquirir poder económico.
5. Promover la fundación de programas sociales para ayudar a las familias, a las madres solteras, en las cárceles, etcétera, o participar en ellos.
6. Destacarse (*Excel*) en actividades de interés público: los deportes, la política, el mundo del espectáculo, etcétera.
7. ¿ ?

Comparta sus selecciones con el resto de la clase. ¿En qué puntos coinciden? ¿Por qué razones? ¿Por qué creen Uds. que cada estrategia es más efectiva o menos efectiva que las otras?

LECTURA I UNA CAJA DE PLOMO QUE NO SE PODIA ABRIR

APROXIMACIONES AL TEXTO

Los diferentes tipos de narración

As you know, the author of a work of literature is the individual who writes the work. The narrator is the agent in the work who relates the story. The narrator is not the same as the author: the author may change or continue to evolve, but the narrator is fixed within the text. Furthermore, the author may choose a narrator who represents the very ideas that the author wishes to criticize. For example, in the novel *El túnel*, the narrator is a paranoid artist who murders the woman he loves and then tells his story to justify his actions. Although the author, Ernesto Sábato, wants us to understand his narrator and may share some of his feelings of alienation, the two are by no means the same.

Narrators can be of many different types. The narrator may be a character in the story or outside the story. An example of the latter is the "omniscient" narrator in many traditional novels, who is all-seeing and all-knowing. The narrator can be presented so as to be easily perceived by the reader or hidden so that there appears to be no narrator. In addition, the narrator may be either distant (objective) or sympathetic to the characters; either reliable (truthful) or unreliable (attempting to deceive the reader). The narrator may discuss himself or herself or other characters, but even if a narration is in the first person (I/**yo**) it is not necessarily more truthful or objective, nor does it mean that the narrator is the main character of the work. Finally, there may be a single narrator in a text or several, either succeeding each other in chronological order or shifting back and forth.

To a large extent, the choice of narrator determines the structure of the story, the emotional tone with which it will be told, the perspective from which the reader will view the action, and the quantity of information the reader will receive. You will find that identifying the narrator and the narrator's perspective helps to fill in the "gaps" in the text and make sense out of it.

A A continuación se presentan varios párrafos que narran la historia del cuento «Una caja de plomo que no se podía abrir» desde diferentes puntos de vista. Lea cada uno y utilice las siguientes preguntas como guía para describir a cada narrador.

■ ¿Es omnisciente o tiene una visión parcial de los acontecimientos?

■ ¿Está fuera de la acción o participa en ella?

■ ¿Parece distanciado y no afectado por la acción o expresa sus opiniones y sentimientos?

- ¿Parece digno de confianza (*trustworthy*) o no?
- ¿Habla en primera persona o en tercera?
- ¿Habla de sí mismo o habla de otros?

1. En enero de 1952, la delegación oficial del ejército de los Estados Unidos le entregó a la señora Emilia de Ramírez los restos de su hijo Ramón, quien murió en la guerra de Corea. Doña Milla, como la llamaban afectuosamente en su pueblo, manifestó a gritos su contrariedad por no poder abrir la caja para ver por última vez a su hijo. Los vecinos también miraban la caja con suspicacia, y dudaban si en realidad contenía los restos de su amigo.

2. Casi me muero de desesperación cuando ese señor militar me informó que en esa caja estaba mi Moncho. ¡En una caja de plomo, mi pobre hijo, y no en una caja de madera, como Dios manda! Pero lo más terrible es que la caja ésa no se podía abrir y por eso no te pude ver por última vez, mi hijito, para darte la bendición y despedirme. ¿Quién sabe si de verdad estabas en esa caja, mi Moncho, o si todavía estás perdido por allá tan lejos?

3. La madre del cabo Ramírez se puso histérica cuando la delegación del ejército le entregó los restos de su hijo, traídos desde Corea con tanto costo y esfuerzo. Ni ella ni sus vecinos mostraron el más mínimo respeto por la delegación oficial o por la bandera nacional que cubría el ataúd. Esta madre y sus vecinos son un típico ejemplo de los individuos que dan prioridad a sus sentimientos personales sin pensar en el país, que necesita del heroísmo de sus ciudadanos para defender la seguridad nacional en tierras remotas.

4. Esto sucedió hace dos años, cuando llegaron los restos de Moncho Ramírez, que murió en Corea. Bueno, eso de «los restos de Moncho Ramírez» es un decir, porque la verdad es que nadie llegó a saber nunca lo que había dentro de aquella caja de plomo que no se podía abrir. De plomo, sí, señor, y que no se podía abrir; y eso fue lo que puso como loca a doña Milla, la mamá de Moncho, porque lo que ella quería era ver a su hijo antes de que lo enterraran y... Pero más vale que yo empiece a contar esto desde el principio.

B Papel y lápiz En su cuaderno de apuntes, explore más a fondo las diferencias entre los párrafos de la actividad anterior. ¿Cómo cambia el cuento según cambia el tipo de narrador? ¿Hace que el cuento sea más formal o más informal? ¿más fácil o más difícil de entender? ¿más emotivo o más frío? ¿Qué modo de presentación le gusta más a Ud.? ¿Por qué?

Palabras y conceptos

a voces in a loud voice
acudir to come, answer a call
la bandera flag
caber to fit
la caja box

de repente suddenly
la espalda back
  de espaldas with one's back turned
hacer caso to pay attention
llevarse to take (away)

la pieza room
el plomo lead (*metal*)
el principio beginning
  al principio in the beginning

el ranchón low-income apartment complex (*P.R.*)
el reclutamiento recruitment
el teniente lieutenant

A ¿Qué palabra no pertenece al grupo? Explique por qué.

1. la bandera, el teniente, el reclutamiento, la espalda
2. hacer caso, acudir, el plomo, a voces
3. el principio, la caja, enterrar, caber
4. la pieza, el ranchón, caber, de repente

B Entre todos Divídanse en cuatro grupos. Cada grupo debe elegir uno de los argumentos que se presentan a continuación en forma esquemática. Con sus compañeros, sugieran tres o más posibles maneras de narrar la historia y luego elijan la que les parezca más adecuada. Recuerden fijarse en la forma en que se presentan los hechos y no en los hechos mismos (no lo que pasa, sino la perspectiva desde la que se enfoca). Al final, cada grupo debe explicar por qué la manera de narrar que eligieron les parece preferible a las otras. ¿Qué información les fue posible presentar en cada caso? ¿Qué información les fue posible esconder? ¿Qué prejuicios les fue posible revelar o disfrazar? ¿Qué conocimientos y experiencias fue necesario atribuir a cada personaje y cómo puede cambiar esto la narrativa? No se olviden de que también se puede usar un narrador omnisciente.

Si los otros miembros de la clase han pensado en otras maneras de narrar la historia, deben sugerírselas al grupo apropiado y discutirlas entre todos hasta que se llegue a un acuerdo.

1. The story of how changing historical times influenced three generations of women (grandmother, mother, and daughter) and their relationships with each other.
2. The adventures of two young men and a dog exploring Alaska.
3. The story of two children who run away from home and eventually find happiness with an old man who lives alone in the mountains.
4. The story of a Puerto Rican widow whose son is drafted by the United States government to serve in the Korean War and is killed in battle.

C Estudie los dibujos que acompañan «Una caja de plomo que no se podía abrir». ¿Quiénes aparecen en los dibujos? ¿Hay un solo personaje principal o hay varios? ¿Quién(es) será(n) (*might it/they be*)? ¿Dónde parece tener lugar la acción? ¿Qué conflicto parece haber, y entre quiénes? De acuerdo con los dibujos, ¿qué puede ser la caja de plomo?

D ¿Qué connotaciones tienen las siguientes palabras?

    el plomo
    la guerra de Corea
    el reclutamiento militar
    el funeral militar

Una caja de plomo que no se podía abrir

lead (the metal)

Sobre el autor   *José Luis González (1926–1996) escribió muchos cuentos sobre la vida urbana puertorriqueña. Este escritor puertorriqueño vivió los últimos años de su vida en México, pues renunció a la ciudadanía estadounidense por motivos políticos. El siguiente cuento narra el encuentro entre algunos puertorriqueños y un oficial del ejército de los Estados Unidos. El relato describe en microcosmos el tipo de conflicto que González consideraba inevitable entre la gente de estas dos culturas.*

Puerto Rico

rest, remainder

1   Esto sucedió hace dos años, cuando llegaron los restos de Moncho Ramírez, que murió en Corea. Bueno, eso de «los restos de Moncho Ramírez» es un decir,[1] porque la verdad es que nadie llegó a saber nunca lo que había dentro de aquella caja de plomo que no se podía abrir. De plomo, sí, señor, y que no se podía abrir;
5   y eso fue lo que puso como loca a doña Milla, la mamá de Moncho, porque lo que ella quería era ver a su hijo antes de que lo enterraran y… Pero más vale[2] que yo empiece a contar esto desde el principio.

Seis meses después que se llevaron a Moncho Ramírez a Corea, doña Milla recibió una carta del gobierno que decía que Moncho estaba en la lista de los

---

[1]*saying*   [2]más… es mejor

10 desaparecidos en combate. La carta se la dio doña Milla a un vecino para que se la leyera porque venía de los Estados Unidos y estaba en inglés. Cuando doña Milla se enteró de[3] lo que decía la carta, se encerró en sus dos piezas y se pasó tres días llorando. No les abrió la puerta ni a los vecinos que fueron a llevarle guarapillos.[4]

15 En el ranchón se habló muchísimo de la desaparición de Moncho Ramírez. Al principio algunos opinamos que Moncho seguramente se había perdido en algún monte y ya aparecería[5] el día menos pensado.[6] Otros dijeron que a lo mejor los coreanos o los chinos lo habían hecho prisionero y después de la guerra lo devolverían. Por las noches, después de comer, los hombres nos reuníamos en el patio del ranchón y nos poníamos a discutir esas dos posibilidades, y así vinimos a

20 llamarnos «los perdidos» y «los prisioneros», según lo que pensáramos que le había sucedido a Moncho Ramírez. Ahora que ya todo eso es un recuerdo, yo me pregunto cuántos de nosotros pensábamos, sin decirlo, que Moncho no estaba perdido en ningún monte ni era prisionero de los coreanos o los chinos, sino que estaba muerto. Yo pensaba eso muchas veces, pero nunca lo decía, y ahora me

25 parece que a todos les pasaba igual. Porque no está bien eso de ponerse a dar por muerto a nadie[7] —y menos a un buen amigo como era Moncho Ramírez, que había nacido en el ranchón— antes de saberlo uno con seguridad. Y además, ¿cómo íbamos a discutir por las noches en el patio del ranchón si no había dos

30 opiniones diferentes?

Dos meses después de la primera carta, llegó otra. Esta segunda carta, que le leyó a doña Milla el mismo vecino porque estaba en inglés igual que la primera, decía que Moncho Ramírez había aparecido. O, mejor dicho, lo que quedaba de Moncho Ramírez. Nosotros nos enteramos de eso por los gritos que empezó a dar

35 doña Milla tan pronto supo lo que decía la carta. Aquella tarde todo el ranchón se vació en las dos piezas de doña Milla. Yo no sé cómo cabíamos allí, pero allí estábamos toditos, y éramos unos cuantos como quien dice. A doña Milla tuvieron que acostarla las mujeres cuando todavía no era de noche porque de tanto gritar, mirando el retrato de Moncho en uniforme militar entre una bandera americana

40 y un águila con un mazo de flechas[8] entre las garras,[9] se había puesto como tonta. Los hombres nos fuimos saliendo al patio poco a poco, pero aquella noche no hubo discusión porque ya todos sabíamos que Moncho estaba muerto y era imposible ponerse a imaginar.

Tres meses después llegó la caja de plomo que no se podía abrir. La trajeron

45 una tarde, sin avisar, en un camión del Ejército, cuatro soldados de la Policía Militar con rifles y guantes blancos. A los cuatro soldados les mandaba un teniente, que no traía rifle, pero sí una cuarenta y cinco en la cintura. Ese fue el primero en bajar del camión. Se plantó en medio de la calle, con los puños[10] en las caderas y las piernas abiertas, y miró la fachada[11] del ranchón como mira un hombre a otro

50 cuando va a pedirle cuentas por[12] alguna ofensa. Después volteó[13] la cabeza y les dijo a los que estaban en el camión:

—Sí, aquí es. Bájense.

Los cuatro soldados se apearon, dos de ellos cargando la caja, que no era del tamaño de un ataúd,[14] sino más pequeña y estaba cubierta con una bandera

55 americana.

---

[3]se... supo [4]una bebida como el té [5]he would appear [6]el... when they least expected it [7]dar... to give somebody up for dead [8]mazo... bundle of arrows [9]claws [10]fists [11]façade [12]pedirle... to ask him to explain [13]he turned [14]coffin

El teniente tuvo que preguntar a un grupo de vecinos en la acera cuál era la pieza de la viuda de Ramírez (ustedes saben cómo son estos ranchones de Puerta de Tierra: quince o veinte puertas, cada una de las cuales da a una vivienda, y la mayoría de las puertas sin número ni nada que indique quién vive allí). Los vecinos no sólo le informaron al teniente que la puerta de doña Milla era la cuarta a mano izquierda, entrando, sino que siguieron a los cinco militares dentro del ranchón sin despegar[15] los ojos de la caja cubierta con la bandera americana. El teniente, sin disimular la molestia que le causaba el acompañamiento, tocó a la puerta con la mano enguantada de blanco.[16] Abrió doña Milla y el oficial le preguntó:

—¿La señora Emilia viuda de Ramírez?

Doña Milla no contestó en seguida. Miró sucesivamente al teniente, a los cuatro soldados, a los vecinos, a la caja.

[15]quitar   [16]enguantada... que llevaba un guante blanco

—¿Ah? —dijo como si no hubiera oído[17] la pregunta del oficial.

70 —Señora, ¿usted es doña Emilia viuda de Ramírez?

Doña Milla volvió a mirar la caja cubierta con la bandera. Levantó una mano, señaló, preguntó a su vez con la voz delgadita:

—¿Qué es eso?

El teniente repitió, con un dejo[18] de impaciencia:

75 —Señora, ¿usted es...?

—¿Qué es eso, ah? —volvió a preguntar doña Milla, en ese trémulo tono de voz con que una mujer se anticipa siempre a la confirmación de una desgracia. —Dígame, ¿qué es eso?

El teniente volteó la cabeza, miró a los vecinos. Leyó en los ojos de todos la 80 misma interrogación. Se volvió nuevamente hacia la mujer; carraspeó,[19] dijo al fin:

—Señora... El Ejército de los Estados Unidos...

Se interrumpió, como quien olvida de repente algo que está acostumbrado a decir de memoria.

85 —Señora... —recomenzó—. Su hijo, el cabo[20] Ramón Ramírez...

Después de esas palabras dijo otras que nadie llegó a escuchar porque ya doña Milla se había puesto[21] a dar gritos, unos gritos tremendos que parecían desgarrarle la garganta.

Lo que sucedió inmediatamente después resultó demasiado confuso para que 90 yo, que estaba en el grupo de vecinos detrás de los militares, pueda recordarlo bien. Alguien empujó con fuerza y en unos instantes todos nos encontramos dentro de la pieza de doña Milla. Una mujer pidió agua de azahar[22] a voces, mientras trataba de impedir que doña Milla se clavara las uñas en el rostro.[23] El teniente empezó a decir: «¡Calma! ¡Calma!», pero nadie le hizo caso. Más y más vecinos 95 fueron llegando, como llamados por el tumulto, hasta que resultó imposible dar un paso dentro de la pieza. Al fin varias mujeres lograron llevarse a doña Milla a la otra habitación. La hicieron tomar agua de azahar y la acostaron en la cama. En la primera pieza quedamos sólo los hombres. El teniente se dirigió entonces a nosotros con una sonrisa forzada:

100 —Bueno, muchachos... Ustedes eran amigos del cabo Ramírez, ¿verdad?

Nadie contestó. El teniente añadió:

—Bueno, muchachos... En lo que[24] las mujeres se calman, ustedes pueden ayudarme, ¿no? Pónganme aquella mesita en el medio de la pieza. Vamos a colocar ahí la caja para hacerle la guardia.

105 Uno de nosotros habló entonces por primera vez. Fue el viejo Sotero Valle, que había sido compañero de trabajo en los muelles[25] del difunto Artemio Ramírez, esposo de doña Milla y papá de Moncho. Señaló la caja cubierta con la bandera americana y empezó a interrogar al teniente:

—¿Ahí... ahí...?

110 —Sí, señor —dijo el teniente—. Esa caja contiene los restos del cabo Ramírez. ¿Usted conocía al cabo Ramírez?

—Era mi ahijado[26] —contestó Sotero Valle, muy quedo,[27] como si temiera no llegar a concluir la frase.

—El cabo Ramírez murió en el cumplimiento[28] de su deber —dijo el te-115 niente, y ya nadie volvió a hablar.

---

[17]como... *as if she hadn't heard*   [18]poco   [19]*he cleared his throat*   [20]*corporal*   [21]se... *had begun*   [22]*orange blossom*   [23]cara   [24]En... *Mientras*   [25]*docks*   [26]*godchild*   [27]bajito   [28]*fulfillment*

Eso fue como a las cinco de la tarde. Por la noche no cabía la gente en la pieza: habían llegado vecinos de todo el barrio, que llenaban el patio y llegaban hasta la acera. Adentro tomábamos el café que colaba[29] de hora en hora una vecina. De
120 otras piezas se habían traído varias sillas, pero los más de los presentes estábamos de pie: así ocupábamos menos espacio. Las mujeres seguían encerradas con doña Milla en la otra habitación. Una de ellas salía de vez en cuando a buscar cualquier cosa —agua, alcoholado, café— y aprovechaba para informarnos:

—Ya está más calmada. Yo creo que de aquí a un rato podrá salir.

Los cuatro soldados montaban guardia, el rifle prensado contra la pierna
125 derecha, dos a cada lado de la mesita sobre la que descansaba la caja cubierta con la bandera. El teniente se había apostado[30] al pie de la mesita, de espaldas a ésta y a sus cuatro hombres, las piernas separadas y las manos a la espalda. Al principio, cuando se coló el primer café, alguien le ofreció una taza, pero él no la aceptó. Dijo que no se podía interrumpir la guardia.

130 El viejo Sotero Valle tampoco quiso tomar café. Se había sentado desde el principio frente a la mesita y no le había dirigido la palabra a[31] nadie durante todo ese tiempo. Y durante todo ese tiempo no había apartado[32] la mirada de la caja. Era una mirada rara la del viejo Sotero: parecía que miraba sin ver. De repente (en los momentos en que servían café por cuarta vez) se levantó de la silla
135 y se acercó al teniente.

—Oiga —le dijo, sin mirarlo, los ojos siempre fijos en la caja—, ¿usted dice que mi ahijado Ramón Ramírez está ahí adentro?

—Sí, señor —contestó el oficial.

—Pero... ¿en esa caja tan chiquita?

140 —Bueno, mire... es que ahí, sólo están los restos del cabo Ramírez.

—¿Quiere decir que... que lo único que encontraron...

—Solamente los restos, sí, señor. Seguramente ya había muerto hacía bastante tiempo. Así sucede en la guerra, ¿ve?

El viejo no dijo nada más. Todavía de pie, siguió mirando la caja un rato;
145 después volvió a su silla.

Unos minutos más tarde se abrió la puerta de la otra habitación y doña Milla salió apoyada en los brazos de dos vecinas. Estaba pálida y despeinada, pero su semblante reflejaba una gran serenidad. Caminó lentamente, siempre apoyada en las otras dos mujeres, hasta llegar frente al teniente. Le dijo:
150 —Señor... tenga la bondad... díganos cómo se abre la caja.

El teniente la miró sorprendido.

—Señora, la caja no se puede abrir. Está sellada.[33]

Doña Milla pareció no comprender. Agrandó los ojos y los fijó largamente en los del oficial, hasta que éste se sintió obligado a repetir:
155 —La caja está sellada, señora. No se puede abrir.

La mujer movió de un lado a otro, lentamente, la cabeza:

—Pero yo quiero ver a mi hijo. Yo quiero ver a mi hijo, ¿usted me entiende? Yo no puedo dejar que lo entierren sin verlo por última vez.

El teniente nos miró entonces a nosotros; era evidente que su mirada soli-
160 citaba comprensión, pero nadie dijo una palabra. Doña Milla dio un paso hacia la caja, retiró con delicadeza una punta de la bandera, tocó levemente.

[29]percolated [30]had stationed himself [31]no... no había hablado con [32]no... had not removed
[33]sealed

—Señor —le dijo al oficial sin mirarlo—, esta caja no es de madera. ¿De qué es esta caja, señor?

—Es de plomo, señora. Las hacen así para que resistan mejor el viaje por mar desde Corea.

—¿De plomo? —murmuró doña Milla sin apartar la mirada de la caja—. ¿Y no se puede abrir?

El teniente, mirándonos nuevamente a nosotros, repitió:

—Las hacen así para que resistan mejor el via...

Pero no pudo terminar; no lo dejaron terminar los gritos de doña Milla, unos gritos terribles que a mí me hicieron sentir como si repentinamente[34] me hubiesen golpeado en la boca del estómago.[35]

—¡MONCHO! ¡MONCHO! HIJO MIO, NADIE VA A ENTERRARTE SIN QUE YO TE VEA. ¡NADIE, MI HIJITO, NADIE... !

Otra vez se me hace difícil contar con exactitud: los gritos de doña Milla produjeron una gran confusión. Las dos mujeres que la sostenían por los brazos trataron de alejarla de la caja, pero ella frustró el intento aflojando el cuerpo[36] y dejándose ir hacia el suelo. Entonces intervinieron varios hombres. Yo no: yo todavía no me libraba de aquella sensación en la boca del estómago. El viejo Sotero Valle fue uno de los que acudieron junto a doña Emilia, y yo me senté en su silla. No me da vergüenza decirlo: o me sentaba o tenía que salir de la pieza. Yo no sé si a alguno de ustedes le ha pasado eso alguna vez. No, no era miedo, porque ningún peligro me amenazaba en aquel momento. Pero yo sentía el estómago duro y apretado[37] como un puño, y las piernas como si súbitamente se me hubiesen vuelto de trapo.[38] Si a alguno de ustedes le ha pasado eso alguna vez, sabrá lo que quiero decir. Uno... bueno, ojalá que no le pase nunca. O por lo menos que le pase donde la gente no se dé cuenta.

Yo me senté. Me senté y, en medio de la tremenda confusión que me rodeaba, me puse a pensar en Moncho como nunca en mi vida había pensado en él. Doña Milla gritaba hasta enronquecer[39] mientras la iban arrastrando[40] hacia la otra habitación, y yo pensaba en Moncho, en Moncho que nació en aquel mismo ranchón donde también nací yo, en Moncho que fue el único que no lloró cuando nos llevaron a la escuela por primera vez, en Moncho que nadaba más que nadie cuando íbamos a la playa detrás del Capitolio, en Moncho que había sido siempre cuarto bate cuando jugábamos pelota en Isla Grande, antes de que hicieran allí la base aérea... Doña Milla seguía gritando que a su hijo no iba a enterrarlo nadie sin que ella lo viera por última vez. Pero la caja era de plomo y no se podía abrir.

Al otro día enterramos a Moncho Ramírez. Un destacamento[41] de soldados hizo una descarga[42] cuando los restos de Moncho —o lo que hubiera[43] dentro de aquella caja— descendieron al húmedo y hondo agujero de su tumba. Doña Milla asistió a toda la ceremonia de rodillas sobre la tierra.

De todo eso hace dos años. A mí no se me había ocurrido contarlo hasta ahora. Es posible que alguien se pregunte por qué lo cuento al fin. Yo diré que esta mañana vino el cartero al ranchón. No tuve que pedirle ayuda a nadie para leer lo que me trajo, porque yo sé mi poco de inglés. Era el aviso de reclutamiento militar.

---

[34]de repente   [35]me... *someone had hit me in the pit of the stomach*   [36]aflojando... *by going limp*
[37]*tight*   [38]como... *as if they had suddenly turned into rags*   [39]*to grow hoarse*   [40]*dragging*
[41]*detachment*   [42]hizo... *fired a round*   [43]lo... *whatever there was*

Comprensión

A Cambie los verbos entre paréntesis por la forma apropiada del pretérito.
Luego, ponga los acontecimientos en orden cronológico (de 1 a 9).

_1_ Los soldados (llegar) con la caja de plomo. *llegaron*

_4_ El narrador (empezar) el cuento. *empezó*

_2_ Moncho (ser) reclutado para el ejército. *fue*

_1_ A doña Milla (morírsele) el marido. *se le murió*

_5_ Un vecino le (leer) a doña Milla la primera carta. *leyó*

_3_ Moncho (morir) en Corea. *murió*

_9_ Al narrador (llegarle) la carta de reclutamiento. *le llegó*

_6_ Doña Milla (recibir) la segunda carta. *recibió*

_8_ Moncho (ser) enterrado en Puerto Rico. *fue*

huérfano

B Conteste las siguientes preguntas según la Lectura I.

1. **El escenario:**

   ■ ¿Dónde tiene lugar la acción del cuento?

   ■ ¿Cómo es el ranchón?

   ■ ¿Qué revela el lugar acerca de sus habitantes? *pobreza comunidad*

2. **La acción y el conflicto:**

   ■ ¿Qué noticias trajo la primera carta?

   ■ ¿Quiénes eran «los perdidos» y «los prisioneros»? *prisoner* *división de opinión*

   ■ ¿Qué se supo con la llegada de la segunda carta? ¿Por qué no hablaron los hombres del ranchón la noche que lo supieron?

   ■ ¿Cuándo llegó la caja al ranchón? ¿Quiénes la trajeron? *3 meses* *soldados*

   ■ ¿Qué quería doña Milla? ¿Por qué? ¿Por qué se lo negó el teniente? *lieutenant*

3. **El tiempo:**

   ■ ¿Cuándo ocurrió la acción del cuento? ¿Por qué lo cuenta el narrador en el momento en que lo cuenta? ¿Qué relación tienen los dos momentos? *durante la guerra de Corea* *emphasis esta en el conflicto sobre del los soldados y dona Milla*

4. **Los personajes:**

   ■ ¿Qué relación existe entre Moncho y cada uno de los siguientes personajes? *ahijado* *testigo*

      doña Milla   el teniente   Sotero Valle   el narrador

   ■ ¿Cómo reacciona cada uno ante la muerte de Moncho? ¿En qué se asemejan o se diferencian estas reacciones?

   ■ ¿Cómo completarían (*would finish*) los siguientes personajes las oraciones a continuación?

      EL TENIENTE: No se puede abrir la caja porque...
                  Las cajas están hechas de... para que...

SOTERO VALLE:	Los restos de Moncho fueron mandados...
	Se me ocurrió preguntar... porque...
DOÑA MILLA:	Se me murió mi hijo y...
	En el entierro yo me arrodillé porque...
EL NARRADOR:	Los dos grupos se llamaron «los perdidos» y «los prisioneros» porque...
	En el velorio tuve que sentarme antes de que...

Interpretación

A ¿Quién hace las siguientes citas y qué revelan del hablante?

1. «Señor... tenga la bondad... díganos cómo se abre la caja.»
2. «Yo me senté. Me senté y, en medio de la tremenda confusión que me rodeaba, me puse a pensar en Moncho.»
3. «Pero... ¿en esa caja tan chiquita?»
4. «El cabo Ramírez murió en el cumplimiento de su deber.»

B Complete la siguiente tabla para diferenciar entre los soldados y los vecinos del ranchón.

	LOS SOLDADOS	LOS VECINOS
lengua nativa		
manera de vestir		
experiencia de la guerra		
visión de la guerra		
manera de expresar las emociones		

C ¿Cómo es el ranchón? ¿Qué importancia tiene en el cuento? ¿Cómo reacciona el teniente cuando lo acompaña todo un grupo de personas a la pieza de doña Milla? ¿Por qué cree Ud. que este grupo sigue al teniente? ¿Por qué se siente incómodo el teniente?

D Revise los apuntes que hizo sobre la narración del cuarto párrafo, en la actividad Papel y lápiz de la página 169. Como se habrá dado cuenta, el cuarto párrafo es el principio del cuento «Una caja de plomo que no se podía abrir». Ahora que Ud. ha leído el cuento completo, ¿qué observaciones puede añadir? ¿Puede contestar todas las preguntas de las páginas 168–169 con respecto al narrador? ¿Promueve esta narración el tomar una postura determinada dentro del conflicto? ¿A favor de quién(es)? ¿del ejército? ¿de los vecinos? ¿de doña Milla? ¿de los puertorriqueños? Explique sus respuestas con ejemplos específicos del cuento.

E ¿Por qué interroga Sotero Valle sobre el contenido de la caja? ¿Qué importancia tiene el hecho de que la caja sea más pequeña que un ataúd normal? ¿que sea de plomo y no de madera? ¿que no se pueda abrir? ¿Cree Ud. que la reacción de los vecinos ante la caja de plomo revela una diferencia entre la cultura hispana y la anglosajona o que es más bien una reacción universal? ¿Cómo sería (*would be*) su reacción si tuviera que recibir una caja de plomo que no se pudiera abrir? ¿Cree Ud. que es importante ver los restos de un ser querido antes de enterrarlo? ¿tener su cuerpo presente? ¿Por qué se pone tanto énfasis en buscar los restos de los que mueren en un accidente, por ejemplo de aviación?

F Papel y lápiz Vuelva a la actividad D de la página anterior. En su cuaderno de apuntes, explore más a fondo sus ideas con respecto a la narración y el impacto del narrador en el cuento.

Aplicación

A ¿Cree Ud. que el reclutamiento militar obligatorio es necesario? ¿Es justo? El reclutamiento militar obligatorio de los Estados Unidos incluía a los residentes de Puerto Rico, que no pueden votar en las elecciones generales para presidente ni tienen voto en el Congreso. ¿Qué opina Ud. de este sistema? ¿Qué parece opinar José Luis González? Explique su propio punto de vista y el del autor, refiriéndose al cuento.

B En «Una caja de plomo que no se podía abrir», doña Milla no sabe hablar inglés. ¿Qué problemas le puede causar esto en Puerto Rico? ¿Serían más difíciles las cosas para ella si viviera en Nueva York? Imagínese que Ud. vive en los Estados Unidos y que no habla inglés. ¿Sería diferente su vida de lo que es ahora? Explique.

C Compare la narración de «Una caja de plomo que no se podía abrir» con la de «El silencio en las orejas de Jimmy» (Capítulo 8). ¿En qué se parecen o se diferencian los dos narradores? ¿Cuál parece más confiable? ¿más distanciado de los acontecimientos? ¿más visible? ¿Cómo hace cada uno que los lectores se identifiquen con un punto de vista? Entre los dos tipos de narración, ¿cuál prefiere Ud. como lector(a)? ¿Por qué?

LECTURA II LA IDENTIDAD LATINA

APROXIMACIONES AL TEXTO

Language and Identity

To God I speak Spanish, to women Italian, to men French, and to my horse German. [Je parle espagnol a Dieu, italien aux femmes, français aux hommes et allemand a mon cheval.]
—Emperor Charles V (1500–1553)

Within our native tongue each of us can typically speak many languages, depending on who we are talking to and the impact we hope to make. The kind of language (or register) you use to give a formal report in an academic setting is likely very different from the kind of language you might use to talk about the same topic in a casual conversation with your best friend, which in turn is probably not the same kind of language you would use when speaking to a three-year-old. A person who purposely uses a very informal style in a formal situation may be deliberately flouting the conventions in order to make a statement about him- or herself and about the conventions themselves.

Both consciously and unconsciously, people make constant judgments about an individual's identity—personality, education, ethnicity, social class, even intelligence—on the basis of the way he or she speaks. These judgments reveal attitudes about social identity as well as issues of inclusion and exclusion: how groups view themselves and how they view those whose language is different. Eliza Doolittle of *My Fair Lady* is not a unique character: many people go to great lengths to change their language to make it more like the language of the group to which they would like to belong, and thus different from the language of the group from which they prefer to distance themselves. The effort can move in the other direction, as well; that is, a person can refuse to modify his or her language in order to retain the sense of being part of a particular community and thereby maintain the values and history of that community.

A ¡Necesito compañero! Trabajando en parejas, lean las siguientes oraciones e indiquen a cuál de los hablantes indicados corresponde más lógicamente cada una. ¿En qué circunstancias es posible oír cada oración? ¿Qué indica cada una sobre el/la hablante (su edad, nivel de educación, clase social, etcétera)?

1. "I have to go potty."
   a. un niño / una niña de kindergarten   b. un(a) joven de secundaria
2. "I really like him. He's very, you know, simpático."
   a. un(a) hispanohablante que hace sólo un año que estudia en los Estados Unidos
   b. un(a) anglohablante que estudia español
3. "I really must be off now. Tata, everyone."
   a. un niño de diez años   b. una mujer de veintidós años
4. "Hey man, whasup?"
   a. un anciano de 70 años   b. un chico de 16 años
5. "The ideal career opportunity for my situation right now would include travel, upward mobility, and possibilities for enhancing my skill set."
   a. un(a) estudiante de último año de secundaria
   b. un ejecutivo / una ejecutiva joven

Ahora, imagínense que el otro / la otra hablante dice cada oración. ¿Cómo cambia el significado o el impacto de la oración? ¿Por qué?

B Imagínese que, aunque normalmente Ud. habla en «A» (cierto idioma o dialecto), también sabe hablar «B» (otro idioma o dialecto). ¿Usaría «B» en las siguientes circunstancias? ¿Por qué sí o por qué no?

1. Sus amigos y parientes hablan «A»; a Ud. le hacen una oferta de trabajo pero tiene que convenir en usar solamente «B» en el lugar de trabajo.

2. Está con un grupo de personas a quienes admira mucho, que hablan solamente «B».
3. Está con un grupo de personas a quienes admira mucho, pero que opinan que los que hablan «B» son estúpidos.
4. Ud. ha escrito varios poemas en «A»; un amigo / una amiga ofrece publicarlos pero le dice que si Ud. los traduce a «B» tendrá mayor número de lectores.
5. Ud. ha escrito varios poemas en «B»; sus amigos que hablan «A» resienten que no los haya escrito en «A» y se sienten incómodos cuando Ud. lee los poemas en voz alta.

Palabras y conceptos

la frontera border
mareado seasick; light-headed

tartamudo person who stutters
zurdo left-handed

A ¿Con qué palabras de la lista del vocabulario se relacionan los siguientes comentarios? Exprese también su propia opinión sobre esos comentarios.

1. Son necesarias para protegernos de los extranjeros.
2. Si no puede hablar bien, es mejor que se calle.
3. Hay que enseñarle a escribir con la mano derecha.
4. Si se enferma cuando viaja, es mejor que se quede en casa.

B Describa el dibujo de la página 182 y explique la relación entre los distintos elementos (el mapa, el muro, el hombre, la mujer). Por ejemplo, ¿qué regiones aparecen separadas por un muro en el dibujo? ¿Qué lengua(s) cree Ud. que hablan el hombre y la mujer? ¿Cuál de los personajes del dibujo establece una conexión entre las dos regiones? En su opinión, ¿cómo se expresa esta conexión?

Aprender el inglés

Sobre el autor   *Luis Alberto Ambroggio (1945–) es un poeta y hombre de negocios nacido en la Argentina. Actualmente reside en el estado de Virginia, Estados Unidos. Ha publicado varios libros, entre ellos* Poemas de amor y vida, Hombre del aire *y* Oda ensimismada.

Virginia

1 **V**ida
para entenderme
tienes que saber español
sentirlo en la sangre de tu alma.

5 Si hablo otro lenguaje
y uso palabras distintas

para expresar sentimientos que nunca cambiarán[1]
no sé
si seguiré siendo[2]
10 la misma persona.

[1]*will change*   [2]seguiré... *I will continue to be*

Where you from?

California

México

Sobre la autora   *Gina Valdés* (1943–) *nació en Los Angeles y creció parte en México y parte en los Estados Unidos. Ha publicado un libro de poemas bilingües titulado* Eating Fire. *Sus poemas y cuentos han aparecido en numerosas revistas de México, Europa y los Estados Unidos. Actualmente enseña literatura y cultura chicanas en la Universidad de California en Los Angeles.*

1   **S**oy de aquí
y soy de allá
from here
and from there
5   born in L.A.
del otro lado
y de éste
crecí en L.A.
y en Ensenada*
10 my mouth
still tastes
of naranjas
con chile

*ciudad mexicana, cerca de la frontera con California

	soy del sur
15	y del norte
	crecí zurda
	y norteada
	cruzando fron
	teras crossing
20	San Andreas
	tartamuda
	y mareada
	where you from?
	soy de aquí
25	y soy de allá
	I didn't build
	this border
	that halts me
	the word fron
30	tera splits
	on my tongue

Comprensión

A ¿Qué idioma prefiere la persona que habla en «Aprender el inglés»? ¿Por qué razones? ¿Qué piensa esa persona que le puede pasar si habla en otro idioma?

B ¿Dónde nació la persona que habla en «Where you from?»? ¿Dónde creció? ¿Por qué habla dos idiomas? Además del español, ¿qué palabras de este poema evocan el mundo hispano? ¿Qué elementos aluden a los Estados Unidos? ¿Qué elementos aluden a la separación que existe entre ambos mundos? ¿A cuál de esos dos mundos pertenece el hablante?

C ¿Cuáles de las diez características a continuación se aplican a cada uno de los hablantes de los dos poemas de la Lectura II? ¿Hay características que se apliquen a ambos hablantes? ¿que no se apliquen a ninguno? Apoye sus respuestas citando versos de cada poema.

- Es bilingüe.
- Es hombre.
- Sólo habla español.
- Tiene raíces hispánicas.
- Quiere afirmar su identidad.
- Tiene una identidad un poco fuera de lo normal.
- Manifiesta seguridad y autoconfianza.
- Manifiesta rebeldía (*rebelliousness*).
- Expresa una experiencia individual.
- Expresa una experiencia colectiva.

Interpretación

A ¿Le parece a Ud. difícil de entender el poema de Ambroggio o le parece fácil? ¿Utiliza el hablante imágenes o símbolos complejos? ¿Opina Ud. que es un estilo complicado? ¿Qué tono tiene la voz poética (irónico, erudito, directo, sincero, ...)? ¿Cómo se relacionan este tono y estilo con los sentimientos de este hablante con respecto al idioma español?

B Uno de los elementos centrales del poema de Valdés es la separación (las fronteras) entre el mundo hispano y el mundo anglosajón. ¿Cree Ud. que este texto promueve la separación entre esos dos mundos o que promueve su acercamiento? ¿Qué significado puede tener el hecho de que la palabra frontera(s) esté dividida en dos partes dentro del poema? ¿y el hecho de que el texto utilice dos idiomas?

C ¿Le parece a Ud. que estos hablantes niegan su identidad hispana o que la afirman? ¿y su identidad norteamericana? ¿Son irreconciliables estas identidades? Utilicen elementos específicos de los textos para justificar sus respuestas.

D Vuelva a la actividad B de la página 181. Ahora que Ud. ha leído los poemas, explique la relación entre los distintos elementos del dibujo. ¿A cuál de los hablantes poéticos corresponden las figuras del dibujo? ¿Qué elemento del dibujo se relaciona con los versos «cruzando fron / teras crossing»?

E Compare a los dos hablantes poéticos en cuanto a su relación con los idiomas español e inglés. ¿Cuál sería la opinión del hablante del primer poema al leer el segundo? ¿y la opinión del hablante del segundo al leer el primer poema?

Aplicación

A ¿Qué posición política o social, o ambas, se manifiesta en estos poemas en relación con la situación de los hispanos en los Estados Unidos? Piensen en problemas como la asimilación, el bilingüismo, el movimiento «English only», la lealtad (*loyalty*) patriótica y la identidad.

B ¿Cómo cree Ud. que reaccionaría cada uno de los siguientes lectores al leer el poema de Ambroggio? ¿y al leer el poema de Valdés? Explique sus respuestas.

1. una persona que siempre ha vivido en la Argentina y que sólo habla español
2. un chicano bilingüe que ha nacido y crecido en Colorado
3. una mujer de Los Angeles, de ascendencia asiática, que entiende español
4. un miembro de la Real Academia de la Lengua Española
5. un hombre conservador de ascendencia anglosajona, que vive en Virginia

C Imagínese que cuando Ud. tenía doce años, emigró a un país cuya lengua no era el inglés. ¿Qué problemas confrontaría en la escuela? ¿en el trabajo? ¿en la vida social? ¿en la educación de los hijos? ¿Adoptaría Ud. la actitud del hablante de «Where you from?» o de «Aprender el inglés»? ¿Qué otra(s) actitud(es) es posible adoptar? ¿Cuál es preferible, en su opinión? ¿Por qué?

D Papel y lápiz Explore uno de los siguientes temas en su cuaderno de apuntes.

1. ¿Cómo se siente Ud. cuando otras personas hablan delante de Ud. en una lengua que no entiende? ¿Cómo se siente cuando otras personas hablan un dialecto del español que Ud. no entiende?

2. ¿Hay algunas palabras en español o en otra lengua que Ud. prefiera usar en vez de la palabra equivalente en inglés? ¿Cuáles son? ¿Por qué las prefiere?

CAPITULO DIEZ 10

Hábitos y dependencias

Salvador Dalí, *El torero alucinógeno*

Estudie el cuadro de la izquierda y el título que lleva. ¿Qué significa la palabra **alucinógeno**? ¿Qué elementos del cuadro sugieren una experiencia alucinógena? ¿Qué relación tiene el torero del título con el cuadro? ¿Qué emociones evoca en Ud. la contemplación del cuadro? ¿Inquietud, disgusto, placer? ¿O le causa risa? Haga una lista de por lo menos cinco palabras más para describir su reacción al cuadro. Luego compare sus respuestas con las de algunos de sus compañeros para ver si coinciden.

LECTURA I

LLEGARON LOS HIPPIES

APROXIMACIONES AL TEXTO

El texto, los subtextos y el papel de los lectores

Reading is a process that requires the reader to use his or her knowledge of literary and cultural conventions to make sense out of the text. A text can be a body of writing or any visual and/or aural communication such as a comic book, a cartoon, an advertisement, or a television program. Even in the most conventional of texts, the reader must fill in certain gaps. A soap opera generally follows the rules of the subgenre very closely, but it presupposes a large amount of knowledge on the part of its audience. Most of this knowledge comes from the cultural context. For example, if the leading male, a married man, begins to get rather friendly with a young female character who is not his wife, one knows that tension and probably conflict will ensue because adultery is theoretically not accepted in United States culture. The clothes a character wears, the manner in which he or she speaks, the way a character walks, the tone in which the narrator presents a character or an action—all of these factors communicate information that is not given explicitly in the text. If the narrator announces that "the hippies have arrived" with hashish, guitars, and flowers in their hair, an American reader who lived through or has knowledge of the 1960s will recreate an entire period, conjuring up images of antiwar protests, long-haired men, flowers, peace symbols, a certain kind of music, and very specific lifestyles and values.

When reading a written text or processing a visual one, we draw on our experience of the culture and our knowledge of other texts and previous reading experiences to complete the text by filling in the information that is suggested but not given.

All reading requires that the reader participate actively, but contemporary literature demands the reader's participation more intensely. Especially in modern texts written for an educated readership, the narrator may address the reader directly and will often challenge him or her by purposely writing an "open" text. In other words, the author deliberately presents a variety of possibilities, and different readers will choose different interpretations or readings as most suitable to their own experience and tastes. There may be no single way to read a particular text.

Many texts employ irony, parody, paradox, and other means to cue the reader to the presence of various levels of meaning. There is a surface or literal meaning but often there are other, subtextual levels that contradict or enrich the surface-level meaning. A single text can be read several times, and each reading by a single individual or different readings by different individuals will generate different interpretations. Readers must take active roles in identifying subtexts because the cues are often subtle and at least two interpretations are always possible: a literal or surface reading and one or more subtextual readings. Humor often signals the presence of subtextual levels of meanings because it plays with and exploits the differences between the words as used in standard speech or in conventional conduct and the other meanings those same words take on when inserted in a different context. The words "He's a wonderful performer—I have several of his tapes" have one meaning when taken in the context of the singer Paul Simon, but another very different meaning if the subject is the famous mime Marcel Marceau. Once the presence of incongruities and contradictions becomes apparent, the reader must process the information in a different way and be alert to further gaps.

All reading is an interaction between the reader and the text. The reader cannot arbitrarily assign any meaning to the text, but neither is the text limited to a single meaning, and often the playful juxtaposition of several incongruous or even contradictory levels of meaning contributes to the pleasure of reading.

A Cultural context and reader expectations determine in large part the different readings of a text, but even so, not everyone will arrive at the same reading regarding a given text. The following messages have appeared on billboards and in magazines in this country. What different meanings could they have for different readers? What meanings might they have in different contexts? Which meaning is the most likely, given the context in which the message appears?

1. a billboard outside a bar
   Dancing Girls   Day/Night
2. a sign in front of a motel
   TV   AC   HBO   priv. beach
   kids free   no RV
3. a billboard in front of a movie theater (some of the letters are missing)
   Wh__n Ha__ __y Me__ S__l__y (PG13)
   Fri–Sat 2:15, 5:25, 7, 9:25
   Mat__ne__ $3.00
   Reg. $7.00
   Srs. $5.00
4. a personal ad in a magazine
   SWF artist, qu__ __t, clea__, trim, self-supp__ __ti__ __. Seeks
   SWM li__e with monoga__ou__l__ for__ve__. __ __Box 4512

B Within a given cultural context or when spoken by a specific individual, some statements reveal incongruities that require the reader to go beyond the surface level and look for other, subtextual meanings. Which of the following statements suggest the presence of more than one meaning? What clues prompt the reader to explore beyond the surface level? Restate the surface meaning in your own words and then give your reading of the subtext.

1. Johnny Appleseed: ¡Cómo me gustan los manzanos (*apple trees*)!
2. Blancanieves: Las manzanas son muy buenas para la salud.
3. Mahatma Gandhi: La violencia no es nunca justificable.
4. Rambo: La violencia no resuelve los problemas nacionales ni personales.

5. Un alcohólico hablando con unos jóvenes: Las drogas son malas porque destruyen el cuerpo e impiden que uno sea un miembro útil a la sociedad.

6. Unos abuelos hablando de su primer nieto: Nuestro nieto es uno de los niños más guapos e inteligentes que hayamos visto.

Palabras y conceptos

ahogarse to drown
apuñalar to stab
el collar de caracoles snail-shell necklace
el compromiso commitment; promise
descalzo barefoot
descamisado bare-chested, shirtless
desnudo naked
enterarse (de) to find out, discover
la extrañeza surprise, amazement

el incienso incense
la mochila backpack, knapsack
el motín demonstration, protest
el sostén bra
la tarjeta de servicio militar draft card
la tienda de campaña camping tent
tragar to swallow
la vergüenza shame

INDIVIDUOS Y LUGARES DE UN PUEBLO PUERTORRIQUEÑO

el alcalde mayor
el cartero mailman
el colmado grocery store
la ferretería hardware store
el gallero gamecock owner
el jefe de policía police chief

el lechero milkman
el limpiabotas bootblack
las monjas (monjitas) nuns
el párroco village priest
el pescador fisherman

A ¡Necesito compañero! ¿Cuánto saben Uds. de los años sesenta? Trabajando en parejas, hagan un mapa semántico para determinarlo. Deben incluir todas las palabras de la lista del vocabulario que sean posibles además de otras palabras necesarias.

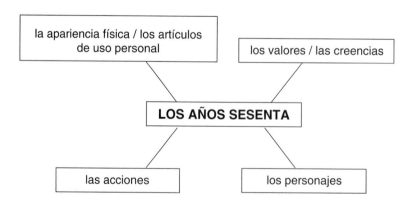

Compare su lista con las de otras parejas para agregarle algunas ideas más. Según las listas que Uds. han escrito, ¿son positivas o negativas sus ideas respecto a los años sesenta? Guarden sus apuntes para poder volver a ellos más adelante.

B Busque todas las palabras de la lista del vocabulario que Ud. asocia con la violencia. Explique qué tipo de violencia representa cada palabra. (¿Es individual o colectiva, criminal o política, etcétera?)

C Utilizando las palabras de la lista del vocabulario y otras que Ud. ya conoce, identifique a los individuos y lugares que aparecen en el siguiente dibujo de un pueblo puertorriqueño.

D Lea el título y mire con atención los dibujos de la Lectura I. ¿Qué le sugieren con respecto al lugar en que ocurre la acción del cuento? ¿con respecto a los personajes? ¿la época?

E ¿Ha asistido Ud. alguna vez a un concierto de música *rock* o de otro tipo de música? Trabaje con dos o tres compañeros de clase para señalar las diferencias que hay entre el público, la música y el ambiente de los siguientes tipos de concierto.

1. Woodstock (I o II)
2. un concierto de Nine Inch Nails
3. un concierto de James Taylor
4. un concierto de Madonna
5. un concierto de Garth Brooks
6. un concierto de Gloria Estefan

F Papel y lápiz Revise los apuntes que guardó de la actividad A de la página 190 y escriba un párrafo para resumir lo que sabe de los años sesenta y su actitud hacia esa época.

Llegaron los hippies

Puerto Rico

Sobre el autor   *Manuel Abreu Adorno nació en San Juan, Puerto Rico, en 1955. Es poeta y cuentista. En su obra, que suele tener un gran comicidad, incorpora muchos elementos del arte «pop».*

1 **N**o me pregunten por qué pasó. No tengo la menor idea de por qué lo celebraron allí en primer lugar. Tampoco recuerdo exactamente cuándo comenzaron a llegar como hordas[1] del norte. Llegaron en grupos de cinco y seis, a veces más. Llegaron de mañana, de tarde y de noche. Llegaron para quedarse los tres días
5 que duraba el festival. Llegaron con sus mochilas y tiendas de campaña. Llegaron con melenas[2] y en *blue jeans*. Llegaron con hash y kif.[3] Llegaron con flautas y guitarras. Llegaron cogiendo pon[4] en la carretera. Llegaron las chicas sin sostén, los chicos descamisados. Llegaron descalzos y portando flores en el cabello.[5] Llegaron con el más reciente de Jerry Rubin bajo el brazo. Llegaron haciendo la
10 señal de la paz con los dedos en V. Llegaron con las palabras *Peace and Love* en los labios. Llegaron altos y bajos, gruesos y delgados, rubios y morenos. Llegaron los hippies a Vega Baja.*

Yo llegué el mismo viernes que comenzó. Llegué para quedarme los tres días que duraba el festival. Llegué con mi melena y mis *blue jeans*. Llegué sin mochila

[1]grupos muy grandes   [2]pelo largo   [3]tipo de hachís   [4]cogiendo... *hitchhiking*   [5]pelo

*Vega Baja es un pequeño pueblo en la costa sur de Puerto Rico.

15 ni tienda de campaña. Llegué sin hash ni kif. Llegué con dinero para comprar L.S.D. Llegué sin flauta ni guitarra. Llegué en autobús desde San Juan. Llegué con una camisa azul de manga larga. Llegué en sandalias de cuero. Llegué con una bota[6] española llena de vino colgada al hombro. Llegué esperando conseguir una buena posición cerca del escenario.[7] Llegué sonriéndoles a las chicas rubias.
20 Llegué a las seis de la tarde a Vega Baja.

«Mar y Sol, three days of fun and music in the beautiful beach of Vega Baja». Mar y Sol y muchas bandas de rock por tres días. Mar y Sol y un insólito[8] festival rock en el Caribe. Mar y Sol y la añoranza[9] de la generación de Woodstock. Mar y Sol y ya Joplin y Hendrix estaban muertos. Mar y Sol y los Beatles se habían
25 separado. Mar y Sol y Dylan, Baez, Seeger, Cambodia. Mar y Sol y las comunas[10] en Virginia. Mar y Sol y la familia Manson. Mar y Sol y George Jackson, Martin Luther King y Malcolm X. Mar y Sol y Timothy Leary, Abbie Hoffman, Eldridge Cleaver. Mar y Sol y el I Ching[*] en California. Mar y Sol y Eric Clapton, Steve Winwood, Keith Richards, adictos a la heroína. Mar y Sol y los gurús multi-
30 millonarios. Mar y Sol y Alicia en el país de Arlo Guthrie. Mar y Sol y la quema de tarjetas de servicio militar. Mar y Sol y Bobby Kennedy ya estaba muerto. Mar y Sol y Simon y Garfunkel se habían separado. Mar y Sol y la Era de Acuario. Mar y Sol y los motines de Watts. Mar y Sol y Crosby, Stills, Nash y Young se habían separado. Mar y Sol y el *establishment* de los B-52. Mar y Sol y Alan Ginsberg,
35 Richard Brautigan. Mar y Sol y Jefferson Airplane se había separado. Mar y Sol y la masacre de Mi-Lai. Mar y Sol y los indios de Wounded Knee. Mar y Sol y la Convención Demócrata en Chicago. Mar y Sol y la revista *Rolling Stone*. Mar y Sol y los afiches[11] fosforescentes de Marilyn y el Che. Mar y Sol y ya Presley se había retirado.[12] Mar y Sol y los mejores grupos de rock por tres días. Mar y Sol y
40 mariguana.

Llegaron e hicieron sus tiendas de campaña. Llegaron para cantar y amar. Llegaron para fumar y amar. Llegaron para amar el mar. Llegaron para escuchar a Rod Stewart y a B.B. King. Llegaron y los habitantes del pueblo los miraron con extrañeza. Llegaron y las pequeñas tienditas se vieron invadidas en seguida.[13] Lle-
45 garon y los ancianos se escondieron en sus casas. Llegaron y las niñitas al verlos reían tapándose[14] la boca con la mano. Llegaron y en la plaza del pueblo todos comentaban sobre los intrusos.[15] Llegaron para escuchar a Poco y a Emerson, Lake y Palmer. Llegaron y las madres les prohibieron a sus hijas inmediatamente salir a la calle. Llegaron y el jefe de policía del pueblo de súbito[16] se reportó enfermo.
50 Llegaron y el alcalde se preguntaba si debía invitarlos a la casa alcaldía oficialmente. Llegaron y el párroco organizó unos rosarios para el sábado en la tarde. Llegaron y el Club de Leones de la localidad sostuvo[17] una reunión de emergencia. Llegaron y algunos borrachos se atrevieron a hablarles. Llegaron y el principal de la escuela secundaria suspendió a los estudiantes del pueblo que asistieron
55 al festival. Llegaron y algunos se dedicaron a vender incienso y collares de caracoles en la plaza. Llegaron y los alimentos en los colmados se agotaron[18] rápidamente. Llegaron para escuchar a The Allman Brothers Band. Llegaron y un grupo de pescadores emigró a otro pueblo costero cercano. Llegaron y Doña Julia murió de un infarto cardíaco. Llegaron y algunos dicen que Goyo, el Cojo, se curó

[6]*leather flask*　[7]lugar del espectáculo　[8]*único*　[9]*nostalgia*　[10]*communes*　[11]carteles
[12]se... *had retired*　[13]en... de inmediato　[14]*covering*　[15]invasores　[16]de... de repente　[17]tuvo
[18]se... terminaron

[*]El *I Ching* es un antiguo libro chino de adivinación.

milagrosamente. Llegaron y el médico del pueblo decidió acabar el romance con la enfermera. Llegaron y cuentan que las monjitas del Convento de la Inmaculada Concepción ayunaron[19] varios días. Llegaron y Moncho, el barbero, por vergüenza cerró la barbería. Llegaron y Anita, la nena promiscua de Don Marcelo, desapareció de su casa. Llegaron para escuchar a Cactus. Llegaron y el dueño del cine local finalmente le vendió el cine a su cuñado. Llegaron e hicieron fogatas[20] en la noche. Llegaron a cantar y fumar en torno al[21] fuego. Llegaron y Don Paco Ramírez les alquiló sus caballos por diez dólares. Llegaron para nadar en el mar a todas horas. Llegaron y Mildred y Tony rompieron su compromiso. Llegaron y las carreteras que conducen al pueblo estaban todas intransitables por los muchos vehículos. Llegaron y el juez Baez prometió a su esposa dejar la bebida. Llegaron y la tropa de Niños Escuchas[22] de la región organizó una regia parada[23] por la calle principal del pueblo. Llegaron y las líneas telefónicas quedaron averiadas.[24] Llegaron y Doña Ana María murió de vieja, la pobre. Llegaron y no se volvieron a ver perros realengos[25] en la zona. Llegaron para escuchar a Procul Harum. Llegaron y los chicos limpiabotas de la plaza se fueron al festival. Llegaron y a Rubén, el hijo de Doña Clara, el pelotero[26] de Grandes Ligas, lo vieron con una muchacha desnuda bañándose en la playa. Llegaron y Doña Clara no ha salido de la iglesia desde entonces. Llegaron y la boda entre Tere y José fue pospuesta indefinidamente. Llegaron y Esteban, el gallero, dice que todos sus gallos amanecieron muertos al otro día. Llegaron para escuchar a Johnny Winter. Llegaron y Anselmo, el dueño de la mueblería, hizo un donativo de cinco mil dólares a las Hijas Católicas de América. Llegaron y la esposa de Anselmo le dijo que consultara un psiquiatra. Llegaron y Peter, el hijo del dueño de la estación de gasolina, cayó con un ataque de asma y está grave. Llegaron para escuchar a John Mayall. Llegaron y a Wiso, el único boxeador del pueblo que peleó por el título (y perdió), dicen haberlo visto del brazo de una muchacha en bikini. Llegaron y la novia de Wiso se acostó esa noche con el hermano de Rubén, el mecánico. Llegaron y Rafael, el cartero, se puso a beber y a escribir poemas. Llegaron y Elisa, la dueña de la ferretería, fue vista sonriendo por vez primera en quince años. Llegaron y Mildred se puso una falda corta y se fue al festival. Llegaron para tostarse al sol todo el día. Llegaron para desnudarse y hacer el amor sobre la arena caliente. Llegaron y Mr. Johnson, el maestro de inglés, se puso una trusa de baño[27] y se fue a la playa. Llegaron y Margaret, la esposa de Mr. Johnson, se fue a pasear con Miguel, el lechero. Llegaron y Carla, la novia de Miguel, ingresó al convento.

Llegué y conseguí una posición cerca del escenario. Llegué y una chica rubia me sonrió. Llegué y compré L.S.D., Purple Haze. Llegué y me tomé la tableta de ácido. Llegué y me enteré de que dos personas se habían ahogado por meterse al mar drogados. Llegué y vi cómo unos chicos del pueblo les propinaban una golpiza[28] a unos muchachos rubios. Llegué y noté que alguna gente le robaba a otra de las tiendas de campaña. Llegué y vi chicas desnudas por todas partes. Llegué y la gente fumaba y cantaba. Llegué y en torno al fuego se pasaban el vino y la mariguana. Llegué y vi cuerpos tendidos sobre la arena caliente. Llegué y vi chicas del pueblo bañándose desnudas en el mar. Llegué y la música retumbaba[29] por todas partes. Llegué y me quité la camisa azul de manga larga. Llegué y la chica rubia se llamaba Kathy. Llegué y vi colores multiplicarse ante mis ojos.

[19]no comieron en   [20]bonfires   [21]en... alrededor del   [22]Niños... *Boy Scouts (P.R.)*   [23]regia... *splendid parade*   [24]*inoperative*   [25]*purebred*   [26]*ballplayer*   [27]trusa... *bathing trunks* (*P.R.*)   [28]propinaban... *were beating up on*   [29]*sonaba*

Llegué y vi un grupo de chicos del pueblo masturbándose detrás de unas palmeras[30]. Llegué y me enteré de que habían violado a varias chicas. Llegué y me contaron cómo habían apuñalado[31] a una joven esa misma tarde. Llegué y Kathy era hermosa. Llegué y ya veía muchas formas y colores en los rostros[32] de la gente. Llegué para escuchar a Rod Stewart y a B.B. King. Llegué para escuchar a Poco. Llegué y Kathy me estaba quitando los pantalones. Llegué para escuchar a Emerson, Lake y Palmer. Llegué para escuchar a The Allman Brothers Band. Llegué y Kathy me llevaba desnudo de su mano al agua. Llegué y no sabía adónde me llevaban. Llegué para escuchar a Cactus. Llegué para escuchar a Procul Harum. Llegué y ya estaba en el agua. Llegué y pensaba en los festivales que sólo había conocido en películas. Llegué y pensé en el Monterrey Pop, en Woodstock, en Almont. Llegué y ahora las visiones de colores eran incontrolables. Llegué y por fin estaba en un festival de verdad. Llegué y no vi a Kathy a mi lado. Llegué y pensé en lo mucho que había soñado estar en un festival. Llegué para escuchar a Johnny Winter. Llegué y sentí mucho miedo. Llegué y me sentí bien solo. Llegué y me quedé paralizado. Llegué y me estaba ahogando. Llegué y grité colores y formas. Llegué y me sacaron a la orilla.[33] Llegué y vi muchos pies a mi alrededor.[34] Llegué y me habían salvado unos tipos del pueblo. Llegué y no vi a Kathy. Llegué y había tragado[35] mucha agua. Llegué para escuchar a John Mayall. Llegué entre colores y formas.

Se fueron en grupos de cinco y seis, a veces más. Se fueron de mañana, de tarde y de noche. Se fueron al cabo[36] de tres días que duraba el festival. Se fueron con sus mochilas y tiendas de campaña. Se fueron con melenas y *blue jeans*. Se fueron sin hash ni kif. Se fueron con flautas y guitarras. Se fueron cogiendo pon en la carretera. Se fueron las chicas sin sostén, los chicos descamisados. Se fueron descalzos y sin flores en el cabello. Se fueron sin libro bajo el brazo. Se fueron sin hacer señales con los dedos. Se fueron sin las palabras *Peace and Love* en los labios. Se fueron altos y bajos, gruesos y delgados. Se fueron los hippies de Vega Baja.

---

[30]*palm trees* [31]*stabbed* [32]caras [33]*shore* [34]a... *all around me* [35]*swallowed* [36]al... *at the end*

Comprensión

A Indique todas las respuestas correctas en cada grupo.

1. El narrador difiere de los otros que llegan al pueblo en que _____.
   a. llega en autobús
   b. lleva melena y *blue jeans*
   c. no lleva mochila ni tienda de campaña
   d. llega con una bota española
   e. no es puertorriqueño

2. Entre los habitantes del pueblo que se escandalizaron con la llegada de los hippies se puede nombrar a _____.
   a. las madres
   b. el alcalde
   c. el párroco
   d. El Club de Leones
   e. el principal de la escuela secundaria
   f. las monjas
   g. Mr. Johnson, el maestro de la escuela
   h. la dueña de la ferretería

3. Entre los negocios y comerciantes que se beneficiaron con la llegada de los hippies están _____.
   a. el barbero
   b. los chicos limpiabotas
   c. el gallero
   d. los vendedores ambulantes
   e. los colmados
   f. la mueblería

4. A consecuencia de tomar L.S.D., el narrador _____.
   a. lo ve todo en múltiples colores
   b. se siente completamente solo
   c. baila con Kathy y otros
   d. cree que puede volar
   e. siente ganas de nadar
   f. casi muere ahogado

 B ¡Necesito compañero! Trabajando en parejas, vuelvan a mirar los tres dibujos que acompañan el cuento e identifiquen a los distintos personajes que aparecen en ellos. Comenten sobre la reacción de los individuos del pueblo ante la llegada de los hippies. Luego, compartan sus respuestas con los otros compañeros de clase para ver si todos están de acuerdo.

 C ¡Necesito compañero! Trabajando en parejas, resuman el argumento de «Llegaron los hippies», mencionando sólo los detalles más importantes.

D Sondeo ¿Cuántas de las referencias culturales mencionadas en el cuento reconocieron los miembros de la clase? Entre todos, hagan un sondeo para averiguarlo.

Primer paso: Recoger los datos

■ Divídanse en cuatro grupos. El primer grupo debe entrevistar a algunos compañeros de clase para averiguar si ellos reconocieron las referencias que se hacen en el cuento con relación a la música y al cine; el segundo grupo preguntará sobre las referencias a la guerra y a la política presidencial; el tercer grupo, sobre las referencias al movimiento por los derechos civiles; y el cuarto grupo, sobre las referencias a la cultura general.

■ Cada persona de cada grupo debe entrevistar a dos o tres compañeros de clase, llenando un formulario como el siguiente para cada persona entrevistada.

■ ¡Cuidado! Los miembros de cada grupo deben tener cuidado de entrevistar a todos los estudiantes de la clase sin hacerle dos veces la misma pregunta a la misma persona.

la música / el cine	SI (BREVE DESCRIPCIÓN)	NO
GRUPO 1		
Janis Joplin	*cantante que murió de una sobredosis de drogas*	
Eric Clapton		____
B.B. King		____
Marilyn Monroe		____

la guerra / la política presidencial		NO
GRUPO 2		
Jerry Rubin		____
Cambodia		____
Mi-Lai		____
Bobby Kennedy		____
la Convención Demócrata		____

el movimiento por los derechos civiles		NO
GRUPO 3		
Malcolm X		____
Eldridge Cleaver		____
Martin Luther King, Jr.		____
Wounded Knee		____
los motines de Watts		____

la cultura general		NO
GRUPO 4		
la Era de Acuario		____
la familia Manson		____
I Ching		____
el Che		____
el Club de Leones		____

Segundo paso: Análisis de los datos

■ Después de hacer las entrevistas, los miembros de cada grupo deben reunirse otra vez.

■ Compartan con los demás de su grupo la información recogida y luego hagan una tabla de resumen para sus datos. Un miembro de cada grupo debe servir de secretario/a para anotar los resultados.

■ El secretario / La secretaria de cada grupo debe poner la tabla de resumen en la pizarra para mostrarle los resultados al resto de la clase.

¿A qué aspecto de la cultura pertenecen los nombres o acontecimientos más conocidos? ¿a la política? ¿a la música? ¿al movimiento por los derechos civiles? ¿a la cultura popular?

Interpretación

A Busque en el texto cinco oraciones que hacen referencia a o se asocian con los conceptos de «paz» y «amor». Luego busque cinco oraciones que hacen referencia o se asocian con conceptos contrarios, como la violencia y el aislamiento. ¿Cuáles parecen predominar en el cuento, la paz y el amor, o los conceptos contrarios?

B ¡Necesito compañero! Trabajando en parejas, contesten las siguientes preguntas buscando en el texto pistas que revelen las respuestas.

1. ¿Es puertorriqueño o norteamericano el narrador del texto?
2. ¿Se identifica el narrador con la cultura de los Estados Unidos o con la de Puerto Rico?
3. ¿Cómo podemos caracterizar al narrador? ¿a los hippies? ¿a los habitantes del pueblo? Busquen pasajes específicos en el texto que apoyen (*support*) cada respuesta. Pueden basarse en la siguiente lista de adjetivos.

apolítico	político
comprometido	puritano
conservador	relajado
curioso	religioso
honesto	simpático
independiente	temeroso
ingenuo	tímido
liberado	trabajador
liberal	triste
pacífico	violento

C El estatus político de Puerto Rico, entre estado y país independiente, se refleja en su cultura. La isla ha experimentado gran influencia de los Estados Unidos pero también conserva muchos aspectos de su herencia hispana.

Haga una lista de los elementos del texto que revelan la influencia de la cultura norteamericana, y otra de los elementos que revelan la cultura hispana. Después, compare sus listas con las de los otros miembros de la clase para ver si hay mucha diferencia de opiniones.

D **Entre todos** Hay varias maneras de interpretar el cuento «Llegaron los hippies». Al describir lo que pasa en el cuento y cómo son los personajes, ya se ha hecho una lectura a nivel literal. También hay por lo menos dos niveles subtextuales, uno que se relaciona con la visión de los años sesenta y setenta, y otro que tiene que ver con las relaciones entre los Estados Unidos y Puerto Rico (una tercera lectura establecería las relaciones entre estos dos niveles). Divídanse en grupos de tres o cuatro estudiantes. La mitad de los grupos debe examinar la visión de los años sesenta/setenta presentada en el cuento y la otra mitad ha de estudiar la visión presentada de las relaciones entre Puerto Rico y los Estados Unidos. Los dos grupos pueden usar las siguientes sugerencias para empezar su conversación.

1. Primer grupo: la visión de los años sesenta/setenta
   ¿Cuáles de las oraciones a continuación reflejan la visión de los años sesenta/setenta que se presenta en el texto? Busquen pasajes específicos en el texto que apoyen sus opiniones.
   a. «Llegaron los hippies» tiene lugar cuando la euforia y el optimismo del movimiento de los años sesenta/setenta ya ceden (*give way*) a cierta desilusión y sentimiento de derrota (*defeatism*).
   b. En el concierto se ve que hay una gran armonía entre los participantes.
   c. La música y las drogas aíslan a los individuos que asisten al concierto en vez de unirlos.
2. Segundo grupo: la visión de las relaciones entre Puerto Rico y los Estados Unidos
   a. Los grupos musicales y las causas políticas de los hippies en el texto no tienen ninguna relación con el narrador y su cultura.
   b. El narrador se siente parte del concierto cuando toma L.S.D. y se junta con Kathy.
   c. El concierto va a dejar una influencia permanente en la cultura local.

Al terminar, todos los grupos que investigaron el mismo tema deben formar un solo grupo para compartir sus conclusiones. Traten de ampliar o modificar las distintas lecturas por medio de la conversación. Luego, estos dos grupos deben elegir a un individuo para que les presente a los otros estudiantes de la clase las conclusiones a que llegó su grupo.

E **¡Necesito compañero!** Trabajando en parejas, piensen en las distintas interpretaciones de la lectura que se hicieron en la actividad anterior y comenten lo que pueden significar los siguientes hechos.

1. Los pescadores emigran a otro pueblo de la costa.
2. Algunos de los individuos del pueblo están contentos a causa de la llegada de los hippies.
3. Son unos tipos del pueblo los que le salvan la vida al narrador.

4. Los hippies se marchan sin flores en el cabello, sin libro bajo el brazo, sin hacer señales con los dedos.

F ¿Cómo pueden contribuir los siguientes rasgos estilísticos a su interpretación del cuento?

1. Hay muchísima repetición en el cuento, tanto de palabras como de ritmo. ¿Qué relación puede tener esto con la cultura hippy? ¿Qué sugiere con respecto a la caracterización del narrador? ¿a su estado mental? ¿Qué impacto deja en los lectores?

2. El autor de este cuento comienza la narración en primera persona (**yo**), y se dirige a un público (**ustedes**). Luego, en el mismo párrafo, cambia la voz narrativa a la tercera persona (**ellos**). En los párrafos que siguen, el autor cambia de nuevo la voz narrativa a la primera y tercera persona. ¿Qué puede significar esta alternación de voz narrativa? ¿Hay alguna voz narrativa que el autor no utilice? ¿Cómo se podría incorporar esta otra voz narrativa en el cuento? ¿Cómo se puede interpretar su ausencia?

Aplicación

A Los conciertos musicales son una forma de entretenimiento muy popular entre los jóvenes. ¿Ha asistido Ud. alguna vez a un concierto? Describa qué clase de concierto era y lo que más le gustó. ¿Temen muchos padres que sus hijos asistan a estos conciertos? ¿Es razonable el miedo de los padres? ¿Por qué sí o por qué no?

B Entre todos Ocurren ciertos cambios sociales en cada década. Los años sesenta y setenta fueron la época en que se proclamó la paz y el amor, se protestó contra la guerra, se luchó por los derechos de los negros, los hispanos y las mujeres. Hagan un mapa semántico para determinar las características de los años ochenta y los noventa. Divídanse en grupos de dos personas: la mitad de los grupos trabajará sobre la década de los ochenta y la otra mitad sobre los años noventa. Pueden servirse de las categorías que ya usaron para caracterizar la década de los sesenta en el mapa semántico de la página 190 o pueden crear nuevas categorías. Después de terminar los mapas, los grupos deben comparar sus resultados. ¿Qué semejanzas hay entre las tres décadas? ¿Qué diferencias hay? ¿Qué valores parecen predominar en cada una?

C Los años sesenta y setenta también representan la época de la liberación sexual. ¿Sigue vigente (*in vogue*) la misma actitud con respecto al sexo o ha cambiado? ¿Ha contribuido a una conducta sexual más moderada el peligro del SIDA y de las enfermedades venéreas?

D Papel y lápiz En su cuaderno de apuntes, resuma en una o dos oraciones las ideas principales que se expresaron en los mapas semánticos hechos para la actividad B de esta sección. Luego escriba un párrafo en que compare y contraste el mapa de los años sesenta/setenta con los de los años ochenta y noventa.

LECTURA II

ORACION POR MARILYN MONROE

APROXIMACIONES AL TEXTO: LA POESIA

La repetición

You have already seen how every word in a poem is important. If a single word, line, or phrase is repeated within a poem, the poet is placing special emphasis on the repeated element. Often a repeated word changes meaning over the course of the poem, because the context of the poem gives it new connotations.

In addition to repeating words or phrases, a poet may repeat certain sounds. This can add a melodic effect if the sounds are soft (vowels or the consonants *m* and *l*, for example), or it can create a dramatic, violent impact if the sounds are harsh (*rr, g, ch*). Unless you read the poem aloud, you may not notice the way the poet has used sounds to achieve poetic effect.

Another use of repetition involves the reiteration of a single concept or theme. The specific words may vary, but the basic idea is repeated throughout the poem. For example, the idea of water can be conveyed through the use of words like *rain*, *river*, *tears*, and *dew*.

You should pay close attention to repetition in all cases, since it provides an important clue to the central focus of a poem.

● Lea rápidamente las siguientes selecciones poéticas, buscando las definiciones de todas las palabras que Ud. no conoce. Anote también las connotaciones y denotaciones de cada una. Luego, lea las selecciones en voz alta. ¿Cuál de los distintos tipos de repetición usa el autor / la autora de cada selección? ¿Qué efecto produce la repetición en cada caso?

1   Casas enfiladas,[1] casas enfiladas,
casas enfiladas.
Cuadrados,[2] cuadrados, cuadrados.
Casas enfiladas.
5 Las gentes ya tienen el alma cuadrada,
ideas en fila
y ángulo en la espalda.
Yo misma he vertido[3] ayer una lágrima,
Dios Mío, cuadrada.

(Alfonsina Storni, «Cuadrados y ángulos»)

---

[1]*in a row*   [2]*Squares*   [3]*spilled, shed*

10   Ríe estridentes glaucos[4] el valle; el cielo franca
risa de azul; la aurora ríe su risa fresa;
y en la era[5] en que ríen granos de oro y turquesa
exulta con cromático relincho[6] una potranca[7]...

                   (Julio Herrera y Reissig, «La casa de la montaña»)

    Peregrina[8] paloma imaginaria
15 que enardeces[9] los últimos amores;
alma de luz, de música y de flores,
peregrina paloma imaginaria.

    Vuela sobre la roca solitaria
que baña el mar glacial de los dolores;
20 haya, a tu paso, un haz[10] de resplandores
sobre la adusta[11] roca solitaria.

    Vuela sobre la roca solitaria,
peregrina paloma, ala[12] de nieve
como divina hostia, ala tan leve

25   como un copo de nieve,[13] ala divina
copo de nieve, lirio, hostia, neblina,[14]
peregrina paloma imaginaria.

                 (Ricardo Jaimes Freyre, «Siempre... »)

---

[4]*blue-greens*   [5]*field*   [6]*neigh*   [7]*young mare*   [8]*Wandering; Wonderful*   [9]*inflame*   [10]*bundle*
[11]*austere*   [12]*wing*   [13]*copo... snowflake*   [14]*mist*

Palabras y conceptos

la cueva cave
culpar to blame
la huérfana orphan

el maquillaje makeup
el pecado sin
el Señor Lord, God the Father

A ¿Qué palabras de la lista del vocabulario pueden relacionarse con Marilyn Monroe? ¿Cuáles no se pueden aplicar y por qué? Explique.

B ¿Quién era Marilyn Monroe? ¿Qué sabe Ud. de su vida? ¿de su carrera como artista de cine? ¿Qué simboliza ella dentro de la cultura norteamericana? ¿Qué sentimientos, tanto positivos como negativos, se asocian con ella? ¿Por qué?

Oración por Marilyn Monroe

Sobre el autor *Ernesto Cardenal (1925–) nació en Nicaragua y ha ejercido el puesto de Ministro de Cultura en ese país. Fue un monje trapense en Kentucky junto con el famoso autor norteamericano Thomas Merton. Representa ahora el movimiento de la Teología de la Liberación dentro de la Iglesia católica, el cual apoya el cambio social, político y económico en Hispanoamérica, e interviene activamente para realizarlo.*

Nicaragua

1　Señor
　　recibe a esta muchacha conocida en toda la tierra con
　　el nombre de Marilyn Monroe
　　aunque ése no era su verdadero nombre
5　(pero Tú conoces su verdadero nombre, el de la huerfanita
　　　　violada a los 9 años
　　y la empleadita de tienda que a los 16 se había querido matar)
　　y que ahora se presenta ante Ti sin ningún maquillaje
　　sin su Agente de Prensa
10　sin fotógrafos y sin firmar autógrafos
　　sola como un astronauta frente a la noche espacial.
　　Ella soñó cuando niña que estaba desnuda en una iglesia
　　　　(según cuenta el *Time*)
　　ante una multitud postrada, con la cabeza en el suelo
15　　y tenía que caminar en puntillas[1] para no pisar las cabezas.
　　Tú conoces nuestros sueños mejor que los psiquiatras.
　　Iglesia, casa, cueva, son la seguridad del seno[2] materno
　　pero también algo más que eso...
　　Las cabezas son los admiradores, es claro
20　(la masa de cabezas en la oscuridad bajo el chorro[3] de luz).
　　Pero el templo no son los estudios de la 20th Century–Fox.
　　El templo —de mármol y oro— es el templo de su cuerpo
　　en el que está el Hijo del Hombre con un látigo[4] en la mano
　　expulsando a los mercaderes de la 20th Century–Fox
25　que hicieron de Tu casa de oración una cueva de ladrones.

　　Señor
　　en este mundo contaminado de pecados y radioactividad
　　Tú no culparás tan sólo a una empleadita de tienda
　　Que como toda empleadita de tienda soñó ser estrella de cine.

---

[1]caminar... *tiptoe*　　[2]*breast*　　[3]*flood*　　[4]*whip*

30 Y su sueño fue realidad (pero como la realidad del tecnicolor).
Ella no hizo sino actuar según el script que le dimos
—el de nuestras propias vidas— Y era un script absurdo.
Perdónala Señor y perdónanos a nosotros
por nuestra 20th Century
35 por esta Colosal Super-Producción en la que todos hemos
    trabajado.
Ella tenía hambre de amor y le ofrecimos tranquilizantes,
pero la tristeza de no ser santos se le recomendó el
    Psicoanálisis.
40 Recuerda Señor su creciente pavor[5] a la cámara
y el odio al maquillaje —insistiendo en maquillarse en cada
    escena—
y cómo se fue haciendo mayor el horror
y mayor la impuntualidad a los estudios.

45 Como toda empleadita de tienda
soñó ser estrella de cine.
Y su vida fue irreal como un sueño que un psiquiatra
    interpreta y archiva.[6]

Sus romances fueron un beso con los ojos cerrados
50 que cuando se abren los ojos
se descubre que fue bajo reflectores
                y apagan[7] los reflectores
y desmontan[8] las dos paredes del aposento[9] (era un set
    cinematográfico)
55 mientras el Director se aleja[10] con su libreta porque la escena ya
    fue tomada.
O como un viaje en yate, un beso en Singapur, un baile en Río,
la recepción en la mansión del Duque y la Duquesa de Windsor
vistos en la salita del apartamento miserable.
60 La película terminó sin el beso final.
La hallaron[11] muerta en su cama con la mano en el teléfono.
Y los detectives no supieron a quién iba a llamar.
Fue
como alguien que ha marcado[12] el número de la única voz
65   amiga
y oye tan sólo la voz de un disco que le dice: WRONG
    NUMBER
O como alguien que herido[13] por los gangsters
alarga la mano a un teléfono desconectado.

70 Señor
quienquiera[14] que haya sido el que ella iba a llamar
y no llamó (y tal vez no era nadie
o era Alguien cuyo número no está en el Direc-
    torio de Los Angeles)
75   ¡contesta Tú el teléfono!

---

[5]miedo [6]*files away* [7]*turn out* [8]deshacen [9]habitación [10]se... se va [11]encontraron [12]*dialed*
[13]*wounded* [14]*whomever*

Comprensión

A ¿Cierto (**C**) o falso (**F**)? Corrija las oraciones falsas.

1. _____ Marilyn Monroe no era su verdadero nombre.
2. _____ Fue violada a los once años.
3. _____ A los dieciséis se había querido matar.
4. _____ Como toda empleadita de tienda soñó con ser estrella.
5. _____ Marilyn Monroe no les tenía miedo a las cámaras.
6. _____ Ella llegó a odiar el maquillaje.
7. _____ La hallaron muerta con la mano en el teléfono.

B El poeta contrasta los sueños de Marilyn Monroe con la realidad de su vida. ¿En qué se diferencian?

C ¡Necesito compañero! Trabajando en parejas, completen la siguiente tabla y luego contesten las preguntas sobre el sueño de Marilyn Monroe.

SUEÑO	SIGNIFICADO
La multitud postrada	
La Iglesia	a. b.

El hablante del poema continúa su interpretación cuando introduce la figura del Hijo del Hombre con un látigo en la mano. En su opinión, ¿quién es este hombre? ¿Quiénes son los mercaderes en la historia del Hijo del Hombre y quiénes lo son en la vida de Marilyn Monroe?

D ¿Qué quieren decir los versos que empiezan con «sus romances fueron un beso con los ojos cerrados»? ¿Qué connotación tiene el hecho de que tuviera los ojos cerrados? ¿Qué le pasa cuando abre los ojos? ¿Qué revela todo esto de la vida de Marilyn Monroe?

E Según el hablante, ¿a quién podía estar llamando Marilyn Monroe en los últimos momentos?

F ¿Qué opina el hablante de la estrella? ¿La ve como una persona mala, buena, digna de compasión, condenada? ¿Cómo cree el hablante que la va a juzgar Dios?

Interpretación

A ¿Cómo afectan a los lectores los siguientes aspectos apuntados en el poema? ¿Qué nos comunican de la vida de Marilyn Monroe?

- Su verdadero nombre no era Marilyn Monroe.
- Fue violada a los nueve años.
- A los dieciséis se había querido matar.
- Cuando joven soñó ser estrella de cine.
- No hizo sino actuar según el script que se le dimos.
- Sufrió de un creciente pavor a la cámara.
- Empezó a sentir odio por el maquillaje.
- La hallaron muerta con la mano en el teléfono.

B ¿Por qué le pide el hablante a Dios que perdone a Marilyn Monroe y también a nosotros? ¿Qué hizo ella? ¿Somos nosotros en algún sentido responsables de lo que le pasó a ella?

C Trabaje con otros dos o tres estudiantes para buscar las palabras o ideas más importantes que se repiten en el poema. Después, completen la siguiente tabla.

las repeticiones sobre Marilyn Monroe	
las repeticiones sobre la sociedad en general	
la pintura de esta sociedad	
el efecto que tienen las repeticiones	

D ¿Dónde emplea el hablante el diminutivo? En su opinión, ¿por qué lo hace? ¿Qué connotaciones tiene el uso del diminutivo en el poema?

E ¿Cree Ud. que la tragedia de Marilyn Monroe se relaciona con las drogas o el alcohol? Explique.

F ¿Quiénes son los Duques de Windsor? ¿Qué representan dentro del poema? ¿Qué representan para Marilyn Monroe? ¿y para los lectores?

Aplicación

A En su opinión, ¿qué tienen en común el narrador de «Llegaron los hippies» y Marilyn Monroe?

B ¿Cree Ud. que el abuso del alcohol ha disminuido en la actualidad? ¿y el abuso de las drogas? ¿Es común ver escenas en el cine o en la televisión en que se consuman alcohol o drogas? ¿Hay figuras públicas que se asocien con el abuso de las drogas y del alcohol? ¿con la campaña en contra del abuso de las drogas y del alcohol?

C En la actualidad hay una intensa campaña en contra del tabaco. Trabaje con otros tres estudiantes para preparar una lista de los daños que causa el uso del tabaco, y otra lista de las razones que muchas personas suelen dar para justificar su adicción. Expongan sus propias opiniones sobre las medidas que se han tomado contra el consumo del tabaco, tanto como las que se han tomado para defender los derechos de los propios fumadores. Comparen sus ideas con las de otros grupos para ver en qué están de acuerdo.

D Papel y lápiz ¿Cuáles son los hábitos y las dependencias más significativos de la década de los años noventa en los Estados Unidos? ¿y en los países hispanos? Pregúntele su opinión al respecto a alguna persona (amigo/a, pariente, etcétera) que esté informada de lo que pasa en uno de los países hispanos. En su cuaderno de apuntes, anote las respuestas de esa persona junto con sus propias reflexiones sobre el tema.

CAPITULO ONCE

11

La ley y la libertad individual

Wilfredo Lam, *L'etoile filante*

Mucha literatura y arte contemporáneo vuelve a la tradición artística y cultural anterior para reinterpretarla a la luz de los cambios sociales y tecnológicas modernos. No respeta las definiciones ni las fronteras tradicionales, mesclando zonas, conceptos, contrarios que antes se consideraban totalmente separados o antitéticos. El cuadro de la izquierda es de un artista cubano, pero su título aparece en francés y tiene varios significados. *L'étoile* es la estrella y *filante* sugiere a la vez las ideas de cortar y de formar una línea o frontera. ¿Cuáles de los elementos del cuadro se relacionan con el concepto de la estrella? Piense en las características de las estrellas y en el lugar donde se encuentran. ¿Cuáles de los elementos del cuadro se relacionan con la idea de cortar? ¿Y cuáles sugieren la abolición de fronteras tradicionales? Piense en las siguientes categorias tradicionales y explique hasta qué punto se mantienen o se rompen el cuadro.

■ lo masculino frente a lo femenino

■ lo terrestre frente a lo astral

■ la destrucción frente a la creación

■ lo bello frente a lo feo

■ lo diabólico frente a lo angélico

Ahora consulte la página 210 para determinar el título de la lectura de este capítulo. ¿Puede establecer alguna relación entre el cuadro y el título del texto? Comente.

LECTURA I
EL ANGEL CAIDO (PARTE 1)

APROXIMACIONES AL TEXTO

La intertextualidad

All texts make certain assumptions about a reader's knowledge of the material presented. Even a children's book assumes a familiarity with certain basic vocabulary and cultural concepts, such as the difference between animals and people or between mommy and daddy. An advanced physics textbook takes for granted a certain knowledge of concepts such as magnetism, electricity, and other forces. These assumptions of shared knowledge and experience enable both writer and reader to synthesize large amounts of information in abbreviated formulas, symbols, conventions, or referents without the need to elaborate in detail. A single figure or referent ($E = mc^2$, Adam and Eve, Led Zeppelin) can evoke enormous quantities of information and a variety of ethical, philosophical, and emotional responses.

Literary texts often make explicit or implicit reference to other texts* that preceded them. This practice is called *intertextuality;* the *intertext* is the term used to designate the specific words or images in the text being read that evoke in the reader other texts that he or she has previously read or experienced. Intertextuality presupposes a familiarity with a given literary tradition or cultural referent. A reference to a specific character, place, event, or title in the text currently being read serves to evoke the values, events, characters, atmosphere, and other elements of the antecedent text or event. The intertext sometimes sets up a relationship of contrast, parody, or inversion, or it may suggest similarity or likeness between the original and the text at hand.

A Estudie el artículo de la derecha y el anuncio de la próxima página. ¿A qué texto hace referencia cada uno y dónde se observa el intertexto en cada texto? ¿Qué relación se establece entre el texto original y el que aparece aquí? ¿Es de imitación, de parodia o de inversión? ¿Qué valores del texto original ayudarán a vender el producto que figura en el anuncio?

B A continuación se reproduce el primer párrafo de «El ángel caído», el cuento que Ud. va a leer

---

Wealth taxes

The rich shall inherit the earth

JOHN MAJOR wants to abolish both inheritance tax and capital-gains tax. In recent weeks, there have been persistent rumours that the budget on November 26th will move in this direction. Why any Tory thinks votes might be won by spending what money can be spared for tax cuts on measures that would benefit only the very wealthy is a mystery. But would axing these taxes make economic sense?

---

*Remember that a *text* does not have to be a printed book; an oral tradition, a well-known saying or figure, or a specific event can function as a text, with its own narrative, values, and images.

When friends pop in, make them feel like honored guests with this crisp, dry *méthode champenoise* sparkling wine.

CORDON NEGRO BRUT BY FREIXENET

There's A Party In Every Bottle.

en este capítulo. Léalo y luego analice la lista de textos que aparece en la pagina 212. Determine cuáles de esos textos aparecen en referencias inter-textuales en el párrafo. Subraye las palabras en el párrafo que introducen cada intertexto identificado.

El ángel se precipitó[1] a tierra, exactamente igual que el satélite ruso que espiaba los movimientos en el mar de la X flota[2] norteamericana y perdió altura cuando debía ser impulsado[3] a una órbita firme de 950 kilómetros. Exactamente igual, por lo demás,[4] que el satélite norte-americano que espiaba los movimientos de la flota rusa, en el mar del Norte y luego de una falsa maniobra cayó a tierra. Pero mientras la caída

---

[1]se... *plummeted*   [2]*fleet*   [3]debía... *it was supposed to be propelled*   [4]por... *moreover*

de ambos ocasionó incontables catástrofes: la desertización[5] de parte del Canadá, la extinción de varias clases de peces, la rotura de los dientes de los habitantes de la región y la contaminación de los suelos vecinos, la caída del ángel no causó ningún trastorno ecológico. Por ser ingrávido[6] (misterio teológico acerca del cual las dudas son heréticas[7]) no destruyó, a su paso, ni los árboles del camino, ni los hilos del alumbrado,[8] ni provocó interferencias en los programas de televisión...

[5]*desertification*   [6]*weightless*   [7]*heretical*   [8]*hilos... power lines*

1. la guerra fría
2. la muerte de John Lennon
3. la teorización de la gravedad
4. Caín y Abel
5. el pecado de Lucifer
6. el Apocalipsis
7. la Declaración de la Independencia
8. las apariciones de Elvis Presley
9. el movimiento ecológico
10. el pecado de Adán y Eva y su expulsion del paraíso

Ahora, examine el título del cuento y observe los dibujos que lo acompañan. Tomando en cuenta también el párrafo que acaba de leer, determine si los intertextos en este cuento sugieren una relación de diferencia o de similitud con los textos aludidos. ¿Representan los textos aludidos y este cuento valores parecidos o distintos? ¿Parecen todos del mismo orden social, religioso o filosófico? ¿Pertenecen a un mismo momento histórico? ¿Cómo supone Ud. que va a ser este cuento? ¿cómico o serio? ¿religioso o secular? ¿clásico o moderno? ¿Presentará una crítica de la sociedad o estará de acuerdo con los valores de la sociedad descrita? Explique.

Palabras y conceptos

el antecedente background, record
el asombro surprise, astonishment
carecer de to lack
la cortesía courtesy
descompuesto broken down, faulty
desinfectar to disinfect
estar harto de to be sick and tired of

inquietar to upset, worry
la melancolía sadness, melancholy
pecar to sin
el sentido común common sense
la señal sign; signal
el simulacro de bombardeo bomb drill
el trastorno confusion, disturbance

A Agrupen las palabras de la lista del vocabulario en las siguientes categorías. Explique la relación de cada palabra con la categoría asignada.

1. la vida moderna
2. la vida tradicional
3. el estado emocional o psicológico

B ¡Necesito compañero! Trabajando en parejas, indiquen en qué circunstancias haría una persona las siguientes acciones.

1. pedirle los antecedentes a alguien
2. desinfectar un lugar
3. preferir la imaginación al sentido común
4. sentir asombro

C Vuelva a mirar los dibujos que acompañan el cuento. Describa a algunas de las personas que aparecen en cada dibujo. ¿Cuál parece ser su relación con el ángel? ¿En qué condiciones se encuentra el ángel? ¿Cómo es el lugar en que ocurre la acción del cuento? ¿En qué época cree Ud. que transcurren los hechos? ¿Qué ha pasado en ese lugar que puede explicar las condiciones en que se encuentra?

El ángel caído (Parte 1)

Sobre la autora *Cristina Peri Rossi nació en el Uruguay en 1941. Es cuentista, ensayista, poeta, periodista y también profesora. Como Mario Benedetti («La guerra y la paz», Capítulo 4), salió del Uruguay en 1972 por motivos políticos y desde entonces ha vivido en el exilio en Barcelona, España. Ha ganado varios premios importantes, incluyendo el Premio Puerta de Oro de Cuento en 1982 por «El ángel caído».*

1 El ángel se precipitó a tierra, exactamente igual que el satélite ruso que espiaba los movimientos en el mar de la X flota norteamericana y perdió altura cuando debía ser impulsado a una órbita firme de 950 kilómetros. Exactamente igual, por lo demás, que el satélite norteamericano que espiaba los movimientos de la flota 5 rusa, en el mar del Norte y luego de una falsa maniobra cayó a tierra. Pero mientras la caída de ambos ocasionó incontables catástrofes: la desertización de parte del Canadá, la extinción de varias clases de peces, la rotura de los dientes de los habitantes de la región y la contaminación de los suelos vecinos, la caída del ángel no causó ningún trastorno ecológico. Por ser ingrávido (misterio teológico 10 acerca del cual las dudas son heréticas) no destruyó, a su paso, ni los árboles del camino, ni los hilos del alumbrado, ni provocó interferencias en los programas de televisión, ni en la cadena[1] de radio; no abrió un cráter en la faz[2] de la tierra ni envenenó las aguas. Más bien, se depositó en la vereda,[3] y allí, confuso, permaneció sin moverse, víctima de un terrible mareo.[4]

15 Al principio, no llamó la atención de nadie, pues los habitantes del lugar, hartos de catástrofes nucleares, habían perdido la capacidad de asombro y estaban ocupados en reconstruir la ciudad, despejar los escombros,[5] analizar los alimentos y el agua, volver a levantar las casas y recuperar los muebles, igual que hacen las hormigas[6] con el hormiguero destruido, aunque con más melancolía.

20 —Creo que es un ángel —dijo el primer observador, contemplando la pequeña figura caída al borde de una estatua descabezada en la última deflagración.[7] En efecto: era un ángel más bien pequeño, con las alas mutiladas (no se sabe si a causa de la caída) y un aspecto poco feliz.

Pasó una mujer a su lado, pero estaba muy atareada[8] arrastrando un 25 cochecito[9] y no le prestó atención. Un perro vagabundo y famélico,[10] en cambio,

[1]*network*   [2]*face*   [3]*acera*   [4]*dizziness*   [5]despejar... *clear away the rubble*   [6]*ants*   [7]*fire storm*
[8]*ocupada*   [9]arrastrando... *pulling a baby carriage*   [10]con mucha hambre

se acercó a sólo unos pasos de distancia, pero se detuvo bruscamente: aquello, fuera lo que fuera,[11] no olía,[12] y algo que no huele puede decirse que no existe, por tanto no iba a perder el tiempo. Lentamente (estaba rengo[13]) se dio media vuelta.

30   Otro hombre que pasaba se detuvo, interesado, y lo miró cautamente, pero sin tocarlo: temía que transmitiera radiaciones.

—Creo que es un ángel —repitió el primer observador, que se sentía dueño de la primicia.[14]

—Está bastante desvencijado[15] —opinó el último—. No creo que sirva para 35 nada.

Al cabo de una hora, se había reunido un pequeño grupo de personas. Ninguno lo tocaba, pero comentaban entre sí y emitían diversas opiniones aunque nadie dudaba de que fuera un ángel. La mayoría, en efecto, pensaba que se trataba de un ángel caído, aunque no podían ponerse de acuerdo en cuanto a 40 las causas de su descenso. Se barajaron[16] diversas hipótesis.

—Posiblemente ha pecado —manifestó un hombre joven, al cual la contaminación había dejado calvo.

Era posible. Ahora bien, ¿qué clase de pecado podía cometer un ángel? Estaba muy flaco como para pensar en la gula;[17] era demasiado feo como para pecar de orgullo; según afirmó uno de los presentes, los ángeles carecían de progeni- 45 tores,[18] por lo cual era imposible que los hubiera deshonrado; a toda luz,[19] carecía de órganos sexuales, por lo cual la lujuria[20] estaba descartada.[21] En cuanto a la curiosidad, no daba el menor síntoma de tenerla.

—Hagámosle la pregunta por escrito —sugirió un señor mayor que tenía un 50 bastón[22] bajo el brazo.

---

[11]fuera... *whatever it was*   [12]no... *didn't smell*   [13]*lame*   [14]*discovery*   [15]*descompuesto*   [16]Se... *Were toyed with*   [17]*gluttony*   [18]*antepasados*   [19]a... *obviamente*   [20]*lust*   [21]*discarded*   [22]*cane*

La propuesta[23] fue aceptada y se nombró un actuario, pero cuando éste, muy formalmente, estaba dispuesto[24] a comenzar su tarea, surgió una pregunta desalentadora:[25] ¿qué idioma hablaban los ángeles? Nadie sabía la respuesta, aunque les parecía que por un deber[26] de cortesía, el ángel visitante debía conocer la lengua que se hablaba en esa región del país (que era, por lo demás, un restringido[27] dialecto, del cual, empero,[28] se sentían inexplicablemente orgullosos).

Entre tanto,[29] el ángel daba pocas señales de vida, aunque nadie podía decir, en verdad, cuáles son las señales de vida de un ángel. Permanecía en la posición inicial, no se sabía si por comodidad o por imposibilidad de moverse, y el tono azul de su piel ni aclaraba ni ensombrecía.[30]

—¿De qué raza es? —preguntó un joven que había llegado tarde y se inclinaba sobre los hombros de los demás para contemplarlo mejor.

Nadie sabía qué contestarle. No era ario[31] puro, lo cual provocó la desilusión de varias personas; no era negro, lo que causó ciertas simpatías en algunos corazones; no era indio (¿alguien puede imaginar un ángel indio?), ni amarillo: era más bien azul, y sobre este color no existían prejuicios, todavía, aunque comenzaban a formarse con extraordinaria rapidez.

La edad de los ángeles constituía otro dilema. Si bien un grupo afirmaba que los ángeles *siempre* son niños, el aspecto del ángel ni confirmaba ni refutaba esta teoría.

Pero lo más asombroso era el color de los ojos del ángel. Nadie lo advirtió,[32] hasta que uno de ellos dijo:

—Lo más bonito son los ojos azules.

Entonces una mujer que estaba muy cerca del ángel, le contestó:

—Pero, ¿qué dice? ¿No ven que son rosados?

Un profesor de ciencias exactas que se encontraba de paso,[33] inclinó la cabeza para observar mejor los ojos del ángel y exclamó:

—Todos se equivocan. Son verdes.

Cada uno de los presentes veía un color distinto, por lo cual, dedujeron que en realidad no eran de ningún color especial, sino de todos.

—Esto le causará problemas cuando deba identificarse —reflexionó un viejo funcionario administrativo que tenía la dentadura postiza[34] y un gran anillo de oro en la mano derecha.

En cuanto al sexo, no había dudas: el ángel era asexuado, ni hembra[35] ni varón,[36] salvo[37] (hipótesis que pronto fue desechada[38]) que el sexo estuviera escondido en otra parte. Esto inquietó mucho a algunos de los presentes. Luego de una época de real confusión de sexos y desenfrenada[39] promiscuidad, el movimiento pendular de la historia (sencillo como un compás) nos había devuelto a la feliz era de los sexos diferenciados, perfectamente reconocibles. Pero el ángel parecía ignorar esta evolución.

—Pobre —comentó una gentil señora que salía de su casa a hacer las compras, cuando se encontró con el ángel caído—. Me lo llevaría a casa, hasta que se compusiera,[40] pero tengo dos hijas adolescentes y si nadie puede decirme si se trata de un hombre o de una mujer, no lo haré, pues sería imprudente que conviviera con mis hijas.

—Yo tengo un perro y un gato —murmuró un caballero bien vestido, de agradable voz de barítono—. Se pondrían muy celosos si me lo llevo.

---

[23]*proposal* [24]listo [25]*disheartening* [26]obligación [27]limitado [28]*however* [29]Entre... *Meanwhile* [30]*darkened* [31]*Aryan* [32]notó [33]se... *was passing by* [34]dentadura... *false teeth* [35]mujer [36]hombre [37]a menos [38]*discarded* [39]*wanton* [40]se... *it got well*

—Además habría que conocer sus antecedentes —argumentó un hombre de dientes de conejo, frente estrecha y anteojos de carey,[41] vestido de marrón—. Quizá se necesite una autorización. —Tenía aspecto de confidente de la policía, y esto desagradó[42] a los presentes, por lo cual no le respondieron.

—Y nadie sabe de qué se alimenta —murmuró un hombre simpático, de aspecto muy limpio, que sonreía luciendo[43] una hilera de dientes blancos.

—Comen arenques[44] —afirmó un mendigo[45] que siempre estaba borracho y al que todo el mundo despreciaba por su mal olor. Nadie le hizo caso.

—Me gustaría saber qué piensa —dijo un hombre que tenía la mirada brillante de los espíritus curiosos.

Pero la mayoría de los presentes opinaba que los ángeles no pensaban.

A alguien le pareció que el ángel había hecho un pequeño movimiento con las piernas, lo cual provocó gran expectación.

—Seguramente quiere andar —comentó una anciana.

—Nunca oí decir que los ángeles andaran —dijo una mujer de anchos[46] hombros y caderas,[47] vestida de color fucsia y comisuras[48] estrechas, algo escépticas—. Debería volar.

—Este está descompuesto —le informó el hombre que se había acercado primero.

El ángel volvió a moverse casi imperceptiblemente.

—Quizá necesite ayuda —murmuró un joven estudiante, de aire melancólico.

—Yo aconsejo que no lo toquen. Ha atravesado[49] el espacio y puede estar cargado de radiación —observó un hombre vivaz, que se sentía orgulloso de su sentido común.

De pronto, sonó una alarma. Era la hora del simulacro de bombardeo y todo el mundo debía correr a los refugios,[50] en la parte baja de los edificios. La operación debía realizarse con toda celeridad[51] y no podía perderse un solo instante. El grupo se disolvió rápidamente, abandonando al ángel, que continuaba en el mismo lugar.

[41]horn-rimmed (*tortoise shell*) [42]*displeased* [43]mostrando [44]*herrings* [45]*beggar* [46]*broad* [47]*hips* [48]*mouth corners* [49]Ha... Ha pasado por [50]*shelters* [51]rapidez

Comprensión

A Busque en la columna B la información que mejor completa cada oración que comienza en la columna A. ¡Cuidado! Las columnas continúan en la próxima página. Después, cambie los verbos entre paréntesis por la forma apropiada del pluscuamperfecto.

A

1. _____ Antes de que el ángel hubiera caído a tierra,
2. _____ Los satélites rusos y norteamericanos de los años anteriores
3. _____ Antes de la llegada del ángel, los habitantes de la ciudad ya
4. _____ El perro vagabundo

B

a. (causar) daños muy graves al medio ambiente.
b. (perder) todo interés en el ángel ya que éste no olía.
c. nadie (determinar) definitivamente si era mujer u hombre.
d. ya (caer) unos satélites rusos y norteamericanos.

5. _____ Muchas personas observaban al ángel y hacían comentarios sobre él, pero ninguno de ellos

6. _____ La madre de las dos hijas adolescentes no quiso llevar al ángel a su casa porque

7. _____ Según uno de los observadores, era peligroso tocar al ángel porque

e. (ver) numerosas catástrofes nucleares y otros desastres.

f. éste (cruzar) el espacio cargado de radiación antes de estrellarse allí.

g. (determinar) las causas del descenso del ángel.

B Explique las causas de los siguientes hechos presentados en el cuento.

1. La caída del ángel no causó ningún daño en el lugar.
2. Nadie cree que el ángel haya sido expulsado del cielo ni por lujuria ni por gula.
3. No pueden preguntarle al ángel por qué está allí.
4. La falta de sexualidad del ángel inquieta mucho a la gente.
5. La gente abandona al ángel y sale corriendo.

C ¡Necesito compañero! Trabajando en parejas, llenen la siguiente ficha de registro (*data card*) para informar a la policía sobre el descubrimiento del ángel. Un(a) estudiante debe hacer el papel de policía y el otro / la otra el de informante, basándose en la información recogida por los varios personajes del cuento.

Antecedentes del informante:				
Lugar del incidente:				
Datos importantes del individuo en cuestión:				
Nombre	Apellido(s)	Raza	Sexo	Color de ojos
Lugar de origen	Lengua nativa	Condición física		Señales especiales
Conducta/Acciones:				
Hábitos y gustos:				
Particularidades:				

Interpretación

A La primera parte de «El ángel caído» presenta a unos diecinueve personajes, habitantes de la ciudad en la que cae el ángel. Divídanse en grupos de tres estudiantes. Cada grupo debe elegir a seis personajes del cuento y buscar la siguiente información sobre cada uno de ellos.

- sus características físicas

- su edad

- su sexo

- su profesión u ocupación

- cómo reacciona ante el ángel

- su relación con los otros habitantes de la ciudad

Después de recoger la información, toda la clase debe compartir los datos encontrados y contestar las siguientes preguntas para crear una descripción del ambiente de la ciudad en su aspecto humano.

- ¿Qué tipo de preguntas y comentarios hacen los habitantes? ¿Qué revelan estas preguntas y comentarios de sus valores y preocupaciones?

- ¿Cuál es la reacción general de la gente en cuanto a la caída del ángel? (de sorpresa, indiferencia, histeria, hostilidad, amabilidad, ¿ ?)

- ¿Cómo es el ambiente en que viven los habitantes de la ciudad y cómo influye este ambiente en ellos?

- ¿Qué preguntas haría la clase si se encontrara en la misma situación? ¿Hay algunas preguntas que no haya hecho la gente del lugar pero que Uds. harían?

 B Entre todos De los siguientes atributos, elijan diez que Uds. asocian con los ángeles en general y escríbanlos en el sitio correspondiente del diagrama a continuación. Luego, elijan diez que asocian con el ángel del cuento y escríbanlos en la parte correspondiente del diagrama.

los ángeles en general el ángel del cuento

características/cualidades en común

alto	elocuente	patético
ambicioso	espiritual	pobrecito
arrogante	etéreo	poderoso
bello	exótico	puro
blanco	frágil	reservado
cómico	fuerte	sensual
débil	glorioso	sucio
delicado	humilde	sumiso
descompuesto	inteligente	tímido
desorientado	luminoso	tonto
dorado (*golden*)	místico	triunfante
elegante	oprimido	violento

- ¿Es parecido el ángel del cuento a la imagen general que Uds. tienen de los ángeles tal como los definieron en la primera parte de esta actividad? ¿En qué aspectos difiere?

- De todos los atributos anteriores, ¿hay algunos que se apliquen tanto a los ángeles en general como al ángel del cuento? Escríbanlos en la intersección de los dos círculos del diagrama.

C El texto describe la caída de un ángel. ¿Qué otras caídas famosas conoce Ud.? ¿Cuál de ellas es la que se evoca en las alusiones intertextuales de «El ángel caído»? Complete la siguiente tabla para comparar los dos textos.

	«EL ANGEL CAIDO»	TEXTO ALUDIDO
autor del texto		
figura que sufre la caída		
condición original		
condición después de la caída		
causa de la caída		
consecuencias de la caída		
tiempo histórico de la caída		

Ahora vuelva a las preguntas de la página 212 sobre la relación entre los textos. ¿Cambia la lectura del texto las respuestas que Ud. dio antes de leerlo? Explique.

D Papel y lápiz Imagínese que Ud. es uno de los habitantes del lugar en donde cae el ángel. Escriba una descripción de cómo descubrió Ud. al ángel, cómo reaccionaron los otros habitantes de la ciudad y cómo reaccionó Ud. Puede seguir el patrón establecido en el texto y reconstruido en las actividades de Comprensión e Interpretación, o puede inventar otras posibles maneras de reaccionar ante la aparición del ángel.

LECTURA II EL ANGEL CAIDO (PARTE 2)

APROXIMACIONES AL TEXTO

Understanding Connecting Words

Understanding relationships between clauses is extremely important when you are reading in any language. The message of the first sentence below is quite different from that of the second, even though the two clauses in each sentence are identical. The change in meaning results from the way the second clause is related to the first, as determined by the italicized word in each sentence.

No one anticipated problems, *because* we were arriving early in April.
No one anticipated problems, *although* we were arriving early in April.

In the first sentence, the information in the second clause *explains* the information in the first clause; in the second sentence, the information in the second clause *contrasts with* the information in the first clause.

There are many connecting words like *because* and *although* that indicate how clauses are related. They also perform the same function between sentences, or between simple phrases within a clause or a sentence. These words fall into several general categories.

1. Some introduce the *cause* of a situation or condition.

a causa de (que)	*because of*	debido a (que)	*because of; due to*
como	*since, because*	porque	*because*

2. Some introduce the *effect* of a situation or condition.

así (que)	*thus*	por consiguiente	*therefore*
en consecuencia	*as a result*	por lo tanto	
		por eso	*for that reason; therefore*

3. Some introduce a *contrast*.

en cambio / por otra parte	*on the other hand*	a diferencia de / en contraste con	*in contrast to*
no obstante / sin embargo	*nevertheless; however*	a pesar de (que)	*in spite of; despite*
		al contrario	*on the contrary*
con todo	*nevertheless, still*		
pero / sino	*but*	aunque	*even though; although*

4. Some introduce a *similarity*.

así como
de la misma manera
de manera semejante } *similarly; in the same way*
del mismo modo

igual que + *noun*   *like + noun*
tal como   *just like; just as*
tanto... como...   *both . . . and . . . ; . . . as well as . . .*

5. Other useful expressions are as follows.

Additional information: además (de)   *besides; furthermore*
    en adición (a)   *additionally; in addition (to)*

Restatement: es decir
    o sea } *that is to say; in other words*

General statement: en general
    por lo general } *in general*

Specific statement: por ejemplo   *for example*

A Estudie las palabras de conexión anteriores (especialmente las de las categorías 1 a 4) y trate de aprender a reconocer el significado de cada una. Después, lea las siguientes oraciones y determine si el elemento que sigue a la(s) palabra(s) en letra cursiva se relaciona con el resto de la oración como causa (**C**), efecto (**E**), afirmación parecida (**AP**) o afirmación contrastiva (**AC**).

1. _____ El ángel se precipitó a tierra, exactamente *igual que* el satélite ruso que espiaba los movimientos de la flota norteamericana.
2. _____ Por temor a la radiación, los ciudadanos miraban al ángel desde lejos; *en cambio,* un perro vagabundo y famélico se acercó a sólo unos pasos de distancia.
3. _____ La mayoría pensaba que se trataba de un ángel caído, *aunque* no podían ponerse de acuerdo en cuanto a las causas de su descenso.
4. _____ El ángel había atravesado el espacio, *por lo tanto* no debían tocarlo.
5. _____ El grupo de curiosos desapareció *a causa de* la sirena que anunció el simulacro de bombardeo.

B Ahora estudie las palabras de conexión de las categorías 3 a 5. Lea las cinco oraciones a continuación y luego determine si el elemento que sigue la(s) palabra(s) en letra cursiva se relaciona con el resto de la oración como información adicional (**A**), declaración nueva (*restatement*) (**N**), afirmación parecida (**AP**) o afirmación contrastiva (**AC**).

1. _____ Yo tampoco estoy a gusto en este lugar. No es cuestión de elegir, *sino* de soportar (*putting up with*).
2. _____ La distinción entre hombres y mujeres no tiene ninguna importancia *porque* tanto unos como otros morimos.
3. _____ Las palabras a veces le parecían superfluas. *En cambio,* el silencio que ahora cubría la ciudad parecía la invasión de un ejército enemigo.
4. _____ No te aconsejo que te subas al pedestal porque la política es muy variable en nuestra ciudad. *Además,* esta ciudad no eleva monumentos a los extranjeros.

5. _____ Tomó de su bolso su carnet de identidad, la cédula administrativa, la documentación de vivienda, *o sea* todo lo que pudiera demandar la policía.

Palabras y conceptos

arrestar   to arrest
atropellado   run over
blindado   armored
deliberadamente   on purpose, deliberately
el desacato   contempt; insulting behavior
echar de menos   to miss
el escarabajo   beetle

extraer   to take out, remove
hacer caso de   to pay attention to
la piedad   compassion
el pretexto   pretext, excuse
previsto   foreseen, planned
regir (i, i)   to rule, govern
el traidor   traitor

A Identifique todas las palabras de la lista del vocabulario que se asocian con las siguientes categorías.

1. el control social   **2.** la planificación

B Observe el dibujo que acompaña la segunda parte del cuento «El ángel caído». ¿Qué nueva figura aparece en esta parte? ¿Qué relación puede tener con el ángel? ¿y con los otros personajes? ¿Cree Ud. que su conducta va a ser semejante o distinta de la de ellos? ¿Quiénes son las figuras del trasfondo? ¿Qué cree Ud. que van a hacer con el ángel? ¿y con el otro personaje?

El ángel caído (Parte 2)

1   En breves segundos la ciudad quedó vacía, pero aún se escuchaba la alarma. Los automóviles habían sido abandonados en las aceras, las tiendas estaban cerradas, las plazas vacías, los cines apagados, los televisores mudos. El ángel realizó[1] otro pequeño movimiento.

5   Una mujer de mediana edad, hombros caídos, y un viejo abrigo rojo que alguna vez había sido extravagante se acercaba por la calle, caminando con tranquilidad, como si ignorara deliberadamente el ruido de las sirenas. Le temblaba algo el pulso, tenía una aureola[2] azul alrededor de los ojos y el cutis[3] era muy blanco, bastante fresco, todavía. Había salido con el pretexto de buscar cigarri-
10   llos, pero una vez en la calle, consideró que no valía la pena hacer caso de la alarma, y la idea de dar un paseo por una ciudad abandonada, vacía, le pareció muy seductora.

Cuando llegó cerca de la estatua descabezada, creyó ver un bulto[4] en el suelo, a la altura del pedestal.

15   —¡Caramba! Un ángel —murmuró.

Un avión pasó por encima de su cabeza y lanzó[5] una especie[6] de polvo de tiza. Alzó[7] los ojos, en un gesto instintivo, y luego dirigió la mirada hacia abajo, al mudo bulto que apenas se movía.

---

[1]logró   [2]círculo   [3]*complexion*   [4]*lump*   [5]*ejected, spewed out*   [6]*kind*   [7]*She lifted*

—No te asustes —le dijo la mujer al ángel—. Están desinfectando la ciudad.
—El polvo le cubrió los hombros del abrigo rojo, los cabellos castaños que estaban un poco descuidados, el cuero[8] sin brillo de los zapatos algo gastados.[9]

—Si no te importa, te haré un rato de compañía —dijo la mujer, y se sentó a
su lado. En realidad, era una mujer bastante inteligente, que procuraba[10] no molestar a nadie, tenía un gran sentido de su independencia pero sabía apreciar una
buena amistad, un buen paseo solitario, un buen tabaco, un buen libro y una
buena ocasión.

—Es la primera vez que me encuentro con un ángel —comentó la mujer, en-
cendiendo un cigarrillo—. Supongo que no ocurre muy a menudo.

Como imaginó, el ángel no hablaba.

—Supongo también —continuó— que no has tenido ninguna intención de
hacernos una visita. Te has caído, simplemente, por algún desperfecto de la
máquina. Lo que no ocurre en millones de años ocurre en un día, decía mi madre.
Y fue a ocurrirte precisamente a ti. Pero te darás cuenta de que fuera el que fuera el ángel caído,[11] habría pensado lo mismo. No pudiste, con seguridad, elegir el
lugar.

La alarma había cesado y un silencio augusto cubría la ciudad. Ella odiaba ese
silencio y procuraba no oírlo. Dio una nueva pitada[12] al cigarrillo.

—Se vive como se puede. Yo tampoco estoy a gusto[13] en este lugar, pero podría decir lo mismo de muchos otros que conozco. No es cuestión de elegir, sino
de soportar.[14] Y yo no tengo demasiada paciencia, ni los cabellos rojos. Me gustaría saber si alguien va a echarte de menos. Seguramente alguien habrá advertido tu caída. Un accidente no previsto en la organización del universo, una al-
teración de los planes fijados, igual que la deflagración de una bomba o el escape
de una espita.[15] Una posibilidad en billones, pero de todos modos, sucede, ¿no es
cierto?

No esperaba una respuesta y no se preocupaba por el silencio del ángel. El
edificio del universo montado sobre la invención de la palabra, a veces, le parecía
superfluo. En cambio, el silencio que ahora sobrecogía[16] la ciudad lo sentía como
la invasión de un ejército enemigo que ocupa el territorio como una estrella de
innumerables brazos que lentamente se desmembra.

—Notarás en seguida —le informó al ángel— que nos regimos por medidas
de tiempo y de espacio, lo cual no disminuye, sin embargo, nuestra incertidumbre.[17] Creo que ése será un golpe más duro para ti que la precipitación en tierra.
Si eres capaz de distinguir los cuerpos, verás que nos dividimos en hombres y mujeres, aunque esa distinción no revista[18] ninguna importancia, porque tanto unos
como otros morimos, sin excepción, y ése es el acontecimiento[19] más importante
de nuestras vidas.

Apagó su cigarrillo. Había sido una imprudencia tenerlo encendido, durante
la alarma, pero su filosofía incluía algunos desacatos a las normas, como forma de
la rebeldía. El ángel esbozó[20] un pequeño movimiento, pero pareció interrum-
pirlo antes de acabarlo. Ella lo miró con piedad.

—¡Pobrecito! —exclamó—. Comprendo que no te sientas demasiado esti-
mulado a moverte. Pero el simulacro dura una hora, aproximadamente. Será
mejor que para entonces hayas aprendido a moverte, de lo contrario, podrás ser
atropellado por un auto, asfixiado por un escape de gas, arrestado por provocar
desórdenes públicos e interrogado por la policía secreta. Y no te aconsejo que te

[8]*leather* [9]*worn-out* [10]*tried* [11]fuera... *no matter who the fallen angel was* [12]*puff* [13]a... cómoda
[14]*putting up with* [15]escape... *leaking faucet* [16]*frightened* [17]*uncertainty* [18]tenga [19]suceso
[20]*attempted*

subas al pedestal (le había parecido que el ángel miraba la parte superior de la columna como si se tratara de una confortable cuna[21]), porque la política es muy variable en nuestra ciudad, y el héroe de hoy es el traidor de mañana. Además, esta ciudad no eleva monumentos a los extranjeros.

De pronto, por una calle lateral,[22] un compacto grupo del soldados, como escarabajos, comenzó a desplazarse,[23] ocupando las veredas, la calzada[24] y reptando[25] por los árboles. Se movían en un orden que, con toda seguridad, había sido estudiado antes y llevaban unos cascos[26] que irradiaban fuertes haces[27] de luz.

—Ya están éstos —murmuró la mujer, con resignación—. Seguramente me detendrán otra vez. No sé de qué clase de cielo habrás caído tú —le dijo al ángel—, pero éstos, ciertamente, parecen salidos del fondo[28] infernal de la tierra.

En efecto, los escarabajos avanzaban con lentitud y seguridad.

Ella se puso de pie, porque no le gustaba que la tomaran por sorpresa ni que la tocaran demasiado. Extrajo de su bolso el carnet de identificación, la cédula[29] administrativa, el registro de vivienda, los bonos de consumo[30] y dio unos pasos hacia adelante, con resignación.

Entonces el ángel se puso de pie. Sacudió[31] levemente el polvo de tiza que le cubría las piernas, los brazos, e intentó algunas flexiones. Después se preguntó si alguien echaría de menos a la mujer que había caído, antes de ser introducida[32] con violencia en el coche blindado.

[21]*cradle* [22]*side* [23]moverse [24]camino [25]*crawling* [26]helmets [27]*rays* [28]*depth* [29]tarjeta
[30]bonos... *meal tickets* [31]*It dusted off* [32]puesta

Comprensión

A Elija las palabras o expresiones entre paréntesis que mejor describan lo que pasa en el cuento. ¡Cuidado con el uso del subjuntivo!

1. La mujer (sabía / no sabía) que (había/hubiera) un ángel al lado del pedestal.
2. A la mujer (le importaba / no le importaba) que el ángel no le (contestaba/contestara).
3. A la mujer le parecía (normal/ridículo) que la sociedad (dividía/dividiera) a los seres humanos en hombres y mujeres.
4. La mujer le dijo al ángel que no (subió/subiera) al pedestal.
5. Los soldados se movían por la ciudad como si lo (habían/hubieran) hecho (pocas/muchas) veces antes.
6. La mujer (indicó/indicara) en su conversación que los soldados (ya/nunca) la habían arrestado antes.
7. Al final (la mujer / el ángel) tenía miedo de que algo malo le (pasaba/pasara) (a la mujer / al ángel).

B Vuelva a la página 218 para repasar la caracterización de los personajes de la primera parte del cuento y contrastarla con la de la mujer que aparece en la segunda parte. Puede usar la siguiente tabla para comparar a la mujer con los demás personajes.

	LOS DEMAS PERSONAJES	LA MUJER
su apariencia física		
su actitud frente al ángel		
su actitud frente a las autoridades		
su actitud frente a la vida		

Interpretación

A ¿Cree Ud. que la mujer se parece mucho a los otros habitantes de la ciudad o que se aparta de la imagen que se da de ellos? Nombre por lo menos tres elementos referentes a su ropa, conducta o conversación que confirmen su respuesta.

B Examine la descripción del grupo de soldados. ¿Qué comunican los siguientes elementos con respecto a su representación?

■ la comparación de ellos con los escarabajos

■ la descripción de sus movimientos «reptando por los árboles»

■ sus cascos que irradiaban fuertes haces de luz

■ la opinión de la mujer de que salen del fondo infernal de la tierra

¿Qué representan los soldados en relación con la(s) historia(s) bíblica(s) evocada(s) en «El ángel caído»?

C Analice las siguientes declaraciones enunciadas por la mujer del cuento. Luego conteste las preguntas sobre cada cita.

1. «Seguramente alguien habrá advertido tu caída. Me gustaría saber si alguien va a echarte de menos.»

■ ¿Quién es el «alguien» aludido por la mujer?

■ ¿Qué significa el uso del futuro de probabilidad en su comentario?

■ ¿Qué revela de ese alguien que no coincide con la visión tradicional?

2. «Notarás en seguida que nos regimos por medidas de tiempo y de espacio, lo cual no disminuye, sin embargo, nuestra incertidumbre.»

■ ¿Qué ejemplos se ven en el texto que revelan que los habitantes de ese lugar están conscientes de horarios o que tienen prisa?

■ ¿Tiene importancia a este respecto la preocupación de los habitantes al no poder adivinar la edad del ángel?

■ ¿Puede Ud. pensar en ejemplos que revelan que los habitantes respetan los límites del espacio (por ejemplo, el espacio público en contraste con el espacio privado, como la casa; o la diferencia entre el mundo conocido o espacio familiar y el mundo desconocido)?

■ ¿Es la actitud de la mujer con respecto a esto parecida a o distinta de la de los otros ciudadanos?

3. «¡Caramba! Un ángel.»

■ ¿Qué revelan estas palabras sobre la actitud de la mujer ante el ángel?

■ ¿Es formal o informal el modo de hablar de la mujer? ¿Qué revela esto de sus valores?

■ En su opinión, ¿coincide la manera de expresarse de la mujer con los otros rasgos de su personalidad tales como se presentan en el texto?

Vuelva a la tabla de la actividad B de la página 225. ¿Qué información puede Ud. agregar a su análisis anterior?

D Las palabras «Me gustaría saber si alguien va a echarte de menos», que la mujer le dice al ángel, se repiten al final del texto, pero esta vez expresadas por el ángel con respecto a la mujer y con una referencia a la caída de ella. ¿Cómo ha caído la mujer literalmente? ¿Cómo podemos comparar su caída con la del ángel? ¿Qué impacto tiene esta nueva caída en relación con el texto bíblico como comentario sobre el mundo contemporáneo? Llene la tabla de la próxima página para contestar estas preguntas.

E Papel y lápiz Vuelva a examinar sus apuntes acerca de la mujer (de la actividad B de la página 225 y la actividad D arriba). En su opinión, ¿qué representa la mujer en este cuento? ¿Y qué representa su caída al final? ¿Sería diferente la historia si ese personaje fuera hombre? ¿En qué sentido(s) sería diferente? Explore estas preguntas en su cuaderno de apuntes.

	LA CAIDA BIBLICA	LA CAIDA DEL ANGEL DEL CUENTO	LA CAIDA DE LA MUJER
su condición original			
su condición después de la caída			
la causa de su caída			
la consecuencia de su caída			
la fuerza que controla el destino de los caídos y los no caídos			

Aplicación

A ¡Necesito compañero! Trabajando en parejas, estudien la siguiente lista de obras que tratan el tema del control social, bien sea impuesto por alguna forma de gobierno o bien por invasores de otras naciones o seres de otros planetas. Elijan una de las obras (u otra, si quieren) y hagan una lista de los elementos que tiene ésta en común con «El ángel caído» y otra lista de los elementos que marcan una diferencia de tratamiento.

> *Metamorfosis* de Franz Kafka *Independence Day*
> *1984* *Animal Farm*
> ¿ ? ¿ ?

B Busque un ejemplo de intertextualidad en un anuncio visual, en el título de una película o de un libro o en un programa de televisión. Descríbaselo (o muéstreselo) a la clase y, entre todos, identifiquen el intertexto, el texto aludido y el impacto del intertexto en cuanto a los valores que comunica.

C En los últimos años, la figura del ángel se ha hecho muy popular. ¿Cómo es el ángel de la cultura actual en comparación con el del cuento? ¿Tiene alguna importancia para Ud. la figura del ángel o no? Explique. ¿Por qué cree que se ha popularizado tanto últimamente? ¿A qué necesidades modernas responde y qué valores encarna?

D Papel y lápiz El cuento tiene un final abierto, es decir, no se sabe lo que les va a pasar ni a la mujer ni al ángel. Escriba otro final para el cuento, enfocándose o en la mujer o en el ángel. Puede escribir en forma de diálogo (el ángel informa a Dios de lo que pasa en el mundo; la mujer responde al interrogatorio de la policía) o en forma de narración, o puede combinar las dos formas.

CAPÍTULO DOCE

12

El trabajo
y el ocio

Marisol, *Mi mama y yo*

Estudie la foto de la escultura que aparece en la página anterior. Describa las dos figuras que están representadas. ¿Cómo están vestidas? ¿Cuál es su género sexual? ¿Qué están haciendo? ¿Qué tiene la figura de la izquierda en la mano? ¿Por qué? ¿Qué emociones despierta la escultura en Ud. como espectador? Marque todas las palabras que le parezcan apropiadas de la lista a continuación.

☐ triste ☐ cómico ☐ cruel ☐ absurdo
☐ alegre ☐ realista ☐ normal ☐ práctico
☐ elegante ☐ inquieto ☐ estable ☐ tranquilizador
☐ masculino ☐ femenino ☐ moderno ☐ anticuado

Nombre por lo menos dos palabras que no están en la lista. Compare su selección de palabras con la de los otros estudiantes de la clase para formar una lista general. Luego, estudie los dibujos que acompañan la lectura y comente cuáles de las palabras de la lista general también son aplicables a los dibujos.

LECTURA I ▬▬▬▬
EL SEÑOR LINK VISITA A UN AUTOR

APROXIMACIONES AL TEXTO*

Rompiendo el silencio: La inversión y el humor

Although women have been reciting and inventing stories and poems since the beginning of time, their voices have not been recognized within the Western literary tradition until quite recently. The Western literary *canon* consists almost exclusively of male writers. Women were the muses, the source of inspiration, and the object of the male author's interest. When women began to claim a place for themselves in the literary world, they had to create a new way of writing, new *literary conventions* that enabled them to express themselves in new ways. One of their first tasks was to revise the traditional female *characterization.* Formerly, two opposing female character types had predominated in many traditional male texts: the silent, powerless, and pure woman who was needful of protection, and the evil, dangerous woman who was the source of male suffering. Women writers often used *defamiliarization* to criticize the traditional presentation of female characters and to present new types from a different perspective. Since women were writing, speaking, and creating, they felt a need to do away with the image of women as muses, as silent, as weak. Obviously, the contrasting image of women as evil was not a reasonable alternative. In the search for new ways to portray women and new ways to voice the *themes* that women writers wished to explore, two common strategies have been developed over the last centuries. Women, as well as other writers from marginalized groups, frequently *defamiliarize* by inverting the traditional stereotypes. In texts by women writers, marriage may be depicted as detrimental to the development of female individuality, in contrast to traditional texts where women characters only find fulfillment in marriage and motherhood. The traditional depiction of both male and female characters may be inverted: traits traditionally associated with women will be applied to male characters and vice versa.

Women writers also use humor to poke fun at traditional stereotypes or to disguise their own criticism in the *subtext* that the *reader* must discover behind the double meaning of irony or parody. Irony and parody both have two textual levels. In irony, the literal and the ironic persist side by side. In parody, a previously established *genre, convention, character, plot, theme,* or *value* is presented and then exaggerated so that a competent reader perceives that the traditional element is being criticized or ridiculed.

---

*The **Aproximaciones al texto** section in this chapter incorporates concepts presented in earlier chapters as well as new information. Terms introduced previously are italicized.

Typically, literature written by women strives to subvert the traditional representation of women, of male-female relations, and of the relation between men and women and the social institutions that contribute to their sexual and personal identities.

A Indique cuáles de los siguientes argumentos aparecerían en una obra tradicional y cuáles representan una inversión de las convenciones tradicionales. Puede haber elementos convencionales y otros no convencionales en un mismo ejemplo. Y seguramente, habrá diferencias de opinión de acuerdo con los valores y las experiencias de cada lector(a).

1. Una mujer es raptada (*kidnapped*) por indígenas, logra escapar con otra mujer y hace a pie el viaje de Ohio a Virginia para reunirse con su familia.
2. Una chica quiere ser abogada. En la facultad de derecho conoce a un chico y se enamoran. Ella abandona la carrera y se casa.
3. Un poema describe a una mujer muy bella que está dormida. El hablante del poema no quiere que la mujer se despierte porque rompería la belleza del momento.
4. Una mujer que trabaja en una fábrica organiza a las otras obreras. Se declaran en huelga y logran que los empresarios les den un aumento de sueldo y mejoren las condiciones de trabajo.
5. Una madre de cuatro hijos es abandonada por su marido y vive en una pobreza horrible. Toma todo el dinero que le queda y les compra regalos de Navidad a sus hijos. Después de celebrar la Navidad con una buena cena, la mujer mata a sus hijos y se suicida.

B Indique cuáles de los siguientes personajes representan una versión humorística/paródica y cuáles siguen las convenciones literarias o sociales tradicionales.

1. Don Juan: Es gordo, calvo, rico y tiene un éxito tremendo entre las mujeres.
2. Cecilia: Es una mujer rubia, de ojos azules y lleva un vestido rosado. Está sentada al lado de una ventana desde la cual ve lo que pasa en la calle.
3. Little Miss Muffet: Está sentada, comiendo queso, cuando se le acerca una araña. La niña le dice que se vaya a otra parte porque las mujeres ya no le tienen miedo a las arañas.
4. Superman: Ve que algunos ladrones le roban a una mujer. Entra en una cabina telefónica, se cambia de ropa y sale volando a capturar a los criminales.
5. Ramonita Guerrera: Es apasionada por la caza y compra varios rifles automáticos, ametralladoras (*machine guns*) y bombas nucleares. Sale el primer día de caza y va matando a todos los cazadores que encuentra en el camino. Al final del día, ata a sus víctimas en el portaequipajes que tiene encima del coche, las lleva a un taxidermista y luego cuelga la caza disecada en las paredes de su sala.

C Ahora dé una versión opuesta de los personajes de la actividad anterior, ya sea la versión tradicional o la invertida/paródica. Luego, comparta la nueva versión con los otros miembros de la clase. ¿Quién tiene la versión más convincente (en el caso de las tradicionales) y quién la más extravagante (en el caso de las invertidas)?

Palabras y conceptos

advertir (ie) to notice
el anuncio advertisement
apetecer to appeal to, attract
atender (ie) to pay attention; to serve
atronar (ue) to deafen; to stun
aturdido dazed, bewildered
la bandeja tray
la cesta de la compra shopping basket
colocar to put, place
cursi vulgar, in bad taste
de rayas striped
los derechos de autor royalties
el escalón step, stair
grueso thick

hacer un recado to run an errand
hojear to leaf through
la lana wool
el mal humor bad mood
el mármol marble
ocultarse to hide
la pisada footstep
resonar (ue) to ring, echo
la tela material, cloth
la telenovela soap opera
temblar (ie) to tremble
el timbre doorbell
el trueno thunder

A Busque todas las palabras de la lista del vocabulario que corresponden a cada una de las siguientes categorías.

LAS TAREAS DOMESTICAS	LO INARMONICO/DISONANTE	LA ROPA

B Complete la siguiente tabla de antónimos con palabras de la lista del vocabulario y otras que Ud. ya ha aprendido en los capítulos anteriores. ¿Cuáles de las asociaciones le parecen estereotipos clasistas?

LA CLASE ALTA	LA CLASE BAJA
_____	grueso
_____	cursi
el mármol	_____
la lana	_____
la alpaca	_____
_____	la telenovela

C ¡Necesito compañero! Trabajando en parejas, estudien los dibujos que acompañan el texto y descríbanlos usando las palabras apropiadas de la lista del vocabulario. Lean el título del cuento y procuren identificar la figura del señor Link en los dibujos y la del autor a quien visita. Después, comparen su respuesta con las de los otros estudiantes de la clase. ¿Están todos de acuerdo?

D Según los dibujos y la lista del vocabulario, ¿qué tipo de relaciones parece existir entre los tres personajes del cuento? ¿Es de superior a inferior? ¿Quién es superior? ¿Quién es inferior? ¿Parecen ser parientes? ¿amigos? ¿desconocidos?

E Entre todos ¿Qué imágenes o asociaciones evoca en Uds. la palabra «escritor»? Terminen el siguiente esquema añadiendo sus propias asociaciones en cada categoría indicada.

los amigos y los pasatiempos — la apariencia física — la personalidad — **ESCRITOR** — la casa, los muebles, la vivienda — el lugar donde trabaja

F Papel y lápiz Seleccione una o dos de las categorías de la actividad anterior para explorar más las características que Ud. asocia con la figura del escritor. Escriba un retrato de un autor basándose en esas categorías, incorporando algunas de las ideas presentadas en la conversación que tuvo lugar en la clase y agregando también otras ideas suyas.

El señor Link visita a un autor

Sobre la autora   *Paloma Díaz-Mas nació en Madrid en 1954. Actualmente es profesora universitaria, especializada en la lengua y literatura de los judíos sefarditas. Ha publicado varias novelas, un drama y una colección de cuentos.*

España

Para Jorge Herralde,
que no me ha visitado nunca.

1   La casa es de las de patio de corredor y el señor Link se siente repentinamente[1] ridículo con su traje de alpaca italiano. Albert Sinclair vive en el quinto piso y no hay ascensor.

Más de un centenar de tortuosos escalones de madera, desgastados por el
5   lento desgranar[2] de las pisadas durante más de un centenar de años. La puerta está pintada al aceite en un estridente color caqui que quiere imitar una madera

[1]*suddenly*   [2]*wear and tear*

imposible. El timbre, no menos estridente, resuena en todo el corredor. Abre una mujer. El señor Link pregunta por Albert Sinclair y la mujer le tiende una mano macerada y húmeda: «Ha salido a hacer un recado, pero vendrá enseguida. Yo soy su madre. Pero pase, pase.» Y le hace pasar a un saloncito empapelado* con flores de lis gigantes azul marino y oro, y lo sienta en un sofá de piel sintética que en la penumbra[3] se adivina color burdeos[4] con cojines de pasamanerías doradas,

ante la mesita de mármol artificial sobre la que se abre un esplendoroso centro de flores de tela, mientras un pastorcillo lúbrico[5] de porcelana azul persigue, tocando el caramillo,[6] a una pastora asustadiza y rosa. El televisor está conectado a todo volumen a estas horas de la mañana y atruena la escena bucólica de loza, y las paredes pretendidamente versallescas† parecen tambalearse[7] por la convencional voz de trueno de los actores de telenovela. Hasta los pétalos de las flores de tela semejan[8] temblar en su búcaro egipcio, estremecidas[9] por la música lamentable de los anuncios de detergentes y de economatos[10] de barrio.

Albert Sinclair, en efecto, no tarda en llegar, con una cesta de la compra que es como un cuerno de la abundancia pobre[11] del que rebosan[12] acelgas, zanahorias, boquerones, naranjas, empanadillas congeladas y escurridizas[13] bolsas de leche pasteurizada. Dice que ha sido usted muy amable, que no tenía que haberse

---

[3]oscuridad [4]*maroon* [5]*pastorcillo... lewd shepherd* [6]*rustic pipe, flute* [7]*to wobble, sway* [8]parecen [9]*shaken* [10]*discount stores* [11]cuerno... *poor horn of plenty* [12]*overflow* [13]*slippery*

---

*La descripción de la sala que sigue contiene muchas palabras y frases que Ud. probablemente no conoce. Mire con atención el dibujo de la sala para ayudarse a entender la descripción.
†Paredes que tratan de imitar a las del palacio de Versailles, en Francia.

molestado y que pensaba llevarlo yo, pero el señor Link no atiende apenas, fascinado por la vestimenta de Albert Sinclair: camisa de rayas, falda de flores, chaqueta de cuadros, medias gruesas de lana, zapatillas de andar por casa con pompones azul celeste. La madre de Albert Sinclair parece tener de repente una idea feliz, propone con alegría que vamos a tomar un café, insiste en que vamos a tomar los tres juntos un café, pese a[14] las protestas, las excusas y súplicas del señor Link, quien le ruega que no se moleste, explica que no tiene ganas, asegura que tiene prisa, implora que no le fuercen porque está a dieta, mientras para sus adentros[15] evoca con deseo imposible de satisfacer el dry martini que realmente le apetecería. Mas de nada sirven[16] ruegos, protestas, súplicas y gimoteos: Albert Sinclair y su madre han acogido el proyecto del café a deshora[17] con entusiasmo y se ponen eufóricas manos a la obra, y al poco la joven aparece con una bandeja en la que reposan tres vasos de duralex[18] de un café con leche excesivamente lechoso,[19] aunque la madre encuentra algo que objetar: no le parece bien el vaso de duralex para el señor Link, como si no tuviéramos otra cosa; y, dicho y hecho, vierte[20] el contenido del vaso de duralex en una taza de arcopal[21] con florecitas azules y se la tiende obsequiosa[22] al señor Link sin advertir que, en el trasvase,[23] una traidora gota de café con leche se ha quedado en la superficie exterior de la taza, se desliza[24] en convexa trayectoria y se estrella[25] irremisiblemente en la pernera[26] izquierda del pantalón diseñado nada más y nada menos que por Luigi Dellbambola. Nadie parece advertirlo, quizá porque los tres están algo aturdidos por el estruendo del televisor que sigue vociferando para las paredes, para las cosas, para el aire, pero sobre él logra imponerse la voz de la madre explicando que no sabe usted lo bien que nos viene lo de los derechos de autor de la niña, es una ayudita muy buena, claro que no da para vivir, pero se agradece, no puede usted imaginarse lo que hemos pasado desde la falta de mi difunto marido, que en paz descanse. Mas entonces es interrumpida con gesto hosco[27] y voz hostil por el ilustre escritor Albert Sinclair (Concepción Huerta): «Calla, mamá, que a este señor no le importan esas cosas.» Y la madre calla avergonzada[28] porque sabe que ella le reprochará luego: «Otra vez has tenido que meter la pata[29]»; y entonces todos menos el televisor guardan un minuto de silencio en memoria de los azucarillos que acaban de desaparecer trágicamente en las respectivas tazas y que remueven parsimoniosamente con las mejores cucharillas de acero inoxidable[30] de la casa. El café está frío, dulzón y grasiento,[31] y las galletas maría revenidas,[32] pero tanto Albert-Concepción como su madre las consumen con eufórico deleite e insisten al señor Link —cada vez más aturdido por el parloteo televisivo— en que tome más, tome cuantas quiera, que hay más en la cocina, y más café también si quiere. De la cocina lo que llega es un olor a baquelita[33] quemada y la madre se

---

[14]pese... *in spite of* [15]para... *to himself* [16]Mas... *But all in vain* [17]a... *at the wrong time* [18]*cheap glassware* [19]*milky* [20]*pours* [21]*cheap porcelain* [22]*fawning* [23]*pouring* [24]se... *slides, slips* [25]se... *crashes into* [26]*trouser leg* [27]*gruff* [28]*ashamed* [29]meter... *put your foot in your mouth* [30]acero... *stainless steel* [31]*greasy* [32]*leathery* [33]*Bakelite (plastic used in cookware handles)*

levanta como impulsada por un resorte,[34] desaparece tras la cortina de canuti-
llos,[35] se oye un chisporroteo[36] de agua sobre plancha al rojo,[37] emergen volutas
80   de humo negro y pestilente y luego regresa: «Se me pegó[38] un poco la comida,
pero no importa.» Y repentinamente Albert-Concepción, con un dejo[39] de mal
humor, pronuncia la frase salvadora: «Este señor tendrá prisa», se oculta tras las
cortinas de cretona en un pozo[40] oscuro que debe de ser su habitación —una
habitación que, dada la situación en el plano de la minúscula[41] casa, ha de ser in-
85   terior y sin ventana— y sale pronto con el original mecanografiado[42] en la mano,
da de nuevo las gracias por la molestia de haber venido hasta aquí y coloca al
señor Link en la escalera, no sin que la madre le amoneste que tenga cuidado
porque los escalones están muy desgastados y a veces resbalan,[43] y que si lo de-
sea puede dar al automático* de la luz porque esto está muy oscuro.

90   El señor Link baja las escaleras con rapidez suicida, maldiciendo[44] la malsana
curiosidad que le llevó a querer husmear[45] —pretextando la recogida del original
del próximo libro— en cómo vivía Albert Sinclair, su escritor más mimado,[46] admirado y joven.

       Ya en el taxi, rumbo a la editorial,[47] hojea el original temiendo lo peor: nada
95   bueno puede salir de esa casa empapelada de lises como coliflores, de ese saloncito sintético, tenebroso y cursi, de ese café nauseabundo y esa alcoba[48] sin
ventilación.

       Pero el texto es perfecto, límpido,[49] armonioso, lleno de ritmo y de vida. Es
pura música, como un caudal que surge de claros ojos de agua.[50] Y se pregunta
cómo puede manar un venero[51] tan limpio bajo la lluvia atronadora del televisor.

---

[34]*spring* [35]*tubes* [36]*hissing* [37]*plancha... red-hot grill* [38]quemó [39]*touch* [40]*pit, hole* [41]pequeña
[42]*typed* [43]*are slippery* [44]*cursing* [45]*to snoop, pry* [46]*pampered* [47]rumbo... *on his way to the office*
[48]habitación [49]clarísimo [50]caudal... *stream of water flowing from a clear spring* [51]puede... *could a*
   spring flow

Comprensión

A Basándose en la lista a continuación y en la próxima página, llene la tabla
con todos los elementos que se relacionan con cada uno de los tres personajes del cuento.

ALBERT SINCLAIR	EL SEÑOR LINK	LA MADRE

- zapatillas con pompones azul celeste
- galletas maría
- un dry martini
- manuscrito pasado a máquina (*typed*)
- comida quemada
- admiración

---

*La mayoría de los edificios de apartamentos en España tiene luces que se apagan automáticamente
después de varios minutos.

- escritor admirado y joven
- vasos de duralex
- manos mojadas
- deseo de marcharse
- cesta de la compra
- huida por la escalera
- traje de alpaca italiano
- ropa cursi y estrafalaria (*outrageous*)
- la dieta (para bajar de peso)
- televisor a gritos
- dudas frente al manuscrito
- deseo de tener visita

B ¿Cierto (**C**) o falso (**F**)? Ponga los verbos entre paréntesis en el tiempo apropiado, ya sea subjuntivo o indicativo. Luego corrija las oraciones falsas.

1. _____ Albert Sinclair no está en casa cuando (llegar) el señor Link.
2. _____ El señor Link (visitar) a Sinclair con bastante frecuencia.
3. _____ El señor Link viene para recoger un nuevo manuscrito que Albert Sinclair (haber) escrito.
4. _____ Albert Sinclair quiere que el señor Link (tomar) un café.
5. _____ La madre (apagar) el televisor para que ellos (poder) hablar y tomar el café.
6. _____ La madre (estar) tan distraída con la visita del señor Link que (quemar) la comida que (estar) preparando.
7. _____ Al señor Link le sorprende que el nuevo manuscrito de Albert Sinclair (ser) tan bueno como los anteriores.

C Explique la causa de los siguientes hechos.

1. La madre riñe a su hija cuando trae la bandeja con los tres vasos de duralex.
2. Una gota de café cae en la pernera del pantalón del señor Link.
3. La madre está muy contenta con los derechos de autor que recibe Albert Sinclair.
4. El señor Link no tiene ganas de probar ni el café ni las galletas.
5. La madre le dice al señor Link que tenga cuidado al bajar la escalera.

D ¿Cuál de los tres personajes podría hacer los siguientes comentarios?

1. «Saca las tazas de color lila y pon el azucarero de flores para esta visita tan amable.»
2. «¡Qué casa más cursi!»
3. «Tome otra galleta. Son muy ricas.»
4. «No debemos de quitarle más tiempo. Estará Ud. muy ocupado.»
5. «¡Cómo odio estar en estas casas donde la televisión está puesta a todas horas!»
6. «Escribir es escapar del tedio de la vida diaria.»

Interpretación

A **Entre todos** Ahora que Uds. han leído el cuento, terminen el esquema de la próxima página para describir la vida de Concepción Huerta.

los amigos y los pasatiempos

la apariencia física

la personalidad

CONCEPCION/ESCRITORA

la casa, los muebles, la vivienda

el lugar donde trabaja

- ¿Cuál de los esquemas les parece que está más de acuerdo con lo que esperaba encontrar el señor Link, el que Uds. acaban de hacer o el que hicieron antes de leer el cuento (en la página 233)?

- ¿Qué esperaba encontrar el señor Link cuando decidió hacerle una visita a Albert Sinclair? ¿Qué evidencia hay en el cuento que revela esto?

B El narrador nunca describe a Concepción Huerta físicamente. ¿Qué imagen mental tiene Ud. de ella después de leer el cuento?

C Tradicionalmente, ¿por qué escriben algunos escritores bajo un seudónimo? ¿Por qué cree Ud. que Concepción Huerta habrá decidido usar el seudónimo «Albert Sinclair»?

D ¿Desde qué perspectiva se narra la historia? ¿desde la de un narrador omnisciente? ¿desde la de la madre? ¿de Albert-Concepción? ¿del señor Link? ¿Qué visión parece tener este narrador de los personajes? ¿Simpatiza más con Link? ¿con la madre? ¿con Albert-Concepción? ¿con ninguno? ¿con todos en parte?

E ¿Qué piensa Ud. del narrador de este cuento? ¿Le cae bien o mal? ¿Cuáles de los siguientes adjetivos lo describen mejor? Explique.

aburrido	conformista	esnob	materialista
arrogante	conservador	flexible	pobre
bohemio	democrático	generoso	progresista
burgués	egoísta	interesante	rico

- Al hacer la lista de los atributos del narrador, ¿predomina lo negativo o lo positivo?

- ¿Qué estereotipos y valores contemporáneos cuestiona el cuento por medio de la presentación del narrador?

- ¿Comparte el narrador los valores cuestionados o se mantiene distanciado de ellos?

F ¡Necesito compañero! Escribir es difícil para todo escritor, sea hombre o mujer. Para las mujeres, ha sido especialmente difícil porque no han tenido la libertad, la preparación ni el apoyo de la sociedad. Trabajando en parejas, estudien la siguiente lista de factores que pueden servir de ayuda o de estorbo a un escritor / una escritora e indiquen cuáles de ellos están presentes en «El señor Link visita a un autor», explícita o implícitamente. ¿Cuáles son cuestionados en el cuento por medio de la inversión o la ironía?

1. un lugar cómodo y tranquilo para poder escribir
2. el apoyo de la familia y las amistades
3. una remuneración adecuada
4. la aceptación del público
5. un conocimiento y experiencia de la vida en toda su variedad
6. una imaginación rica
7. un ambiente / una sociedad que valoriza la creatividad
8. la curiosidad del editor / de la editora

G Vuelva al texto y apunte las ocasiones en que los siguientes elementos aparecen, fijándose bien en la forma en que se han presentado y en la qué visión que ofrecen de la vida diaria y del mundo en que vive Concepción Huerta.

1. el timbre
2. la telenovela
3. las flores y la mesa de mármol
4. los anuncios de detergentes
5. los vasos de duralex
6. el olor a baquelita quemada
7. la escalera

■ ¿Qué visión se ofrece de la vida en la segunda mitad del siglo XX? ¿Qué representa la literatura en este mundo?

■ ¿Qué tiene que hacer Concepción Huerta para poder escribir en este mundo?

■ ¿En qué sentido el pozo oscuro donde vive y escribe puede servir de incentivo a su creatividad y no ser una barrera?

H En el mundo occidental hay un debate muy viejo sobre la función del arte en el mundo. Algunas personas favorecen un arte que refleja el mundo real y que presenta y ayuda a resolver los problemas de la vida tal como es, mientras que otras defienden un arte que permite escapar a otro mundo más bello. ¿Cuál de las dos visiones del arte se ve en este cuento? ¿Qué revela con respecto al mundo de hoy y al papel del arte en él?

Aplicación

A En la televisión se presentan muchos programas cómicos («*sit-coms*») que son muy populares. Piense en los que Ud. conoce o ha visto. ¿Hay alguno que tenga algún parecido o similitud con la situación de este cuento? ¿En qué se parecen? (Considere *Cosby, Friends, Seinfeld, Cybill, Caroline in the City, Wings, The Nanny* u otro programa que Ud. conozca.) ¿Serviría el cuento «El señor Link visita a un autor» para crear una comedia en serie en la televisión? De los personajes del cuento, ¿cuál sería el/la protagonista? ¿Qué otros personajes podría Ud. inventar para introducir en el programa? (amigos de los personajes, parientes, vecinos, ¿ ?)

B Trabajando en grupos de tres estudiantes, preparen descripciones de algunas personas excéntricas que hayan conocido. Cada grupo debe elegir a una de las personas propuestas para hacer una descripción más detallada. ¿Cómo era su apariencia? ¿su ropa? ¿sus gestos? ¿sus creencias? ¿sus hábitos? Presenten su descripción a la clase y después comparen las distintas descripciones para determinar cuál es la figura más excéntrica de todas. ¿Qué aspecto contribuye más a la excentricidad del individuo descrito?

C Papel y lápiz A veces nos encontramos con personas que, a primera vista, nos parecen raras o excéntricas. Sin embargo, muchas veces cambiamos de opinión cuando llegamos a conocerlas mejor. Describa brevemente a una persona que al principio le pareció excéntrica pero sobre la que Ud. luego tuvo un cambio de opinión. ¿Qué contribuyó a que Ud. cambiara de opinión?

LECTURA II
EXTRAÑO ACCIDENTE

Palabras y conceptos

aflojar to loosen
lanzarse(a) to throw oneself, hurl oneself (into)
el tornillo screw

A ¿A cuál de las palabras de la lista del vocabulario corresponde cada dibujo a continuación?

1. _____   2. _____   3. _____

B Tanto en español como en inglés, las siguientes expresiones pueden tener doble significado. Explique los dos sentidos en que puede interpretarse cada una.

	SENTIDO LITERAL	SENTIDO FIGURADO
faltarle a uno un tornillo		
unas curvas peligrosas		
morir de corazón roto		

Extraño accidente

Sobre la autora   *Gloria Fuertes es poeta y autora de cuentos de niños.*
Esta escritora española ha publicado varias colecciones de poesía, en las cuales se
destacan sus subversiones humorísticas del lenguaje y de los temas poéticos tradi-
cionales. Su estilo no tradicional ha provocado controversia entre muchos
escritores masculinos y críticos contemporáneos.

1   En aquella primavera se le aflojaron los
        tornillos;
     en unas curvas peligrosas
     se le rompió la dirección.[1]
5   Los testigos afirmaron que se lanzó al bello
        precipicio
     —como a sabiendas.[2]
     Murió de corazón roto
     a tantos de tantos,[3] como tantos
10   aunque continúa yendo a la oficina.

[1]*steering; course, route*   [2]*como... as if deliberately*   [3]*a... at such and such a day in this or that month*

Comprensión

A Basándose en una lectura literal, ¿qué pueden significar las siguientes palabras y expresiones?

1. el accidente
2. aflojársele los tornillos
3. las curvas peligrosas
4. la dirección rota

5. los testigos
6. el precipicio
7. morir

B Al llegar al último verso, los lectores tienen que darse cuenta de que una
lectura literal no funciona. ¿Qué elemento revela que hay que hacer otra
lectura distinta? Según esta segunda lectura, ¿qué pueden significar todos los
elementos mencionados en la actividad A?

Interpretación

A ¿Qué mundo o aspecto de la vida humana connotan las siguientes palabras?

1. la primavera
2. el bello precipicio
3. a tantos de tantos, como tantos

B ¿Cómo se presenta el amor en este poema? ¿Es una continuación o una inversión de la visión tradicional?

C ¿Cómo se presenta el mundo del trabajo en el poema? ¿Cómo será el individuo del poema en su trabajo? ¿Qué tipo de trabajo tendrá?

D ¿Cree Ud. que el individuo descrito en el poema es un hombre o una mujer? ¿Hay algo que lo indique en el poema? ¿en la tradición literaria? ¿Sugieren las imágenes del poema que se trata de un individuo de un sexo más que de otro? Explique.

E ¿Dónde está el humor en el poema? Explique.

Aplicación

A En los dos textos de este capítulo se critican ciertos aspectos de la vida moderna. ¿Cuáles son esos aspectos? ¿Cómo se describen las relaciones humanas en estos textos? ¿Cómo es la comunicación entre los seres humanos? ¿Está Ud. de acuerdo con esta visión o no?

B Tanto en «El señor Link visita a un autor» como en «Extraño accidente», el texto crea ciertas ideas en los lectores y luego las destruye para forzarles a revisar su primera lectura. ¿Cómo es que los lectores tienen que cambiar su lectura en los dos casos? ¿Puede Ud. pensar en otros textos, anuncios o formas de comunicación que utilizan una técnica semejante?

C Sondeo ¿Arte comprometido (*socially committed*) o arte de escape? ¿Qué tipo de arte le gusta a la clase? Hagan un sondeo para determinarlo.

Primer paso: Recoger los datos

▪ La clase debe dividirse en cuatro grupos. El primer grupo debe entrevistar a algunos compañeros de clase para averiguar qué escritores o libros les gustan; el segundo grupo preguntará sobre las películas; el tercer grupo, sobre los programas de televisión; y el cuarto grupo, sobre otros tipos de arte.

▪ Cada persona de cada grupo debe entrevistar a dos o tres compañeros de clase para obtener la información necesaria.

▪ ¡Cuidado! Los miembros de cada grupo deben tener cuidado de entrevistar a todos los de la clase sin hacerle dos veces la misma pregunta a la misma persona.

Segundo paso: Análisis de los datos

▪ Después de hacer las entrevistas, los miembros de cada grupo deben reunirse otra vez. Cuenten todas las respuestas afirmativas y todas las respuestas negativas para cada pregunta e indiquen esos números en el sondeo. Después, para cada par de obras de las columnas A y B, determinen cuál (la obra de la columna A o la de la columna B) tiene mayor número de respuestas afirmativas. Pongan un círculo alrededor de esa obra.

▪ Hagan una tabla de resumen para sus datos. Un miembro del grupo debe servir de secretario/a para anotar los resultados y contar los círculos.

▪ El secretario / La secretaria de cada grupo debe poner la tabla de resumen en la pizarra para mostrarle los resultados al resto de la clase.

A			B		
Escritores o libros	**Sí**	**No**		**Sí**	**No**
Stephen King	___	___	Toni Morrison	___	___
aventuras			biografías	___	___
medievales	___	___	John McPhee	___	___
Sherlock Holmes	___	___			
Películas	**Sí**	**No**		**Sí**	**No**
Batman	___	___	*Dead Man*		
			Walking	___	___
Star Trek:			*Philadelphia*	___	___
Generations	___	___	*Dances with*		
Robin Hood	___	___	*Wolves*	___	___
Programas de televisión	**Sí**	**No**		**Sí**	**No**
MTV	___	___	*NYPD Blue*	___	___
Friends	___	___	*E.R.*	___	___
Jeopardy!	___	___	*Sixty Minutes*	___	___
Otros tipos de arte	**Sí**	**No**		**Sí**	**No**
un cuadro abstracto de Picasso	___	___	«Guernica»	___	___
un cuadro de Andy Warhol	___	___	un cuadro de Francisco Goya	___	___
la música rock	___	___	una sinfonía	___	___

GRUPO 1, GRUPO 2, GRUPO 3, GRUPO 4

¿Qué revelan los resultados? Aquí hay una clave para interpretarlos.

	NUMERO DE CIRCULOS EN LA COLUMNA **B**
0–2	muy poca preferencia por el arte comprometido, prefiere escaparse de los problems de la vida
3–5	alguna preferencia por el arte comprometido, pero más inclinado al escape
6–9	una preferencia bastante fuerte por el arte comprometido, con poca inclinación al escape
10–12	muy fuerte preferencia por el arte comprometido

■ ¿Qué le gusta más a la clase, el arte comprometido o el de escape? ¿Qué indica esto sobre las personas de la clase? ¿Están todos de acuerdo con las clasificaciones?

■ ¿Creen que todas las respuestas de la primera columna indican un arte escapista en comparación con las de la segunda? Expliquen.

ANSWER APPENDIX

KEY ** means more than one possible answer

CAPITULO 1: TIPOS Y ESTEREOTIPOS

(page 3) a. *Dennis the Menace; Home Alone* b. *Fatal Attraction* c. *The Godfather* d. *Sleepless in Seattle* e. *Leave It to Beaver* f. *A Different World; Breaking Away* **LECTURA I: *Sombras del pasado*, **Parte I** **Aproximaciones al texto** **A.** Personajes: 1. c 2. a 3. b Argumentos: 1. b 2. a 3. c Desenlaces 1. c 2. b 3. a **B.** 1. Los personajes son estereotipados. El argumento es melodramático. Generalmente termina felizmente. 2. triángulos amorosos, amor prohibido 3. El lenguaje es popular y refleja la clase media. 4. Probablemente, el lector típico es lectora: mujer joven o de edad mediana y de clase media. **Palabras y conceptos** **A.** 1. El gorro y el chubasquero se usan cuando hay llovizna 2. En el espejo se pueden ver la frente y otras facciones del rostro. 3. Estar embarazada es llevar una criatura en el vientre. 4. Despues de desvestirse, el traje se cuelga en el armario. 5. En un edificio, el ascensor lleva hasta el piso deseado, donde generalmente hay un salon. 6. Ir a una facultad puede ofrecer la seguridad de tener una profesión. 7. En las llamadas telefónicas se oye la voz de otra persona. 8. La ducha y la llovizna hacen mover el agua, que es un líquido como la sangre. **Comprensión** **A.** 1. C 2. F; hace más de dos semanas que no hablan 3. C 4. F; se lo cuenta abruptamente 5. F; sus padres no lo conocen **B.** 1. El teléfono/directamente: Leonor lo usa cuando llama a sus padres. 2. El semáforo/indirectamente: el narrador menciona los coches que esperan la señal del semáforo mientras Leonor camina hacia su piso. 3. La cara (el rostro)/directamente: Leonor se mira en el espejo del ascensor. 4. La ducha/indirectamente: Leonor se ducha antes de ir a hablar con sus padres. 5. El médico/indirectamente: Leonor y su madre mencionan el médico durante la conversación **LECTURA II:** *Sombras del pasado*, **Parte II** **Aproximaciones al texto** 1. sistemáticamente = systematically, sexual = sexual/sex, compatible = compatible, parido = given birth to 2. abofetea = hits/slaps, bofetada = hit/slap 3. advanzó = advanced, sofá = sofa/couch, cogió = took **Palabras y conceptos** **A.** 1. máscara, mascarada; para guardar apariencias, se ponen máscaras sociales, políticas y económicas; vivir así es una mascarada. 2. gritar; la madre se puso histérica y empezó a gritarle a su hija. 3. vergüenza; Leonor estaba triste porque sus padres sentían vergüenza de ella. 4. insensible; su padre fue insensible e indiferente con Leonor. 5. propio; Leonor, una mujer independiente, tenía su propio piso. 6. asistir a; Leonor asistía a clases en la universidad para alcanzar su sueño de

ser arquitecta. **B.** 1. soltera, vergüenza, todavía 2. todavía, cambiar de idea 3. contar con, comprensivos 4. delante de, insensible **C.** el matrimonio (Leonor va a ser madre soltera), la seguridad económica (Leonor va a ser madre soltera), el aborto (Leonor está embarazada y no está casada), las relaciones sexuales (Leonor se embarazó), la religión (posiblemente, en relación con el embarazo, matrimonio, y el aborto), el amor platónico (para su hija, es preferible en la opinión de la madre), la salud (posiblemente en relación con el estado de Leonor) **Comprensión** **A.** 1. F; no quería creer que su hija era tan independiente y que tenía una vida sexual. 2. C 3. C 4. F; Leonor sabe lo que va a hacer, pero el problema entre ella y sus padres no está resuelto **B.** 1. El padre es liberal. No. 2. Leonor está enamorada. Sí. 3. La madre es comprensiva. No. 4. Leonor está triste. Sí. 5. El novio es irresponsable. No. 6. Leonor es independiente. Sí. **C.** 1. La butaca; allí estaba sentado el padre, como símbolo de poder y de tradición. 2. La máscara; Leonor acusa a su padre de usar una máscara liberal, siendo en realidad muy tradicionalista. 3. Graduarse; el sueño del novio de Leonor es estudiar en los Estados Unidos. 4. Leonor se siente feliz con su decisión, pero triste de que sus padres no la comprendan. 5. Los dibujos se relacionan con la arquitectura, que es la carrera de Leonor.

CAPITULO 2: LA COMUNIDAD HUMANA

LECTURA I: *Cuyana*, **Parte 1** **Aproximaciones al texto** **A.** 1. Paul Bunyan es héroe sobrehumano cuyas aventuras explican la geografía norteamericana. 2. Davy Crockett fue un político y hombre fronterizo de Tennessee que llegó a ser héroe por defender y abogar por los derechos y los valores de los colonizadores. 3. John Henry es héroe negro de baladas folklóricas que construía un túnel ferrocarril y que representa el último esfuerzo del hombre contra la máquina. 4. Annie Oakley era una mujer muy conocida que entretenía en la tradición de vaudeville, conocida por su puntería. 5. Tom Sawyer es el protagonista de la novela de Mark Twain, *The Adventures of Tom Sawyer,* y ejemplifica la ingeniosidad. 6. Rip Van Winkle es el protagonista del cuento del mismo nombre. Es el perezosa cuya vida se le escapa por su pereza. **B.** 1. Un personaje de otra época, porque los mitos y las leyendas no suelen ser muy realistas. 2. Un personaje que representa sólo una o dos características porque los mitos y leyendas simplifican los elementos del cuento. 3. Un personaje que es totalmente bueno o malo porque los personajes del mito y de la leyenda son simbólicos, no profundos. 4. Un personaje «estereotípico» porque el estereotipo ayuda a dibujar fácilmente el elemento deseado, sea bueno o sea malo. **C.** 1. Oral: facilitan el contar oralmente. 2. Escrito: sería difícil contar oralmente usando lenguaje complicado. 3. Escrito: esto también es complicado contar oralmente. 4. Oral: facilitan el contar oralmente. 5. Oral: es más fácil contar, y seguir el cuento, cronológicamente. 6. Escrito: sería menos «natural» indicar diálogo oralmente. 7. Escrito: la tradición oral se concentra más en «lo esencial» del cuento. **Palabras y conceptos A.** 1. ola, pez, playa 2. arena, bosque, selva, tierra, cosecha, caza 3. nube, pájaro, pesca, aire, ave, brisa, cielo 4. volcán, fuego **B.** 1. c, 2. d, 3. a, 4. b **C.** 1. b, 2. d, 3. a, 4. c **D.** 1. ahijados, 2. el primogénito, el reino, 3. Los guerreros, se lanzan, 4. la bondad **E.** 1. Un hombre y un pájaro más simbólicos que realistas. No hay acción representada. El hombre puede ser un líder importante o un dios; el pájaro puede ser algún dios o espíritu. 2. En una tierra que parece abundante por los animales y la vegetación, dos padres con su bebé en una playa ofrecen el bebé a un espíritu/dios del cielo. El espíritu les dice «Cuyana». El párrafo tiene más que ver con el segundo dibujo. ****F. Comprensión** 1. mucho, 2. Pacarina, 3. amaba, 4. bien, 5. abundantes, 6. felicidad, 7. Cuyana, 8. dedicaron, 9. Inti, 10. contento, 11. príncipes, 12. belleza, 13. brujo, 14. temían, 15. casarse con **LECTURA II:** *Cuyana,* **Parte 2 Aproximaciones al texto A.** 1. S: Cuyana, V: seguía entregada a amar/a gozar, O: pueblo, ADJ: ajena, ADV: Mientras tanto 2. S: (ella), V: tendió a gozar, ADJ: largos, tersa, refrescante 3. S: (ella), V: creó distinguir, O: bulto, ADJ: grande, indefinible, ADV: A lo lejos, más, mientras ****B. Palabras y conceptos **A.** 1. acercarse ≠ distanciarse, 2. desatar ≠ atar, 3. entregar = dar, 4. el sueño = la fantasía ****B.** 1. una cosa para flotar en el agua, pero menos sofisticada que un barco o lancha, 2. un acontecimiento inesperado que parece ser imposible, 3. una persona en el mar o océano cuyo barco o lancha hundió, 4. viajar en el aire, 5. luz reflejada, por ejemplo, en el agua **Comprensión A.** 1. b, g, h, k, l 2. c, d, 3. b, e, 4. b, g, k, 5. a, i, 6. f, j **B.** 1. C, 2. F: Cachashca iba de viaje para encontrar y pedir la mano a la bella Cuyana. 3. C, 4. F: El burjo Millanaypag se sorprendió de encontrar a Cachashca vivo cuando vino a tomar Cuyana. 5. C, 6. F: El padre Inti interviene y hunde al brujo en las aguas, creando la primera noche. Lo tendrá que hacer repetidamente. **C.** Parte I: Más antes que antes el mundo *era* hermoso y los animales y las aves *vivían* felices. Los jefes de la región de las costas de Manta se *llamaban* Cuyaypag y Pacarina. El Cacique Cuyaypag y su esposa Pacarina se alegraron mucho cuando nació su hija Cuyana. Cuyana *era* bella como el reflejo del sol en las aguas. El cacique ofreció a su hija al padre Inti y le pidió su protección. Jóvenes príncipes y valientes guerreros se lanzaron a toda clase de aventuras y peligros para ver a la bella princesa. En las cavernas del volcán *vivía* el gigantesco brujo Millanaypag. Millanaypag decidió que Cuyana *debía* ser su esposa y se transformó en un inmenso cóndor para ir a raptarla. Parte 2: Un día mientras Cuyana se *paseaba* por la playa, vio a un joven náufrago en el mar y lo salvó. El joven se *llamaba* Cachashca y le explicó que mientras *viajaba* a las costas de Manta, un gran pájaro negro atacó sus balsas. Cuyana y Cachashca se enamoraron. El Cacique Cuyaypag aceptó a Cachashca como futuro esposo de su hija. Celebraron su boda con una gran fiesta. El brujo *pensaba* que todos los otros aspirantes *estaban* muertos y que la fiesta *era* para él. Millanaypag se puso furioso cuando descubrió que Cachashca todavía *vivía* y que Cuyana ya *estaba* casada. El Padre Inti castigó a Millanaypag durante una terrible batalla. Esta batalla dio como resultado la creación del ciclo del día y de la noche.

CAPITULO 3: LA MUERTE Y EL MUNDO DEL MAS ALLA

LECTURA I: *Muerte de su amiga intoxicada por una fumigación en la finca* **Aproximaciones al texto A.** 1. canon literario: c, e, f, g, i; texto testimonial: a, b, d, h 2. canon literario: a, d, f; texto testimonial: b, c, e 3. a. la pasión entre jóvenes, b. la aspiración a una vida mejor, c. la guerra, d. el conflicto interior de un rey, e. la exaltación del mundo natural, f. la muerte de una mujer joven y bella, g. la historia de una comunidad indígena contada por un hombre blanco. **B.** Se usa aquí la narración en primera persona, expresiones informales, repetición de palabras y expresiones y algunas oraciones cortas. **Palabras y conceptos A.** 1. b, antónimo 2. f, sinónimo 3. e, sinónimo 4. c, antónimo 5. d, antónimo 6. a, antónimo ****B.** positivo: unirse, el colegio, *compromiso,* cura; negativo: aguantar, *compromiso,* desnutrición, enterrar, envenenarse, intoxicarse, veneno, la pena, la problemática **C.** rural: la solidaridad, la familia extensa, las creencias religiosas, la ignorancia en cuanto a la tecnología, el analfabetismo, las costumbres tradicionales, las familias grandes, un bajo nivel de higiene; urbana: el individualismo, el alfabetismo, las costumbres modernas, las familias pequeñas, un alto nivel de higiene, la familia nuclear, el espíritu secular, el conocimiento de la tecnología ****D. **E.** 1. aguantar, la finca; labradoras, 2. unirse; la comunidad 3. el terrateniente; clase privilegiada 4. unirse, colegio; la fe 5. envenenarse, fumigar; maltrato 6. aguantar, criada ****F. Comprensión **A.** personas importantes: su amiga, su madre, sus hermanitos, su hermana, su padre; cosas que le pasan ...: fumigación mientras trabajan; emociones ...: enojo, tristeza; cosas que ... hacen: trabajar en la finca, trabajar en la capital. **B.** 1. P, querían 2. N, llegamos 3. N, encontraba 4. P, expulsaba, reconocía, teníamos 5. N, mataron, era 6. P, ofreció 7. P, fui, era ****C.** joven, fuerte,

inteligente, trabajadora, determinada   **D.   **E.
LECTURA II: *Al niño enfermo*   **Aproximaciones al texto**   **A.** 1. flower: spring, youth, birth 2. winter: cold, old-age, death 3. heart: love, life 4. sun: warmth, day 5. star: night, distant 6. dawn: beginning, birth   **B.** Duerme: sleep, die; dolor: pain, illness; asilo: sanctuary, escape, refuge; riza: curls, forms. Flor de mi vida, duerme, duerme tranquilo, que el sueño es tu único asilo del dolor. Tu boca riza (oh qué) triste sonrisa. Su mano acaso toca tu corazón.   **Palabras y conceptos   A.** 1. estrellas 2. una nodriza 3. consuelo 4. la paz 5. gozar   **B.** 1. santo: divino 2. alba: aurora   **Comprensión   A.** tu, te → al niño muerto; ella, su → a la muerte   **B.** La muerte se llevó al niño y quizás le consuele al hablante pensar que la muerte lo cuida como una nodriza. La muerte es para él como una forma de dormir profundo.   **C.** Es una suerte porque en la vida el niño sufría enfermedad.   **D.** el niño → positivas: flor de mi vida, negativas: mi pobre niño, mi flor tronchada, mi pobre estrella, derretida, flor de la muerte; la muerte → positivas: asilo, consuelo, dulce, sueño eterno, nodriza eterna, piadosa; negativas: ansia de recogerte; la vida → positivas: Tierra, Sol, alba, aurora; negativas: dolor, invierno, nieve, rechaza.

CAPITULO 4: LA FAMILIA

LECTURA I: *El nieto*   **Aproximaciones al texto**   **A.** **B.** jóvenes, hombre, mujer, casarse, se casan en secreto, rompen relaciones, se quieren, se casan, juntos, hijos, no, la infidelidad o la pérdida del amor o intereses mutuos, sea hóstil, peor, un matrimonio, hijos, los hijos pueden sentirse culpables o resentir a sus padres, las relaciones con los hijos sufren   **Palabras y conceptos   A.** 1. arreglas, las obras, el plano, reparar, restaurar 2. carnet, marco, retrato 3. agradecer, alargar, arreglar, reparar 4. alargar, arrimarse, asomarse, ponerse de pie, tropezar con   **B.   **C.   **Comprensión   A.** 1. traiga, F: El hombre acepta el vaso de limonada que la anciana le ofrece. 2. entre, F: La anciana invita al hombre a entrar en su casa. 3. hace, C 4. arreglen, C 5. diga, F: El hombre le pregunta tímidamente a la anciana de quién es el retrato. 6. es, C 7. vuelva, C 8. puede, F: El arquitecto dice que es natural que vuelva.   **B.** *la anciana:* agradable, alegre, cómica, generosa, rural, pobre, sentimental, vieja *el anciano:* agradable, cansado, comunicativo, humilde, listo, pobre, rural, viejo *el hombre:* agradable, cansado, delgado, educado, generoso, instruido, listo, rural, tímido, trabajador, triste   **C.** *el hombre:* el marco, los planos, el gorro verde oliva, la camisa a cuadros, los bolígrafos de colores, **la anciana:** la limonada, el sillón, **el anciano:** los zapatos gastados, los mandados
LECTURA II: *La guerra y la paz*   **Aproximaciones al texto   A.** 1. no inocente 2. inocente 3. inocente 4. no inocente   **B.** 1. el perro 2. el hijo de 12 años 3. la abuela   **Palabras y conceptos   A.** 1. amistoso 2. los bienes 3. galantear 4. ceder 5. las pavadas   **B.** 1. el estorbo 2. la

adolescencia 3. la derrota 4. ajeno 5. sobrevivir 6. fracasar   **C.** 1. las acciones, los bienes 2. la calva, empalidecer, enrojecer 3. la cólera, disfrutar, fastidiar   **D.   **E.   Comprensión   A.** 1. venga, F: El padre le pide a su hijo que venga al estudio para ser «corresponsal» de la discusión con la madre. 2. es, F: La madre está enojada principalmente por lo público de la relación que el padre tiene con su amante. 3. marcharse, se quede, C 4. revele, C 5. haya, se divorcien, C 6. viva, F: Ninguno de los padres se acuerdan del hijo hasta dividir todos los bienes.   **B.** *el padre:* astuto, autoritario, la buscona, la frente, indignado, infiel, insultar, manipulador, materialista, puerco, rico, traidor *la madre:* el Chrysler, colérica, histérica, indignada, infiel, insultar, manipuladora, materialista, la pluma, rica, los sollozos, sorprendida, traidora *el joven:* curioso, desorientado, estorbo, los exámenes, fastidiado, hundido, ignorante, incómodo, inocente, interesado, pasivo, el sillón, solitario, sorprendido   **C.   **D.** 1. Quédate. 2. No seas falluta. 3. Vaya a vivir con tu padre.   **E.** 1. el hijo 2. el padre 3. la madre 4. el padre 5. el hijo

CAPITULO 5: GEOGRAFIA, DEMOGRAFIA, TECNOLOGIA

LECTURA I: *Por que muchas personas no figuran en el ultimo censo*   **Aproximaciones al texto**   **A.** 1. un amante 2. la amante 3. por teléfono 4. Ud. 5. nombre 6. del hombre 7. «Necesito verla» 8. el hombre 9. le grita 10. ella 11. tímida   **B.** 1. c 2. d 3. a 4. e 5. b   **Palabras y conceptos**   **A.   **B.** 1. la vida urbana 2. la vida urbana 3. la vida rural 4. la vida rural 5. la vida rural 6. la vida rural   **C.   **D.** El **censo** es la lista de personas que el gobierno de un país hace periódicamente (cada cinco a diez años), con información estadística para contar y describir la población.   **Comprensión   A.** 3   **B.** 1. Es una vivienda algo ranchera lejos de la ciudad donde ahora viven la señora Casilda Ortigosa de Salvatierra y sus hijas. Antes vivía allí un italiano y el «compadre» de la señora. 2. Es gordita y vieja, le gusta hablar, habla demasiado, es algo conservadora, alegre. No sabe escuchar. 3. Bartolomé fue (es) el jefe de la familia, Casilda tiene un amigo, que probablemente fue su amante, tiene por lo menos tres hijas. Menciona a sus padres. 4. Bartolomé era el esposo de doña Casilda. Era quizás adúltero; coqueteaba con las jóvenes. De profesión fue cochero. No se dice exactamente de qué murió pero sí se dice que murió con una gallina blanca atada a la pierna izquierda. 5. Es casado con tres hijos. Fue para recoger la planilla del censo, pero encuentra que la señora no la llenó y cuando le hace las preguntas a la señora para llenar la planilla, descubre que la señora no sabe contestar ninguna pregunta directamente. Después de poco, se enfada y sale corriendo.   **C.** 1. d, tenga, 2. a, va 3. f, coquetea 4. b, acepte

5. g, cuente 6. e, practique 7. c, es **LECTURA II:** *Tesis*
Aproximaciones al texto 1. Locust [S] estaba [V] satisfecho ~~de nosotros~~, así como ~~de los resultados de nuestras~~
~~intervenciones~~. 2. ~~A mi modo de ver~~, una evacuación [S]
no corresponde [V] ~~al caso~~ (no es [V] necesaria), ~~ya que~~
~~no pueden determinarse con certeza (seguridad) los lu-~~
~~gares absolutamente seguros~~. 3. No sé [V] ~~qué pensarían~~
~~los demás~~, pero ~~para mí~~ este mundo [S], como los anteriores, era [V] algo sagrado y hermoso. ****A.** 1. ~~Por tal~~
~~motivo~~, yo [S] propondría [V] la solución [C] ~~que~~
~~menciona el profesor Klander en sus «Indicaciones~~
~~Generales», capítulo «Castástrofes Hidrológicas»~~.
2. ~~Debido a las enormes existencias de agua~~, puede esperarse [V] un desastre [C], particularmente ~~en el sector, muy~~
~~bajo y plano, en el que se ha establecido la cultura~~
~~monoteísta~~. 3. Cayó [V] ~~de rodillas, entre su intranquilo~~
~~ganado~~, y escuchó [V], ~~con la arrugada faz vuelta hacia el~~
~~cielo~~. **B.** 1. a 2. c 3. Andros [S], su favorito, ~~además de ser~~
~~el último, por lo visto~~ iba a ser [V] también el único que
sería [V] autorizado a tomar medidas personales ~~de inter-~~
~~vención~~. **Palabras y conceptos** **A.** 1. la cadena, porque
no tiene nada que ver con un trabajo escolar escrito que
se entrega a las autoridades (profesores) para su
aprobación. 2. la choza, porque no es parte del cuerpo
humano. ****B.** 1, 2, 3, 4 ****C.** ****D.** un cuento de ciencia ficción ****E.** Se escribe una tesis para completar
programas de maestría y doctorado. *La aprobación* y *el*
hallazgo son palabras relacionadas con la tesis. El estudiante que habla por el altoparlante es el autor de la tesis, a
su lado está el profesor y los demás son otros estudiantes.
La acción se desarrolla en una nave espacial que parece
viajar por el tiempo porque los pasajeros de la nave parecen ser del futuro y los que están en el planeta parecen ser
de siglos y siglos atrás. **Comprensión** ****A.** **B.** 1. C
2. F: Andros es el estudiante favorito del profesor Locust.
3. F: El paso del cometa por el sistema que decribe Andros causará una gran inundación. 4. F: La acción del
cuento transcurre principalmente en una nave espacial.
5. C 6. F: Recibieron los resultados del trabajo de Andros
por facsimilador. 7. C 8. C 9. F: Andros y sus amigos deciden sugerir a la gente que constuyan una nave. 10. F: El
viejo cacique se asusta al oír a Andros, pero no huye.

CAPITULO 6: EL HOMBRE Y LA MUJER EN EL MUNDO ACTUAL

LECTURA I: *Rosamunda* **Aproximaciones al texto**
A. 1. M 2. M 3. F 4. F 5. F 6. M 7. F 8. M 9. F 10. M 11. M
12. M 13. F 14. F 15. M 16. M 17. F 18. M 19. F 20. M
B. 1. Tiene lugar en un tren con Rosamunda y otros
pasajeros. 2. Es my temprano. El amanecer es importante
porque es como un nuevo comienzo, como salir de un
túnel o de una gran oscuridad. 3. El tren huele mal. 4. Sólo

Rosamunda está despierta. 5. Rosamunda es el sujeto. La
frase «con pasos de hada» significa sin ruido. Adjetivos
asociados: delicado, femenino, bello, joven, romántico.
Palabras y conceptos ****A.** ****B.** ****C.** 1. filamento que
crece en la piel de las personas, especialmente en la
cabeza. 2. donde uno se sienta, especialmente en un vehículo durante un viaje o en un lugar público durante una
presentación 3. los primeros momentos del día cuando
empieza a salir el sol ****D.** 1. para formalizar relaciones
con la persona que amo 2. para escapar de la monotonía
del día 3. para averiguar la verdad 4. para no tener que
aguantar una situación desagradable o mala 5. para hacer
un viaje romántico o un viaje no muy caro 6. para impre-
sionar a alguien 7. para recobrar algo casi perdido 8. para
conocer a una persona que parece interesante o para
pasar el tiempo ****E.** 1. F 2. F 3. F 4. F ****F.** ****G.** El
título parece indicar que el cuento trata de una mujer que
tiene un nombre no muy común. Puede ser: 3 ó 6. ****H.**
Los pares de palabras son oposiciones : 1. Se escapa de la
realidad en un *sueño*. 2. Se puede romper la *monotonía*
diaria con una *aventura*. 3. El *artista* se percibe como una
persona creativa, delicada, intelectual. El *carnicero* se
percibe como una persona prosaica, algo bruta, no intelectual. 4. Las *palizas* son violentas, masculinas. La *delicadeza*
es pacífica, femenina. ****I.** **Comprensión** ****A.** **B.**
1. un tren 2. se parecía a su hijo y estaba en el plataforma
con ella 3. vieja y anticuada 4. fuera tan extravagante 5. en
casa no la escuchan, no la dejan hablar y no la entiende
6. era la fórmula mágica que la salvaba de la estrechez de
su casa 7. se casó a los veintitrés años; es demasiado normal (vulgar) 8. sus hijas son descaradas y el otro hijo es
como el padre 9. días sin pan y burlas de sus amigos
10. está loca **C.** *Rosamunda:* el tren; vieja y delgada;
soñadora y charlona; artista del teatro *soldado:* el tren;
alto y pálido; curioso y simpático; —*los hijos (no Florisel):*
en casa; —; hijas descaradas y necias, hijo bruto; —
Florisel: muerto; pálido y delgado; interesado y curioso; su
madre ****D.** 1. No es verdad que haya tres protagonistas
en el cuento. 2. Es imposible que Rosamunda viaje a la
ciudad para visitar al soldado. 3. Dudo que Rosamunda
esté contenta con su viaje. 4. No es verdad que
Rosamunda tenga unos veinte años. 5. No es verdad que
Rosamunda sea soltera. 6. Es obvio que la ropa de
Rosamunda revela mucho acerca de su carácter. 7. Dudo
que el soldado sea un don Juan. 8. No creo que el soldado
se llame Felipe. 9. Es verdad que el soldado considera a
Rosamunda una mujer fascinante. 10. Es obvio que
Rosamunda se considera a sí misma una figura trágica. 11.
Es verdad que a Rosamunda no le gusta su verdadero
nombre. 12. Dudo que Rosamunda no quiera revelar al
soldado nada de su pasado. **E.** 1. narrador omnisciente,
un poco Rosamunda 2. narrador omnisciente, un poco
Rosamunda 3. Rosamunda 4. Rosamunda, narrador omnisciente ****F.** • Se casó a los veintitrés años. • Se casó con
el carnicero. • (Igual) Tenía una vida familiar muy triste.

• (Igual) Florisel la entendía y la admiraba. • (Igual) Rosamunda volvió a la ciudad cuando se le murió el hijo. • En la ciudad, Rosamunda sufrió días sin pan, las burlas de sus amigos y una vida junto a los mendigos. • El esposo le escribió a Rosamunda una carta tosca y autoritaria pidiéndole perdón y perdonándola con fin de que volviera ella a casa. • El soldado la convida porque piensa que tendrá hambre y que no tendrá dinero. **G. 1. es bruto y que no se interesa en mi arte; me permita seguir una carrera en el teatro 2. sólo piensa en el pasado y en éxitos inventados; sea realista 3. maltrata a mi madre; respete y apoye a mi madre 4. bebe mucho; no sea un borracho; es una soñadora; no hable tanto 5. invente tantas historias de su vida; inventa historias de su vida. **LECTURA II:** *Hombre pequeñito* **Aproximaciones al texto** **A.** 1. el comienzo de una etapa, la juventud el nacimiento 2. el final de una etapa, la vejez 3. el origen, el nacimiento 4. el fin, la muerte 5. momento detenido (frío), la tumba **B. Palabras y conceptos** **A.** A veces, la persona que *ama* a otra intenta encerrar (en una *jaula*) a la persona amada para que no se le escape. **B.** el hombre la vigila. **C.** Puede aludir al tamaño físico de algo, pero también puede aludir a la capacidad mental o emotiva. Suele tener connotaciones más negativas cuando la palabra se refiere a un hombre que cuando se refiere a una mujer. **D.** 1. libertad, belleza, positiva 2. falta de libertad, prisión, negativa 3. liberarse, positiva **Comprensión** **A.** una hablante que se dirige a un hombre **B.** Que la suelte. Porque quiere su libertad **LECTURA III:** *Me gustas cuando callas* **Palabras y conceptos** **A.** 1. espiritualidad 2. pasividad 3. asimilación **B.** es un círculo **C.** Negativas, porque el que lo dice parece no querer comunicarse con otra persona. **D.** **Comprensión** **A.** un hablante **B.** una mujer; callada, casi muerta, ausente, distante, alejada; el alma del narrador, la palabra melancolía, mariposa, lámpara, anillo, la noche

CAPITULO 7: EL MUNDO DE LOS NEGOCIOS

LECTURA I: *El delantal blanco,* **Parte 1** **Aproximaciones al texto** **A.** Entre dos y tres horas; el costo de la producción, y la atención del público **B.** 1. emisor 2. emisor 3. emisor, receptor 4. emisor, receptor 5. receptor **C.** en un teatro; 1. hay que limitarlo 2. no debe ser muy complicado o "correr mucha tierra" 3. no puede ser demasiado complicado **D.** 1, 2, 4, 5 **E.** 3, porque influye más al público **Palabras y conceptos** **A.** el blusón, la bolsa, la carpa, el traje de baño **B.** bañarse, tirar (una pelota), tomar el sol, veranear **C.** *los ricos:* la carpa, entretenerse, la plata, tomar el sol, tostado, veranear *los pobres:* arrendar, el delantal, duro **E.** 1. *arrendar* algo excluye la propiedad de ello; *comprar* algo proporciona la propiedad de ello. 2. *bañarse* implica que la persona mete todo el cuerpo en el agua, pero no significa necesaria-

mente que la persona se limpia; *lavarse* implica que la persona se limpia, pero no significa necesariamente que mete todo el cuerpo en el agua. 3. *el delantal* se lleva en la cocina al trabajar allí; *el traje de baño* se lleva para bañarse o entretenerse, no para trabajar, en una piscina o en la playa **F. **G. **H. **I.** **Comprensión** **A.** 1. quería, se quedara, C 2. estaba, F: La señora estaba aburrida en la playa. 3. trajo, tomara, F: La señora trajo a la empleada a la playa para que vigilara al hijo. 4. vino, le gustaba, F: La empleada vino a trabajar en la ciudad porque necesitaba trabajar. 5. querían, se casara, tenía, C 6. le gustaba, se sorbiera, C 7. estaba, leía, era, C 8. vivía, iba, arrendaba, C 9. vio, llevaban, C 10. insistía, miraba, F: La señora insistía en que la gente de la clase baja tenía un modo de ver el mundo distinto al de la gente de la clase alta. **B.** *la señora:* traje de baño, 30 años, casada, el dinero es un elemento esencial en el matrimonio, la vida de campo es fácil, las historietas son absurdas, clase alta; *la empleada:* delantal, 20 años, soltera, quiere casarse, la vida de campo es difícil pero preferible, las historietas son bonitas y realistas, clase baja **C.** **LECTURA II:** *El delantal blanco,* **Parte 2** **Palabras y conceptos** **A.** 1. la señora 2. la empleada 3. la señora 4. la empleada 5. la señora 6. la empleada 7. la empleada 8. Alvarito 9. la señora 10. la empleada **B.** 1. detenerse 2. gracioso 3. acabarse **C.** 1. pequeño, grande 2. gritar, llorar, patear 3. cómico, gracioso **Comprensión** **A.** 1. b, c, i, k 2. a, d, f 3. e, h 4. g, j **B.** 1. no se metiera tan adentro, se metiera al agua, se mojara los pies 2. que no importaba qué ropa llevara, todos reconocerían que era una mujer de clase 3. se mirara las uñas, se pusiera sus gafas, disfrutara tanto del cambio de ropa 4. trate de despedirla 5. la señora fuera la patrona 6. tiene que vigilar a su hijo 7. haya separación clara y permanente de clases 8. no se haga daño en la roca **LECTURA II:** *La United Fruit Co.* **Palabras y conceptos** **A.** 1. Centroamérica es como la cintura de las tres Américas por su lugar y forma. 2. Las frutas del racimo se cocinan para hacer la mermelada. 3. La compañía multinacional tiene que desembarcar en otros países para establecerse en ellos. 4. Muchos religiosos creen que uno renace espiritualmente cuando se bautiza. 5. Las comidas jugosas atraen a las moscas. **B. **C. **D.** Alude a la creación contada en Génesis. **E.** Jehová

CAPITULO 8: CREENCIAS E IDEOLOGIAS

LECTURA I: *El silencio en las orejas de Jimmy* **Aproximaciones al texto** **A.** **B.** **Palabras y conceptos** **A.** 1. acariciar, calentarse, juntarse, temblar 2. el augurio, darse cuenta, presentir, preuer, el presagio 3. allanar, el ejército, la metralleta, la reja 4. el afiche, la manifestación, la pancarta, el partido 5. las caderas, la mejilla, el mentón, la oreja, el semblante 6. asustado, el augurio, el estremecimiento, el presagio 7. arder, calentarse, la

hoguera, la quemazón **B.** 1. c 2. a 3. d 4. e 5. b ****C.**
Comprensión A. 1. a 2. b 3. a 4. c 5. b 6. c **B.** 1. siguen, 7
2. sea, 1 3. allanan, 4 4. bailen, 2 5. se relaje, 5 6. se preocupe, analice, 3 7. anuncian, 6 **C.** 1. de Jaime, a Carlos y
Marina 2. de Carlos, a Jaime 3. de Los Panchos, a Carlos y
Marina 4. de Carlos, a los «mamertos» 5. de Marina, al
partido al que pertenecen 6. de Jaime, a la quemazón de
sus orejas 7. de Jaime, a su temor que ocurra algo malo
LECTURA II: *Padre Nuestro* **Palabras y conceptos**
**A. El hombre reza. Los otros son Dios, el Diablo y
algunos ángeles ****B. C.** La oración que Jesús enseño a
sus discípulos en **Mateo** 6: 9-13; el padre es Dios y los hijos
son los seres humanos (o Jesús y sus discípulos). **Comprensión A.** 1. b 2. b 3. a ****B.**

CAPITULO 9: LOS HISPANOS EN LOS ESTADOS UNIDOS

LECTURA I: *Una caja de plomo que no se podia abrir*
Aproximaciones al texto A. 1. omnisciente, fuera de la
acción, distanciado, digno de confianza, tercera persona,
de otros 2. una visión parcial, participa en la acción, afec-
tada, digna de confianza, primera persona, de sí misma
3. omnisciete, fuera de la acción, opinado, no digno de
confianza, tercera persona, de otros 4. una visión parcial,
fuera de la acción, opinado, digno de confianza, primera
persona, de otros ****B. Palabras y conceptos A.** 1. la
espalda: no tiene que ver con el militar 2. el plomo: no
tiene que ver con la comunicación 3. el principio: no tiene
que ver con el entierro 4. de repente: no tiene que ver con
acomodaciones ****B. **C. **D. Comprensión A.**
llegaron: 7, empezó: 4, fue: 2, se le murió: 1, leyó: 5, murió:
3, le llegó: 9, recibió: 6, fue: 8 **B.** 1. ■ en un ranchón puertorriqueño ■ Tenía quince a veinte puertas (casi todas sin
números) que daban a igual número de apartamentos
pequeños. ■ Son pobres 2. ■ la desaparición de Moncho
■ los hombres que se reunían en el patio para discutir de
la desaparición de Moncho y que opinaban que se había
perdido ■ Encontraron a Moncho muerto. No hablaron
porque ya no tenían que imaginar. ■ Llegó tres meses
después de la segunda carta. La trajeron cuatro soldados y
un teniente. ■ Quería ver a su hijo. Quería verlo antes de
que lo enterraran. Porque la caja era de plomo y no se
podía abrir. 3. Hace dos años (desde el momento narrado)
o durante la guerra en Corea. Porque recibió una carta de
reclutamiento militar y está preocupado por lo que le
pueda pasar. Las cartas que llegan del militar a los habitantes del ranchón; dos puertorriqueños jóvenes que sirven en una guerra por la que tienen poca comprensión o
interés. 4. ■ Doña Milla es su madre; el teniente está encargado de dejar sus restos con la madre; Sotero Valle es
su padrino; el narrador es su amigo. ■ Doña Milla está
histérica; el teniente indiferente; Sotero Valle tranquilo
pero triste; el narrador mal de estómago. Doña Milla,

Sotero Valle y el narrador están tristes aunque manifies-
tan su tristeza de diferentes maneras; el teniente expresa
poca o ninguna emoción ante el suceso que para él sólo
tiene que ver con un deber militar. ****■** es de plomo;
plomo ... así resisten mejor el viaje desde Corea; en una
caja chiquita; si mi ahijado estaba dentro de la caja ... era
muy chiquita; no quería enterrrarlo sin verlo una última
vez; rezaba por el alma de muy hijo; éstos creían que
Moncho estaba preso y aquéllos que estaba perdido;
desmayara o vomitara. **LECTURA II:** *La identidad
latina* **Aproximaciones al texto **A.** 1. a 2. b 3. b 4. b
5. b ****B. Palabras y conceptos **A.** 1. la frontera
2. tartamudo 3. zurdo 4. mareado ****B.** El muro representa la frontera "cerrada" entre los Estados Unidos y
México. La mujer probablemente es bilingüe, español e
inglés; el hombre habla español, pero probablemente no
habla inglés. La mujer tiene los "pies" en ambos países
porque posiblemente tiene familia en los dos lugares.
Compresión A. Prefiere el español, porque es el idioma
de su identidad. Si deja de expresarse en español, ya no
será la misma persona. **B.** Nació en L.A., creció en L.A.
y Ensenada. Las palabras *naranjas, chile, San Andreas*
evocan el mundo hispano. *Norte, norteada, border* aluden
a los Estados Unidos. *Fronteras, cruzando, crossing, border, splits* aluden a la separación. Pertenece a ambos.

CAPITULO 10: HABITOS Y DEPENDENCIAS

LECTURA I: *Llegaron los hippies* **Aproximaciones al
texto **A. **B.** 1. I really like apples. No subtext.
2. Apples are good for you. Subtext: Not all apples are
what they seem_hers is laced with poison. 3. Violence in
never justifiable. No subtext. 4. Violence doesn't resolve
national nor personal problems. Subtext: Violence may not
resolve, but it is a popular means to sway the balance of a
conflict—he uses violence to "fix" everything. 5. Drugs are
bad because they harm the body and prevent you from
making useful social contributions. Subtext: Sometimes
the teaching authority is tainted—he's not acknowledging
his own chemical problem with alcohol. 6. Our grandson is
one of the most beautiful and bright boys we've ever seen.
Subtext: Beauty is in the eyes of the beholder—their
opinion is very biased, and should be taken with a grain of
salt. **Palabras y conceptos **A. **B.** ahogarse,
apuñalar, motín, tarjeta de servicio militar ****C. **D.**
Comprensión A. 1. a, c, d 2. a, c, d, e, f 3. d, e 4. a, b, f
**B. **C. **D. LECTURA II: *Oracion por Marilyn
Monroe* ****Aproximaciones al texto Palabras y conceptos **A.** huérfana, maquillaje, pecado ****B.** Era una
popular estrella de cine que se suicidó. **Comprensión
A.** 1. C 2. F: Fue violada a los nueve años. 3. C 4. C 5. C
6. C 7. C **B.** Sus sueños eran como una realidad tecnicolor que sostenía el escenario; pero su script verdadero
era absurdo y pertenecía a una realidad en la que los

muros del escenario se caían y el director salía, dejándola sola, sin ilusión.   **C.   **D.** No se tomaba en serio sus romances o relaciones de manera realista o informada. Los ojos cerrados connotan que no tomaba en cuenta la realidad que la rodeaba. Cuando abre los ojos, todo es como una escena de película que se deshace cuando dejan de filmarla.   **E.** A un amigo, a nadie, o a Dios.   **F.** Parece creer que es digna de compasión porque su público le impuso el "script" que la condenó. Espera que Dios la perdone y que entienda la culpabilidad general (del público) por sus pecados.

CAPITULO 11: LA LEY Y LA LIBERTAD INDIVIDUAL

LECTURA I: *El angel caído,* **Parte 1   Aproximaciones al texto   A.** El texto hace referencia a la Biblia en el título «The rich shall inherit the earth».   **B.** a: «el satélite ruso», c: «Por ser ingrávido (misterio teológico...)», e: «la caída del ángel», f: «la desertización».   **Palabras y conceptos   **A.** 1. la vida moderna: decompuesto, desinfectar 2. la vida tradicional: la señal, la cortesía, (pecar) 3. estado emocional o psicológico: la melancolía, estar harto de, el sentido común, trastorno, el asombro, inquietar   **B.** 1. cuando alguien solicita empleo 2. después de una contaminación 3. cuando la situación es demasiado difícil 4. cuando ocurre algo inesperado   **C.** **Comprensión   A.** 1. d, habían caído 2. a, habían causado 3. e, habían visto 4. b, había perdido 5. g, había determinado 6. c, habiera sabido 7. f, había cruzado   **B.** 1. El ángel era ingrávido. 2. El ángel estaba muy delgado y no tenía órganos sexuales. 3. No sabía qué idioma hablaba. 4. Vivían en una era cuando los sexos eran perfectamente diferenciados y reconocibles. 5. Había un simulacro de bombardeo.   **C.** *Antecedentes* ... No se sabe; *Lugar del incidente:* En la vereda al borde de una estatua descabezada; *Datos ... Nombre/Apellidos:* No se saben; *Raza:* No determinada no era ni ario, ni negro, ni amarillo pero de piel azul; *Sexo:* Asexuado; *Color de ojos:* Todos colores; *Lugar de origen:* El cielo; *Lengua nativa:* No se sabe; *Condición física:* Pequeño, muy flaco y algo descompuesto; *Señales especiales:* Tiene alas mutiladas, piel azul y ojos que parecen de diferentes colores, estaba bastante desvenajado, era Peo. *Conducta/Acciones:* Sin curiosidad, pasivo, casi inmóvil, debe volar, no caminar; *Hábitos y gustos:* No se sabe, quizás arenques; *Particularidades:* No olía, de aspecto poco feliz; no era ni jóven, ni viejo. Quizás cargado de radiación.   **LECTURA II:** *El angel caído,* **Parte 2   Aproximaciones al texto   A.** 1. AP 2. AC 3. AC 4. E 5. C   **B.** 1. AC 2. AP 3. AC 4. A 5. N   **Palabras y conceptos   A.** 1. arrestar, regir, el desacato 2. deliberadamente, extraer pretexto   **Comprensión   A.** 1. no sabía, había 2. no le importaba, contestara 3. ridículo, dividiera 4. subiera 5. hubieran hecho, muchas 6. indicó, ya 7. el

ángel, pasara, a la mujer   **B.** *Apariencia física:* La de los demás varía; la mujer es de edad mediana, hombros caídos, la temblaba algo el pulso, pelo castaño, ojos cansados pero de piel blanca y fresca. *Actitud frente al ángel:* La de los demás era cautelosa, estaban curiosos pero se mantenían distantes, hablaban del ángel, nunca al ángel. La mujer, en cambio, adoptó una actitud más íntima, y habló directamente al ángel. *Actitud frente a las autoridades:* Los demás temían a las autoridades, pero la mujer no les tenía ni miedo ni respecto. *Actitud frente a la vida:* Los demás parecen cobardes y temerosos; la mujer es desafiante, pero fatalista.

CAPITULO 12: EL TRABAJO Y EL OCIO

LECTURA I: *El señor Link visita a un autor*   **Aproximaciones al texto   **A.** 1. inversión con elemento tradicional 2. tradicional 3. tradicional 4. inversión 5. inversión   **B.** 1. humorística/paródica 2. tradiconal 3. humorística/paródica 4. tradicional 5. humorística/paródica   **C.** **Palabras y conceptos   A.** *las tareas domésticas:* atender, la bandeja, la cesta de la compra, hacer un recado, colocar; *lo inarmónico/disonante:* atronar, aturdido, cursi, el mal humor, resonar, temblar, el trueno *la ropa:* de cuadros, de rayas, la lana, la tela   **B.** 1. delgado 2. elegante 3. el plástico 4. el poliéster 5. piel sintética 6. la ópera   **C.**   **D.** **E.   **F.   Comprensión   **A.** *Albert Sinclair:* zapatillas con pompones azul celeste, manuscrito pasado a máquina, escritor admirado y joven, cesta de la compra, ropa cursi y estafalaria *el señor Link:* un dry martini, admiración, deseo de marcharse, huida por la escalera, traje de alpaca italiano, la dieta, dudas frente al manuscrito *la madre:* galletas María, comida quemada, vasos de duralex, manos mojadas, televisor a gritos, deseo de tener una visita   **B.** 1. llega, C 2. visita, F: Es la primera vez que el señor Link visita a Sinclair. 3. ha, C 4. tome, F: La madre quiere que el señor Link tome un café. 5. apaga, puedan, F: La madre no apaga el televisor a pesar de que quieren hablar y tomar café. 6. está, quema, está, C 7. sea, C   **C.** 1. La madre quiere usar vasos más finos para el señor Link. 2. La madre vierte el café del vaso de duralex a una taza de arcopal y una gota queda en el exterior de la taza. 3. Los derechos las ayudan económicamente. 4. Quiero marcharse pronto o tomar un dry martini. 5. Los escalones están desgastados y teme que se caiga.   **D.** 1. la madre 2. el señor Link 3. la madre 4. Albert Sinclair 5. el señor Link 6. Albert Sinclair   **LECTURA II:** *Extraño accidente*   **Palabras y conceptos   A.** 1. el tornillo 2. aflojar 3. lanzarse   **B.** *faltarle a uno un tornillo:* Sentido literal cuando a una persona que arma, por ejemplo, una silla, le falta un tornillo para poder terminar de armarla; Sentido figurado estar un poco loco o despistado. *unas curvas peligrosas:* las curvas en una carretera que por ser muy cerradas o estrechas (*narrow*) son peligrosas; se refiere al cuerpo bien formado de una mujer, lo que la hace muy atractiva. *morir de corazón roto:* se puede interpretar como morir de un fallo cardiaco (el adjetivo roto no es apropiado para indicar esto, pero se podría interpretar así); morir de amor, cuando una persona no es correspondida con amor.   **Comprensión**   **A.** 1. de coche 2. alguna cosa mecánica se aflojó para causar el accidente 3. curvas de una carretera 4. deja de ir en cierta dirección 5. los que ven el accidente 6. el sitio alto por donde cae el auto 7. el final de la vida   ****B.** No puede haber muerto si aún va a la oficina. 1. un choque de relaciones personales 2. se enloqueció 3. unas curvas de mujer 4. cambia la dirección de su vida o rutina 5. los amigos que lo ven en la relación 6. el lugar peligroso, la línea entre el juicio y la locura 7. se le rompe el corazón, emocionalmente muerto

SPANISH—ENGLISH VOCABULARY

This vocabulary does not include exact or reasonably close cognates of English; also omitted are certain common words well within the mastery of second-year students, such as cardinal numbers, articles, pronouns, possessive adjectives, and so on. Adverbs ending in **-mente** and regular past participles are not included if the root word is found in the vocabulary or is a cognate.

The gender of nouns is given except for masculine nouns ending in **-l, -o, -n, -e, -r,** or **-s,** and feminine nouns ending in **-a, -d, -ión,** or **-z.** Nouns with masculine and feminine variants are listed when the English correspondents are different words (*grandmother, grandfather*); in most cases (**trabajador, piloto**), however, only the masculine form is given. Adjectives are given only in the masculine singular form. Verbs that are irregular or that have a spelling change will be followed by an asterisk. In addition, both stem changes will be given for stem-changing verbs.

The following abbreviations are used in this vocabulary.

adj.	adjective	*m.*	masculine
adv.	adverb	*n.*	noun
coll.	colloquial	*pl.*	plural
f.	feminine	*p.p.*	past participle
inf.	infinitive	*pron.*	pronoun
interj.	interjection	*s.*	singular
inv.	invariable	*v.*	verb

A

abajo below, under; **de arriba abajo** from top to bottom; **echar abajo** to tear down, break down

abalorio glass bead; beadwork

abarcar* to include

abeja bee

abierto (*p.p.* of **abrir**) open

abismo abyss

abofetear to slap (in the face)

abogado lawyer

aborrecer* to hate, abhor

abortar to abort; to have an abortion

aborto abortion

abotonarse to button up

abrazar* to hug

abrazo embrace, hug

abrigo overcoat

abrir* to open

abrumador unpredictable

absorber* to absorb

absorto (*p.p.* of **absorber**) absorbed

abuela grandmother

abuelo grandfather; *pl.* grandparents

abundancia: cuerno de la abundancia cornucopia, horn of plenty

aburrir to bore

acá here

acabar to finish, end; **acabar de** + *inf.* to have just (*done something*); **acabarse** to end

acalorar to heat

acariciar to caress; to touch

acaso perhaps

acción stock; action

aceite oil

acelearar to accelerate

acelga (Swiss) chard

aceptación acceptance

acera pavement, sidewalk

acerca de about

acercarse* to approach, come close

acero steel; **acero inoxidable** stainless steel

acertar (**ie**) to guess right

achatar to flatten

aclamación: por aclamación unanimously

aclamar to acclaim

aclarar to clarify

acoger* to welcome

acometer to attack; to overtake

acomodar to arrange, put straight

acompañamiento accompaniment

acompañar to accompany

aconcejar to advise

acontecimiento event, happening

acordarse (**ue**) (**de**) to remember

acostar (**ue**) to put to bed; **acostarse** to lie down, go to bed

acostumbrarse to become accustomed

acotación stage direction (*theater*)

acrecentar (**ie**) to increase, augment

actitud attitude; position, posture

actual present-day, current

actualidad: en la actualidad at the present time

actualmente at present, currently

actuar* to act

Acuario Aquarius

acudir to come; to answer a call

acuerdo agreement; **de acuerdo** OK; **de acuerdo con** according to; **estar de acuerdo** to agree; **llegar a un acuerdo** to reach an agreement

acunar to cradle, rock
acurrucado curled up
adecuado appropriate
adelantar to accelerate, move forward
adelante forward; **hacia adelante** forward
adelanto advance, progress
adelgazar* to slim down, lose weight
ademán gesture
además moreover; **además de** besides, in addition to
adentro inside; **para sus adentros** to oneself
adición: en adición additionally, in addition
adivinación prophecy
adivinar to guess
adjudicar* to award; to adjudicate
admirador *n.* admirer; *adj.* admiring
admonitorio *adj.* admonishing, scolding
adonde where; **¿adónde?** where?
adquirir (ie) to acquire
adulterio adultery
adúltero adulterous
adusto gloomy; austere
advertencia warning; piece of advice; reminder
advertir (ie, i) to notice
aéreo *adj.* air
afectivamente emotionally
afectuosamente affectionately
afiche poster
aficionado *adj.* fond, enthusiastic
afilado sharp
afirmación statement
afirmar to affirm, assert
aflojar to loosen
afrontar to confront
afuera *adv.* outside
ágil agile, nimble, quick
agitar to agitate; to stir, shake
agobiado weighted down, overwhelmed
agotar to exhaust
agradable pleasant
agradecer* to thank
agradecido thankful
agradecimiento gratitude
agrandar to enlarge
agravarse to worsen
agregar* to add
agrícola agricultural
agrupación *n.* grouping
agrupar to group

agua *f.* (*but* **el agua**) water
aguantar to bear, suffer, put up with
aguardar to await
agudo sharp
águila *f.* (*but* **el águila**) eagle
aguita *coll.* cash, "dough"
agujero hole
aguzar* **el oído** to prick up one's ear
ahí there; **por ahí** around there
ahijada goddaughter
ahijado godson; *pl.* godchildren
ahogarse* to drown
ahora now; **ahora mismo** right now
ahorrado saved
aire air; appearance
aislamiento isolation
aislar* to isolate
ajeno *adj.* alien, foreign; distant
ala *f.* (*but* **el ala**) wing
alambre wire
alargar* to hand, pass; **alargarse** to lengthen; to stretch
alba *f.* (*but* **el alba**) dawn
albedrío whim, fancy; will; pleasure
alcalde mayor
alcaldía mayor's office
alcanzar* to reach; **alcanzar a** + *inf.* to manage to (*do something*)
alcoba bedroom
aldea village
alegrar to make happy; **alegrarse** to be glad
alegre happy
alegría happiness
alejar to put at a distance; **alejarse** to move away, distance oneself
aletear to flutter, flap
alfabetismo literacy
algo *indef. pron.* something; *adv.* somewhat
algodón cotton
alguien someone
algún, alguno some, any; **alguna vez** ever
alimentación nourishment
alimentar to feed
alimentos *pl.* food
aliviado relieved
allá there; far away; **de aquí allá** from now until then; **más allá de** beyond; **el**

mundo del más allá the beyond; the world after; **para allá** over there
allanar to invade, take over
allí there; **allí mismo** right there; **por allí** that way
alma *f.* (*but* **el alma**) soul
almendrado almond-shaped
alpaca alpaca wool
alquilar to rent
alrededor *n. sing.* surroundings; *adv.* around; **a su alrededor** all around oneself; **alrededor de** around
altiplano highland
altivez haughtiness, pride
alto high; tall; **clase** (*f.*) **alta** upper class; **en voz alta** out loud
altoparlante loudspeaker
altura height
aludir to allude
alumbrado *n.* lighting (*system*)
alumno student
alzar* to raise, lift
amabilidad kindness
amable *adj.* kind
amanecer* *v.* to dawn; *n.* dawn
amante *m., f.* lover
amar to love
amargar* to make bitter
amargura bitterness, grief
amarillento yellowish, yellowed
ambiente atmosphere; setting (*of a story*)
ambos *pl.* both
ambulante: vendedor ambulante peddler
amenaza threat
amenazar* to threaten
ametralladora machine gun
amigable amicable, friendly
amigo friend
amistad friendship
amistoso friendly
amonestar to reprove, admonish
amor love; sweetheart
amoroso loving
ampararse to protect oneself
ampliar* to amplify
amplio roomy, full; wide; ample
analfabetismo illiteracy
analfabeto illiterate
analizar* to analyze
ancho wide; full
anchura width
anciana *n. f.* old woman
anciano *n. m.* old man

andamio scaffold, platform
andanzas *pl.* wanderings; actions
andar* to walk; to go; to be
angloparlante *n. m., f., adj.* English speaker
anglosajón *n., adj.* Anglo-Saxon
ángulo angle
anhelo yearning, desire
anillo ring (*jewelry*)
animar to encourage
ánimo mind, soul
anoche last night
anochecer* *n.* nightfall
anochecido *adj.* nighttime
anónimo anonymous
anotar to note, jot down
ansia *f.* (*but* **el ansia**) desire
ante *prep.* before, in front of; with regard to
antecedente background, record
anteojos *pl.* **oscuros / para el sol** sunglasses
antepasado ancestor
anterior previous
antes (de) *prep.* before; **antes de que** *conj.* before; **más antes que antes** way back when
anticipar to anticipate
anticuado old-fashioned
antiguo ancient
anunciar to announce
anuncio advertisement
añadir to add
añicos *pl.* bits, pieces; fragments; **hacerse añicos** to shatter; **volver añicos** to shatter
año year; **cumplir... años** to reach . . . years of age; **hace...años** . . . years ago; **tene...años** to be . . . years old
añoranza nostalgia
apacentar (ie) to graze
apagar* to turn off (*an appliance*); to turn out; to muffle; to put out
aparecer* to appear
aparición appearance
apariencia outward appearance
apartado *adj.* remote, distant
apartar to put to one side; to turn away; to push away; **apartarse** to leave; to turn away
apasionado passionate

apearse to step down
apelar to appeal
apellido surname, last name
apenas barely, hardly
apetecer* to appeal to, attract
apetitoso appetizing
aplicar* to apply
Apocalipsis Apocalypse
apoderarse (de) to take hold (of), seize
apolítico apolitical
aporte contribution
aposento room; space
apostarse (ue) to post, station oneself
apoyar to rest, lean; to support
apoyo support
apreciar to appreciate
aprender to learn
aprensión apprehension, worry; fear
apretar (ie) to squeeze, tighten; to clench
aprobación approval
aprobar (ue) to approve
aprontarse to get ready hurriedly
apropiado appropriate
aprovechar to take advantage
aproximarse to come close
apuesta bet, wager
apuntar to note, jot down
apunte note; **cuaderno de apuntes** notebook
apuñalar to stab
apuro: tener apuro to be in a hurry
araña spider
árbol tree
archivar to file away (*documents*)
arcopal *type of fine china*
arder to burn
ardiente burning
arena sand
arenque herring
argumentar to argue
argumento plot; argument
árido arid
ario Aryan
arma *f.* (*but* **el arma**) weapon
armar to prepare; to arm
armazón *f.* frame
armonía harmony
aro earring
arpegio arpeggio
arrancar* to pull up, root out; to tear away
arranque fit, outburst
arrasar to destroy, demolish
arrastrar to drag

arreglar to arrange; to fix
arremeter to attack
arrendar (ie) to rent, lease
arrepentirse (ie, i) to repent
arrestar to (place under) arrest
arriba up, above; **calle arriba/abajo** up/down the street; **de arriba abajo** from top to bottom
arriesgarse* to take a risk
arrimarse to come/draw close
arrobador entrancing, enchanting
arrodillarse to kneel
arrojar to throw
arroyuelo small brook
arrugarse* to wrinkle; to crease
arrullo lullaby; cooing
arrume pile, heap
artesanal *adj.* craft, artisan
artículto article
artista *m., f.* artist
asado roasted
asaltar to afflict
ascendencia descent, origin
ascender (ie) to ascend, rise
ascensor elevator
asegurar to assure
asemejarse to resemble
asexuado sexless
así thus, so
asiento seat
asignar to assign; to appoint
asilo refuge
asir* to grab
asistir (a) to attend (*a function*)
asomar to show, stick out; **asomarse** to lean out (*of a window or opening*)
asombrarse to be astonished
asombro surprise
asombroso astonishing
asomo hint, sign
aspirante *m., f.* candidate, applicant
aspirar to aspire
asta *f.* (*but* **el asta**) lance, spear
astucia astuteness; cunning; cleverness
asunto matter
asustadizo timid, fearful
asustar to scare; **asustarse** to be frightened
atacar* to attack
atar to tie (up); to lace up
atareado busy
ataúd *m.* casket
atavío dress, adornment

atemorizar* to terrify

atención: prestar atención to pay attention

atender (ie) to pay attention; to serve; to take care of

atentamente attentively

atestado crowded

atinar a + *inf.* to manage to (*do something*)

atisbo glimmer

atractivo *n.* attractiveness

atraer* to attract

atrás behind; **hacia atrás** backwards

atravesar (ie) to cross, go over, go through

atrayente attractive

atreverse* to dare

atribuir* to attribute

atronador thundering, deafening

atronar (ue) to deafen; to stun

atropellado run over, knocked down

aturdido dazed; bewildered

aturdidor stunning, bewildering

augurio omen

aumentar to increase

aumento de sueldo raise (in pay)

aun *adv.* even

aún *adv.* still, yet

aunque although, even though

aureola circle

auricular receiver (*telephone*)

aurora dawn, daybreak

ausencia absence

ausentarse to go away, leave

ausente absent

autobús bus

autor authors; **derechos** (*pl.*) **de autor** royalties

autoridad authority

autoritario authoritarian

autorretrato self-portrait

avanzar* to move forward

ave *f.* (*but* **el ave**) bird

avergonzado ashamed

averiado damaged

averiguar* to find out

avión airplane

avisar to inform; to advise

aviso notice; **aviso luminario** lighted advertisement (*sign*)

ayer yesterday

ayuda help, aid

ayudar to help

ayunar to fast

azahar orange blossom

azotea adobe

azúcar sugar

azucarado sugary, sweet

azucarero sugar bowl; sugar producer

azucarillo *sugary paste made of syrup, egg white, and lemon dissolved in water, served as a refreshing drink*

azul blue; **azul celeste** sky blue (*color*); **azul marino** navy blue

B

bailar to dance; **sacar a bailar** to invite to dance

baile dance

bajar to lower; to descend, go down; to turn down (*volume*); **bajarse** to get out

bajo *adj.* low; short; *prep.* under, beneath; **clase** (*f.*) **baja** lower class

balancear to rock, move back and forth

balanceo *n.* rocking

balsa raft

banco bench

banda band (*music*)

bandeja tray

bandera flag

bañar to bathe; **bañarse** to bathe; to swim

bañista *m., f.* bather; swimmer

baño bath; **baño de sol** sunbath; **cuarto de baño** bathroom; **traje de baño** bathing suit; **trusa de baño** bathing suit

baquelita bakelite (*synthetic material popular in the fifties*)

barajar to mix together

barato cheap

barba beard

barbado bearded

barbaridad: qué barbaridad how awful; how shocking

barbería barber shop

barca boat

barco boat

barrera barrier

barrio neighborhood

base: a base de based on

bastante *adv.* fairly, quite; *adj.* enough

bastar to be enough

bastón walking stick; cane

basura garbage; **recogedor de basura** garbage collector

batalla battle

batir *v.* to beat; *n.* beating

bautizar* to baptize

bautizo baptism

bebé *m.* baby

beber to drink

bebida drink

beca scholarship

becado awarded a scholarship

belleza beauty

bello beautiful

bencina benzene (*gasoline*)

benedición blessing

beneficiarse to benefit

besar to kiss

beso kiss

bien *n., s.* good; *n. pl.* assets; *adv.* well

bienestar well-being

bienvenida: dar la bienvenida to welcome

bigote moustache

blanco *n.* target; *adj.* white; **espacio en blanco** blank (*space*)

blanquecino whitish

blindado armored

blusa blouse

blusón blousy cover-up; (*clothing*)

boca mouth; **cállese la boca** shut up

boda wedding

bodega grocery store

bofetada slap

bolígrafo ball-point pen

bollo roll, bun

bolsa bag

bolsillo pocket; money (*slang*)

bolso purse; bag

bombardeo: simulacro de bombardeo bomb drill

bondad goodness

bonito pretty

bono voucher; **bono de consumo** food voucher

boquerón *small variety of sardine*

borde border; **al borde** on the brink

borracho *n., adj.* drunk

bosque forest, woods

bosquejar to sketch

bota boot

botar to fling, hurl; to destroy

botón button

boxeador boxer

bramar to roar

brazo arm

breve *adj.* brief

brillar to shine

brindar to toast, drink

brisa breeze
broma: en broma jokingly
bronceador *adj.* tanning
bruces: de bruces face downwards
bruja witch
brujo sorcerer, warlock
bruscamente suddenly; abruptly
búcaro flower vase
bucólico pastoral; rustic
buen, bueno good; **bueno** O.K.; **bueno...** well . . .
buey *m.* ox
bufo: ópera bufa comic opera
búho owl
bulto shape, form
burdeos *m. inv.* wine (*color*)
burgués *adj.* bourgeois
burla joke
burlón *adj.* joking
buscador de tesoritos treasure hunter
buscar* to look for
buscona whore
búsqueda search
butaca armchair

C

caballero gentleman
caballo horse
cabellera (head of) hair
cabello hair
caber* to fit; **no cabe duda** there is no doubt
cabeza head
cabina telefónica telephone booth
cabizbajo downcast, dejected
cabo *n.* chief; **al cabo** at last, finally; **al cabo de** at the end of; **al fin y al cabo** after all; at last
cacareador *adj.* cackling
cacica tribal chief
cacique tribal chief; political boss
cada *inv.* each, every; **a cada rato** every now and then; **cada vez más** more and more; **cada vez menos** less and less; **cada vez que** whenever, every time that; **en cada/todo momento** at every moment
cadena chain; prison
cadencia cadence; rhythm
cadera hip
caer* to fall
café coffee

caja box, chest
cal: a cal y canto firmly
calcetín sock
calefacción heat
calentar (ie) to heat
calidad quality
cálido warm, hot
caliente warm, hot
callampa: población callampa shanty-town, slum
callarse to be quiet; **cállese la boca** shut up
calle *f.* street
callejero *adj.* street
calmar to quiet down
calor heat; **hacer calor** to be hot (*weather*); **tener calor** to feel hot
caluroso warm; enthusiastic
calva *n.* bald spot
calzada road
calzado *adj.* wearing shoes, shod
calzones *pl.* underwear
cama bed
camarada *m., f.* companion; pal
camaradería comradeship, companionship
cambiar (de) to change; **cambiar de idea** to change one's mind
cambio *n.* change; **a cambio de** in exchange for; **en cambio** on the other hand
caminar to walk
camino road, path; way; **camino de** toward; **del camino** on the way
camión truck; **camión remolque** tow truck
camisa shirt; **camisa de noche** nightshirt
campamento encampment
campanilla doorbell
campaña campaign; **tienda de campaña** (camping) tent
campesino peasant
campo country, countryside
canción song
candado lock
canon literário literary canon, a group of literary texts generally considered the finest
canónico canonical, related to the literary canon
cansado tired
cansancio fatigue
cantar to sing
canto song; poetical composition; **a cal y canto** firmly

canutillo bugle bead; tube
capaz capable
capitán captain
capítulo chapter
caporal boss, foreman
captar to capture, depict
caqui khaki
cara face; look; presence, manner
caracol: collar de caracoles snail shell necklace
caracterizar* to characterize; to distinguish
caramba *interj.* well! goodness! (*expressing surprise*)
caramillo rustic pipe; flute
carcajada loud laugh, guffaw
cárcel *f.* prison
carcinero butcher
cardíaco: infarto cardíaco heart attack
carecer* to lack
carnet *m.* I.D. card
cargar* to load; to carry
cargo care, responsibility; task, duty; **tener a su cargo** to be responsible for
caribe *n.* Caribbean
caricia caress
cariño affection
cariñoso affectionate
carnal carnal, of the flesh
carne *f.* meat
carnicero butcher
caro expensive
carpa beach tent
carraspear to clear one's throat
carrera career; race
carretera highway
carro car
carta letter
cartel poster
cartero mail carrier
cartucho cartridge
casa house
casarse (con) to marry, get married (to)
casco helmet
casi almost; **casi casi** very nearly, almost
caso: hacer caso to pay attention
castaño *adj.* chestnut colored
castellano Castillian Spanish (*language*); warden of a castle
castigar* to punish
castigo punishment
castillo castle
catequista *m., f.* catechizer

caudal flow, volume; property
caudaloso abundant, plentiful
caudillo chief, leader
causa: a causa de because of
cautamente cautiously
cautela caution
cautelado precautionary
caza *n.* hunt, hunting
cazador hunter
ceder to relinquish; to give way
cédula document, certificate
cegado blinded
cegador *adj.* blinding
celebrar to celebrate
celeridad speed
celeste: azul celeste sky blue (*color*)
celoso jealous
cementerio cemetery
cena supper
cenar to have dinner/supper
censo census
centavo cent
centenar hundred
ceño scowl; **ceño fruncido** furrowed brow
cepillado polished
cerca (de) near, nearby; nearly; **de cerca** closely
cercano nearby
cerco border
cerrar (ie) to close
certeza certainty
cesar to cease
cesta basket; **cesta de (la) compra** shopping basket
chacra small farm
chaqueta jacket
chica girl
chichón merry, jovial
chico boy
chileno *n., adj.* Chilean
chino *n.* Chinese person; servant; *adj.* Chinese
chiquillo *n.* brat; child; *adj.* small; runty
chirrido shrill sound; screeching
chiruza girl, young woman
chisporroteo *n.* spitting, spluttering
chistar to speak, say something
chiste joke
chocar* contra to run into, collide with
chorro stream; flood
choza hut
chubasquero raincoat
cicatriz scar

cielo sky; heaven
científico *n.* scientist
cierto certain; true
cigarrillo cigarette
cine movie theater
cinematográfico *adj.* film; cinematographic
cínico cynical
cinta ribbon
cintura waistline; belt
cinturón belt
circo circus
círculo circle
cita appointment; date; quotation
ciudad city
ciudadanía citizenship
ciudadano citizen
ciudadela fortress
clarividencia clairvoyance; farsightedness; intuition
claro *adj.* clear; *interj.* of course
clase *f.* (social) class; **clase baja** lower class; **compañero de clase** classmate
cláusula clause
clavar to nail; to dig in
clave *n. f.* key; *adj. inv.* key
clavo nail
cobrar to charge (*money*)
coche car
cochería car dealership
cochina sow
cocina kitchen
cocotero coconut palm
codo elbow; length of forearm
coetáneo contemporary
coger* to seize, grasp
cojín cushion
cojo crippled person
colar (ue) to percolate; to pass (through)
coleccionar to collect
colegio secondary school
cólera anger
colérico angry, furious
colgar (ue)* to hang
coliflor cauliflower
colina hill
collar necklace; **collar de caracoles** snail shell necklace
colmado *n.* grocery store (*Puerto Rico*); *adj.* filled to overflowing
colmillo eyetooth; fang
colmo: esto es el colmo this is the last straw
colocar* to put, place
colorado ruddy

comedor dining room
comenzar (ie)* to begin
comer to eat
comerciante *m., f.* trader, merchant
comercio business
cometa *m.* comet
cometer to commit
comicidad humor, comedy
comida food; meal
comisura juncture
comitiva suite; retinue
comodidad comfort
cómodo *adj.* comfortable
compa *m., coll.* pal
compadre godfather; friend; pal
compañero companion; **compañero de clase** classmate; **compañero de juego** playmate
compartir to share
compás beat, rhythm; **llevar el compás** to beat time
competir (i, i) to compete
complejidad complexity
complejo *adj.* complex
completo: por completo completely
componerse* to compose oneself
comportamiento behavior
compra *n.* purchase; **cesta de (la) compra** shopping basket
comprar to buy
comprender to understand
comprensión comprehension, understanding
comprensivo *adj.* understanding
comprobar (ue) to verify, ascertain
comprometido engaged; compromising; socially committed
compromiso commitment, promise
comunicar* to communicate
concentrarse to be concentrated
concesionario dealership
conciencia conscience
concluir* to conclude
conde count, earl
condenado *adj.* condemned
condiscípulo fellow student
cóndor condor
conducir* to lead; to drive
conducta conduct, behavior
conejo rabbit

confección: corte y confección dressmaking
conferir (ie, i) to bestow
confiable reliable
confianza confidence
confiar* to trust
confidencia: hacer confidencias to share secrets / personal information
confín limit; part
confitería candy store
conflictivo troubled
confudido confused
confuso confusing
congelado frozen
conjugar* to conjugate
conocer* to know, be acquainted with
conocimiento knowledge
conquistar to conquer
consanguíneo *adj.* related by blood
consecuencia: en consecuencia accordingly, therefore
conseguir (i, i)* to obtain, get
consejero counselor, advisor
consejo piece of advice; *pl.* advice
consenso consensus
conservador *adj.* conservative
conservar to keep
consiguiente: por consiguiente consequently
consolar (ue) to console, comfort
constar to be evident
constelado star-studded
construir* to build
consuelo consolation
consumo: bono de consumo food voucher
contaminación pollution
contaminar to pollute
contar (ue) to relate, tell (about); **contar con** to rely, count on; **contarse** to consider oneself
contemplar to contemplate
contemporáneo contemporary
contener (ie)* to contain
contenido *n.* content
contestar to answer
continuación: a continuación following, next
contra against
contrariar* to oppose; to contradict
contrariedad annoyance
contrario *n.* rival, competitor; *adj.* opposite; **al contrario** on the contrary; **de lo**

contrario otherwise; **lo contrario** the opposite
contratiempo setback; mishap
contribuir* to contribute
convencer* to convince
conveniente advisable; proper
convenir (ie, i)* to be advisable; to be advantageous
convertir (ie, i) to change; **convertirse en** to turn into
convidar to invite (*to a meal*)
convincente *adj.* convincing
convivir to live together harmoniously
copo de nieve snowflake
coquetear to flirt
corazón heart
cornisa cornice
cornudo cuckold
corona crown
corregir (i, i)* to correct
correr to run
corresponsal correspondent
corriente *n.* current; *adj.* common, ordinary
cortar to cut
corte *m.* cut, cutting; dressmaking shop; *f.* entourage; **corte (m.) y confección** dressmaking
cortesía courtesy
cortina curtain
corto short (*length*)
cosa thing
cosecha crop
costa coast
costado *n.* side
costar (ue) to cost
costero coastal
costo cost
costumbre *f.* custom
costurera seamstress
cotidiano *adj.* daily
crear to create
crecer* to grow
creciente *adj.* growing
crecimiento growth; increase
creencia belief
creer* to think, believe
cretino idiot
cretona cretonne (*heavy, unglazed, printed cotton or linen cloth*)
criado servant
criar* to bring up, raise
cristal crystal; glass
crítica criticism
criticar* to criticize
crítico *n.* critic
cromático chromatics

crueldad cruelty
crujido creak
cruzar* to cross
cuaderno notebook
cuadra block; path of land
cuadrado *n.* square; *adj.* inflexible; square
cuadro painting; **a/de cuadros** plaid
cualidad quality, trait
cualquier any
cualquiera anyone
cuando menos at least
cuanto as much as; **en cuanto** as soon as; **en cuanto a** in regard to; **unos cuantos** a few
cuarto *n.* room; **cuarto de baño** bathroom; *adj.* fourth
cubierto (*p.p.* of **cubir**) covered; *n. pl.* silverware
cubrir* to cover
cucharilla teaspoon
cuello neck
cuenta account; **darse cuenta (de)** to realize; **por nuestra cuenta** in our opinion
cuentista *m., f.* short-story writer
cuento story; short story; **cuento de detective(s)** mystery story; **cuento de hadas** fairy tale; **sin cuento** countless
cuerno de la abundancia cornucopia, horn of plenty
cuero leather
cuerpo body
cuestión question, matter
cueva cave
cuidado *n.* care; **tener cuidado** to be careful
cuidar to take care of
culpa fault, blame; **tener la culpa** to be to blame
culpable guilty
culpar to blame
cultivar to cultivate
culto educated
cumplimiento fulfillment; performance
cumplir to fulfill, carry out; **cumplir...años** to reach . . . years of age
cuñado brother-in-law
cura *m.* priest
curandero healer (*folk medicine*)
curar to heal
cursi *inv.* vulgar, in bad taste

custodiar to guard, take care of

cutis skin

D

dama lady

daño: hacer daño to harm

dar* to give; to produce; **dar a** to face; **dar gritos** to shout; **dar la bienvenida** to welcome; **dar miedo** to frighten; **dar pena** to grieve, cause pain; **dar por sentado** to take for granted; **dar un paso** to take a step; **dar un salto** to jump; **dar vueltas** to turn around; **darle lo mismo (a uno)** to be the same, not matter (to one); **darse cuenta (de)** to realize; **darse media vuelta** to turn halfway around

dato fact; *pl.* data, information

debajo (de) underneath

deber *v.* should, ought to; to owe; *n.* duty; **deber de +** *inf.* must be (*doing something*) (*to express conjecture*)

debido *adj.* due

débil weak

decenas *pl.* tens

decidido determined, decisive

decir* to say, tell; **es decir** that is (to say); **querer decir** to mean, signify

decorar to decorate

dedicar* to dedicate

dedo finger

deducir* to deduce

defender (ie) to defend

defensor defender

deflagración conflagration

deformación deformation; strain; distortion

dejar to let, allow; to leave; **dejar de +** *inf.* to stop (*doing something*)

delantal uniform; apron

delante de in front of

delectación delight

deleite delight

delgadez slimness

delgado thin

deliberadamente on purpose, deliberately

delicadez daintiness; **con delicadez** daintily, delicately

delirante delirious

delirar to talk nonsense; to rave, be delirious

demás: los demás the others, the rest

demasiado *adj.* too much; *adv.* too; too much

demora delay

demostrar (ue) to demonstrate

denotación meaning

dentadura (s) postiza false teeth, dentures

dentro (de) inside; **dentro de poco** shortly, soon; **por dentro** on the inside

departamento deapartment; apartment

dependienta *n.* saleswoman

dependiente *adj.* dependent

deporte sport

deportivo *adj.* sport, sporting

depósito deposit

derecho *n.* right, privilege; *adj.* right; **derechos (***pl.***) de autor** royalties

derramar to spill; to pour out

derretir (i, i) to melt, dissolve

derrochado wasted, destroyed

derrota defeat

desabrocharse to unfasten, unbutton

desacato contempt; insulting behavior

desacuerdo disagreement

desafiar* to defy, challenge

desagradable unpleasant

desagradar to displease

desalentador disheartening, discouraging

desamparado unprotected, helpless

desamparo abandonment

desaparecer* to disappear

desaparecido *n.* one who has disappeared

desaparición disappearance

desarrollar to develop

desarrollo development

desatar to untie

descabezar* to decapitate

descalificar* to disqualify; to ignore

descalzo barefoot

descamisado bare-chested, shirtless

descansar to rest

descarado shameless, imprudent

descarga discharge, volley

descartar to discard; to put aside; to reject

descender (ie) to descend, go down

descenso descent

descompuesto (*p.p.* of **descomponer**) decomposed

desconcertar (ie) to disconcert, confuse

desconfianza distrust

desconocer* to be ignorant of

desconocido *n.* stranger; *adj.* unknown

desconocimiento ignorance

desconstruir* to destroy

descrito (*p.p.* of **describir**) described

descubrimiento discovery

descubrir* to discover

descuidarse to be careless

desde *prep.* from, since; **desde luego** *interj.* of course

desdicha misfortune

desdichado *adj.* unfortunate

desear to wish, desire

desechar to throw out

desembarcar* to set sail

desenfrenado wild; uncontrolled

desenlace outcome, ending

desentonar to clash; to not match

desenvainar to uncover

deseo desire, wish

desertización desertification; depopulation

desesperación desperation

desesperado desperate

desfachatado brazen, impudent

desgajar to rip or tear off (*a branch*)

desgana: con desgana indifferently

desgarrador heart-rending

desgarrar to tear, rip

desgastado worn out

desgracia misfortune

desgranar *n.* wearing away

deshacer* to undo; to unmake

deshonrar to dishonor

deshora: a deshora at the wrong time

desigual unequal

desilusión disillusion(ment)

desinfectar to disinfect

desleal disloyal

deslizar* to slip, slide

desmayado fainted

desmembrar to dismember; to separate

desmentir (ie, i) to deny

desmontar to take down, dismantle
desnudar to undress
desnudez nudity
desnudo naked
desnutrición malnutrition
desobedecer* to disobey
desorden disorder
despacio slowly
desparramar to spread; to spill
despedir (i, i) to give off; to fire (*an employee*)
despegar* to unglue; to take off (*airplane*)
despeinado disheveled
despejar to clear
desperfecto *n.* slight damage
despertar(se) (ie) to wake up
despierto awake
desplazar* to displace; to move
desplegarse (ie)* to unfold
despreciar to scorn; to despise
desprecio scorn
despreocupado unconcerned
después after; later; **después de** after; **después de todo** when all is said and done
destacamento detachment (*military*)
destacar* to stand out; to distinguish
destello sparkle; glimmer
desteñido faded, discolored
destino destiny; destination
destrozado destroyed, torn apart
destruir* to destroy
desunión separation
desvencijado broken down, ramshackle
desventaja disadvantage
desvestirse (i, i) to get undressed
detective: cuento de detective(s) detective story
detener(se) (ie)* to stop
detenidamente carefully
detrás (de) behind
devolver (ue)* to return (*something*)
día *m.* day; **hoy en día** nowadays; **todos los días** every day
diablo devil
diario *n.* newspaper; *adj.* daily
dibujo drawing
dicha happiness
dicho (*p.p.* of **decir**) said, told
dictadura dictatorship
diente tooth

diferencia: a diferencia de unlike
diferenciarse to differ
diferir (ie, i) to defer; to postpone; to be different
difícil difficult
difundir to spread; to diffuse
difunto dead person
digno worthy
dilema *m.* dilemma
dinero money
Dios God
diosa goddess
dirigir* to direct; **dirigir la palabra a** to address, speak to; **dirigirse a** to go to, make one's way to
dirección direction; address
disco record
disculpar to excuse, pardon; **disculparse** to apologize
discurso speech
discutir to argue; to discuss
disecado stuffed
diseñar to draw; to design
disfrazar* to disguise
disfrutar (de) to enjoy
disimular to feign; to hide; to overlook; to forgive
disminuir* to diminish
disolver (ue)* to dissolve
disonante dissonant
disparar to shoot (*a weapon*)
disparos *m., pl.* shooting; exchange of shots
disperso scattered
displicencia: con displicencia aloofly, coolly
dispuesto willing
distanciarse to distance oneself; to become estranged
distinto different
distraído distracted; absent-minded
divertido funny; amusing
divertirse (ie, i) to have a good time
docena dozen
dócilmente gently
doler (ue) to ache, hurt
dolor ache, pain
doloroso painful
domador tamer, trainer
doméstico: tarea doméstica household chore
domicilio residence
dominar to master, control
dominio dominion, power; property
don (doña) *courtesy title used before a first name*

donar to donate
donativo donation
dorado golden
dormir (ue, u) to sleep
dormitorio bedroom
dramaturgo *m., f.* dramatist, playwright
ducha shower
duda doubt; **no cabe duda** there is no doubt; **sin lugar a dudas** without a doubt
dudar to doubt
dudoso doubtful
duelo sadness
dueño owner
dulce sweet
dulzarrón sugary sweet
dulzón sweetish
durar to last
duro tough, hard

E

echar to throw; to cast (out); to discharge; to dump; to pour; **echar a** + *inf.* to begin to (*do something*); **echar de menos** to miss, long for
eco echo
economato discount store
edad age; **de mediana edad** middle-age
edificar* to build
edificio building
educado well-mannered, polite
eficaz efficient; effective
egipcio Egyptian
egoísta *adj. m., f.* selfish
ejercerse* to practice
ejército army
elegir (i, i)* to choose
elevar to raise; **elevarse** to rise
elogiar to praise
eludir to avoid; to elude
embarazada pregnant
embarazo bashfulness
embargo: sin embargo however, nevertheless
embobado fascinated
embutirse to be stuffed
emerger* to emerge; to appear
emisor sender
emitir to give off
emocionante exciting
emotivo emotional
empalidecer* to become pale
empanadilla small turnover, pie, or pastry

empapelado papered

emparejar to match

empedrado *n.* paving; paved with flagstones

empero however, yet

empezar (ie)* to begin, start

empleado *n.* employee

emplear to use

empleo employment

emprender to undertake

empresa enterprise

empresario manager

empujar to push

enajenar to alienate

enamorarse (de) to fall in love (with)

enardecer* to fire with passion

encantar to delight

encargado to be in charge

encarnar to represent

encender (ie) to light; to turn on (*electricity*)

encerrar (ie) to jail, close in; **encerrarse** to confine oneself

encima above, on top; **por encima de** over

encogerse* de hombros to shrug one's shoulders

encontrar (ue) to find

encrucijada crossroad

encuentro meeting, encounter

enemigo enemy

enfadarse to get angry

enfermedad illness

enfermero nurse

enfermo sick

enfilado lined up in a row

enfocarse* to focus

enfrentar to face, confront

enfrente: de enfrente opposite, facing

enguantado with a glove on

enjaulado caged

enmarañado tangled

enojado angry

enojarse to become angry

enrejado grated; barred; with grille work

enriquecer* to enrich

enrojecido reddened

enrollar to wrap, roll up

enronquecer* to become hoarse

ensayista *m., f.* essayist

enseñar to teach; to show

ensimismado self-absorbed

ensombrecer* to darken

ensoñación fantasy; dream

entablar to strike up (*a conversation*)

entender (ie) to understand

enterarse to find out, discover

entero entire, whole

enterrar (ie) to bury

entidad organization; firm; company

entierro burial

entonces then, next

entornar to close halfway

entrada entrance

entrar (en) to enter

entre between, among

entregar* to hand over

entrelazar* to entwine

entretenerse (ie)* to enjoy oneself

entretenimiento entertainment

entrevista interview

entrevistar to interview

entumecido numb; swollen

enumerar to enumerate

enunciar to state

envenenar to poison

enviado *n.* envoy

enviar* to send

envidia envy

envuelto (*p.p.* of **envolver**) wrapped

epíteto epithet

época epoch, period

equipo equipment

equivocarse* to make a mistake

erguido erect

esbozar* to sketch

escala scale

escalera stairway; stairs

escalón step, stair

escarabajo beetle

escaso scarce

escenario stage, scenery; setting

escenografía stage design

escéptico skeptical

esclavo slave

Escocia Scotland

escoger* to choose

escombro rubbish; waste

esconder to hide

escribir* to write; **máquina de escribir** typewriter

escrito (*p.p.* of **escribir**) written

escritor writer

escritura writing; document

escuchar to listen (to)

escuela school; **escuela primaria** elementary school;

escuela secundaria high school

escurridizo slippery

esfera sphere

esfuerzo effort

esfumarse to fade away

Espacio en blanco blank (space)

espalda back; shoulder; **de espaldas** with one's back turned

espantoso frightening; amazing

esparcirse* to spread

especializarse* to specialize, major

especie *f.* type, kind

especulación speculation

especular to reflect; to examine; to speculate

espejo mirror

esperanza hope

esperar to wait (for); to expect; to hope

espeso thick

espía *m., f.* spy

espíritu *m.* spirit

espita faucet

esposa wife

esposo husband

espuma foam

esquema *m.* outline; diagram

esquina corner

establecer* to establish, to set up

estado state

estallar to explode

estar* to be; **estar a gusto** to be comfortable, be at ease; **estar a punto** to be on the verge; **estar de acuerdo** to agree; **estar de pie** to be standing; **estar harto** to be sick and tired

estático *adj.* static

estilográfica fountain pen

estimulante stimulating

estirar to stretch

estorbo annoyance; obstacle

estrafalario odd, strange

estrechez narrowness

estrecho narrow

estrella star

estrellarse to be dashed to pieces; to crash

estremecido shaken

estremecimiento *n.* shivering

estridente *adj.* shrill

estrofa stanza

estruendo clamor, noise

estudiantil *adj.* of or pertaining to students

estación station; season
etapa epoch, period
evitar to avoid
evocar* to call forth
exactitud precision
exhibir to exhibit, show
éxito success; **tener éxito** to be successful
expectativa expectation
experimentar to experience
explicación explanation
explicar* to explain
explotar to explode
exponer* to expose
expulsar to eject, throw out
extender (ie) to extend; to spread
extensión length
extenso extensive
extirpar to destroy
extraer* to extract
extrañeza surprise, amazement
extranjero stranger; foreigner
extraño strange

F

fábrica factory
facción (facial) feature
fachada façade
fácil easy
facilitar to ease, to facilitate
facsimilador fax machine
facultad college, school (*of a university*)
faja sash, band
falda skirt
falluto untrustworthy; failed; hypocritical
falta lack
faltar to be needed, be lacking
fama reputation
famélico starving
familiar *n.* family member; *adj.* of or pertaining to the family
fantasma *m.* ghost, phantom
faro beacon
fastidiar to annoy
favor: por favor please
favorecer* to favor
faz face; front
fe *f.* faith
felicidad happiness
feliz happy
feo ugly
ferretería hardware store
fiable reliable, trustworthy
ficha card; form
fiebre *f.* fever

fiel loyal
figurar to appear, seem like
fijar to fix, fasten; **fijarse (en)** to notice
fijo fixed, fastened; **de fijo** certainly
fila row
fin end; **al fin** at last, finally; **al fin y al cabo** after all; at last; **fin de semana** weekend; **por fin** finally
finado *n., adj.* deceased
final end, ending
finca ranch, farm
firmar to sign
flaco skinny
flauta flute
flecha arrow
flexión *n.* push-up; flexing
flor *f.* flower; **flor de lis** fleur-de-lis
flota fleet
fluidez fluidity
foco focus
fogata bonfire
fonda restaurant
fondo bottom; back part (*of a room*); **de fondo** background; **en el fondo** at the bottom; in reality
forastero stranger
forcejear to struggle
formulario form, questionnaire
forzar (ue)* to force
fracasar to fail
fracaso failure
franco frank; open; free, unencumbered
frasco flask
frecuencia: con frecuencia frequently
frente *n., f.* forehead; forhand; *n., m.* front; **frente a** *prep.* in front of, before
fresco fresh
frío *n., adj.* cold
frontera border
frotarse to rub
fruncido: ceño fruncido furrowed brow
frustrar to frustrate; to thwart
frutero fruit seller
fuego fire
fuera (de) outside (of)
fuerte strong
fuerza strength
fumador smoker
fumar to smoke
fumigar* to spray, fumigate
funcionario *n.* official

fundamento foundation; basis
fundir to join, unite
fundo country estate, farm

G

gabinete laboratory
galantear to flirt
gallero gamecock owner
galleta cookie
gallina hen, chicken
gallo rooster
gana desire, wish; **tener ganas de** + *inf.* to feel like (*doing something*)
ganador winner
ganancial *adj.* profit, relating to profit
ganar to win; to earn; **ganarse la vida** to earn a living
garganta throat
garra claw, talon
gasa muslin, gauze
gastar to spend (*money*); to waste
gato cat
generar to generate
género genre; **género humano** human race
gente *f. sing.* people
gerente *m., f.* manager
gesticular to gesture
gesto gesture; expression
gigante *n.* giant
gimotear to whimper, cry
gimoteo *n.* whine
girar to turn
glauco light green
gobierno government
goce enjoyment
golpazo great blow
golpe blow, hit
golpear to hit, strike
golpiza beating
goma rubber
gordo fat; coarse
gorra cap
gorro cap
gota drop
gozar* to enjoy, derive pleasure
grabadora tape recorder
gracia grace; *pl.* thanks, thank you; **dar las gracias** to thank
gracioso funny
grado degree
gran, grande great; big
grandeza grandeur, greatness
grano grain
grasiento greasy

gratis *inv.* free (of charge)
grave serious, grave
grifo faucet
gris gray
gritar to shout
grito shout, cry; **dar gritos** to shout
grueso thick
guante glove
guapo handsome
guarapillo *weak fermented sugar-cane juice*
guardar to keep; to save, put aside
guardia protection, guarding; care
guardián guardian; protector
guatemalteco of or pertaining to Guatemala
guerra war
guerrero warrior, fighter
guía guide
gula gluttony
gustar to be pleasing
gusto taste; **estar a gusto** to be comfortable, at ease

H

haber* to have (*auxiliary*); to be; **haber de** + *inf.* to have to, must (*do something*)
habilidad ability
habitación room; dwelling; bedroom
habitante *m., f.* inhabitant
habitar to inhabit, live in
hábito habit, custom
habituado accustomed
habitual usual; regular; customary
hablante *m., f.* speaker
hablar to speak
hacer* to do; to make; **hace calor** it's hot (*weather*); **hace...minutos** . . . minutes ago; **hace poco tiempo** recently; **hacer** + *inf.* to get, have + *p.p.*; **hacer caso** to pay attention; **hacer confidencias** to share secrets / personal information; **hacer daño** to harm; **hacer falta** to be needed, lacking; **hacer mutis** to exit, go off stage; **hacer la siesta** to take a nap; **hacer un papel** to play a role; **hacer un recado** to run an errand; **hacer un viaje** to take a trip; **hacer una pre-**

gunta to ask a question; **hacerse** to become
hacia toward; **hacia atrás** backward
hada *f.* (*but* **el hada**) fairy; **cuento de hadas** fairy tale
halagado flattered
hallar to find
hallazgo find, discovery
hambre *f.* (*but* **el hambre**) hunger; **tener hambre** to be hungry
harto: estar harto to be sick and tired
hasta up to, as far as; until; **hasta que** until
haz *m.* bundle
hecho *n.* fact; (*p.p.* of **hacer**) made; done
helado *n.* ice cream; *adj.* very cold
hembra female
heredar to inherit
herencia heritage
herético heretical
herido wounded
herir (ie, i) to wound
hermana sister
hermanastra stepsister
hermano brother; *pl.* siblings
hermoso beautiful
hidrológico hydrological; related to water
hielo ice; **picar hielo** to crush ice
hierba grass
hierro iron
hija daughter; child
hijo son; child; *pl.* children
hipo *sing.* hiccups
hipotecario *adj.* mortgage, related to mortgage
hispano *n., adj.* Hispanic
historia history; story
historieta short story
hoguera bonfire
hoja page; leaf
hojear to leaf through
hola *interj.* hi
hombre man
hombro shoulder; **encogerse de hombros** to shrug one's shoulders
homogeneidad homogeneity
hondo deep
hora hour; time
horario schedule; timetable
horda horde
hormiga ant
hormiguero ant hill

horno oven
horquilla telephone cradle
hosco sullen, arrogant
hostia sacrifice
hoy today; **hoy en día** nowadays; **hoy mismo** right today, this very day
huelga strike
huella trace
huérfano orphan
huesped *m.* guest
huevo egg; **poner un huevo** to lay an egg
huir* to flee
humano: género humano human race
húmedo moist; damp
humilde humble
humo smoke
humor humor; mood
hundido sunken
hundir to submerge, sink
husmear to spy on; to sniff around

I

idea: cambiar de idea to change one's mind
identificar* to identify
idílico idyllic
idioma *m.* language
iglesia church
ignorante ignorant; uninformed
ignorar to be unaware of
igual same; **igual que** the same as; **pasar igual** to be the same
igualdad equality
iluminar to light up
ilustre illustrious
imagen *f.* image
imitar to imitate
impedir (i, i) to prevent; to hinder
imperioso imperious; lordly; imperative
impermeable raincoat
impertinente insolent, cheeky
implicar* to imply, mean
implorar to implore, beg
imponer* to impose
importar to matter, be important
impotente powerless, helpless
imprescindible essential, indispensable
imprevisible unforeseen
improviso: de improviso unexpectedly, suddenly

impulsado driven, forced
impunemente with impunity
impuntualidad lack of punctuality
inarmónico inharmonious
incertidumbre *f.* uncertainty, doubt
incienso incense
inclinarse to bend over; to slope
incluir* to include
incómodo uncomfortable
incomprensible incomprehensible
incomprensión lack of understanding
inconformidad nonconformity
inconstante inconstant, changeable; fickle
incontable countless, innumerable
inconveniente: no tener inconveniente to not mind
incorporar to incorporate; **incorporarse** to sit up
indefinible undefinable
independizarse* to become independent
indicio evidence, clue
indígena *adj. m., f.* indigenous, native
indignado indignant, angry
indignidad indignity, insult
indolente indolent, lazy
inducir* to induce
inédito unpublished
inesperado unexpected
infarto cardíaco heart attack
infeliz *m., f.* wretch, poor soul
infiel unfaithful
influir* to influence
informante *n., m., f.* informant
informe report
ingeniería engineering
ingenuo naïve
ingrávido weightless
ingresar to enter, join
iniciar to initiate
inmóvil immobile
inoxidable: acero inoxidable stainless steel
inquietante disquieting
inquietar to upset, worry
inquieto restless
inquilino tenant
insatisfecho dissatisfied
insensible insensitive
insinuarse* to creep into, slip into
insolación sunstroke

insolentarse to become insolent
insólito unusual
inspectivamente: mirar inspectivamente to inspect, look over
instruido educated
insufrible unbearable
intentar to attempt, try
intento attempt
intermedio intermediate
intermitencia flickering, flashing
internarse to enter
interrogación interrogation; questioning
interrogatorio *n.* questioning
interrumpir to interrupt
intervenir (ie, i)* to intervene
íntimo intimate
intoxicación poisoning; asphyxiation
intoxicarse* to be poisoned; to be asphyxiated
intranquilo worried, uneasy; restless
intransitable impassable
intrigado puzzled
intruso *n.* intruder
inundación flood
inundar to flood
inútil useless
invasor *n.* invader
invertido reversed, inverted
invierno winter
inyección injection
ir* to go; **ir** + *gerund* to be beginning to (*do something*); **ir** + *p.p.* to be + *p.p.*; **ir** + **a** + *inf.* to be going to (*do something*); **irse** to go (away)
ira ire, anger, rage
irradiar to radiate
irreal unreal
irremisiblemente unforgivably
isla island
izquierdo *adj.* left

J

jamás never
jamona *n., coll.* buxom middle-aged woman
jardín garden
jardinero gardener
jaula cage
jefe boss, chief; **jefe de policía** police chief
jerarquía hierarchy
jerga jargon; slang

jocoso humorous, comical
joven *n. m., f.* young person; *adj.* young
judío *n.* Jew
juego play; game; **compañero de juego** playmate
juez *m.* judge
jugar (ue)* to play
jugoso juicy
juguete toy
juguetón playful
juntar to gather, collect; to join; to assemble; **juntarse con** to get close together
junto together
jurar to swear
justamente *adv.* just
justo *adj.* fair
juvenil youthful
juventud youth
juzgar* to judge

K

kif *m.* (*type of*) hashish

L

labio lip
lacito little bow
lado side; **al lado de** next to
ladrar to bark
ladrillo brick
ladrón thief, robber
lágrima tear
lamer to lap against
lámpara lamp, light
lana wool
lanzar* to throw, hurl; to let loose, cast forth
lapicero pencil holder
lápiz *m.* pencil
largamente at length
largo long; **a lo largo de** throughout; **pasar de largo** to pass by
lateral *adj.* side
latido beating (*of a heart*)
latigazo lashing, reprimand
látigo whip
latir to beat (*heart*)
lavar to wash
lazo link; tie
lealtad loyalty
leche *f.* milk
lechero person who delivers milk
lecho bed
lechoso milky
lector reader
lectura *n.* reading

leer* to read

lejano faraway

lejos far away; **a lo lejos** in the distance

lema *m.* slogan, motto

lengua language; tongue

lenguaje language

lentitud: con lentitud slowly

lento slow

leña firewood

levantar to raise; **levantarse** to get up

leve *adj.* light

ley *f.* law

leyenda legend

librarse de to get rid of

libre free (*to act*)

librería bookstore; bookshelf

libreta notebook

libro book

liebre *f.* hare

liga league

ligeramente lightly

lila lilac

limosna alms, charity

limpiabotas *m. inv.* bootblack, shoe shiner

limpiar to clean

límpido limpid, very clear

limpieza cleanliness

limpio clean

liquidación liquidation

lirio iris; lily

lis *f.* iris (*botanical*); **flor** (*f.*) **de lis** fleur-de-lis

listo ready

llamada call

llamar to call; **llamarse** to be named

llanto cry

llave *f.* key

llegada arrival

llegar* to come, arrive; **llegar + inf.** to manage to (*do something*); **llegar a ser** to become; **llegar a un acuerdo** to reach an agreement

llenar to fill (up); to fill out

lleno full

llevar to wear; to carry; to bring; **llevar el compás** to beat time; **llevar una vida...** to lead a . . . life; **llevarse** to take (away)

llorar to cry

llover (ue) to rain

llovizna light rain

lluvia rain

localizar* to locate

loco crazy; **volverse loco** to go crazy

locura madness

lograr to achieve, attain; **lograr + inf.** to manage to (*do something*)

loma small hill; low ridge

loza chinaware

lúbrico slippery

lucha fight, battle

luchar to fight

lucir* to shine; to light up; to display

luego then, next; **desde luego** *interj.* of course; **luego de** after

lugar place; **en lugar de** instead of; **sin lugar a dudas** without a doubt; **tener lugar** to take place

lujo luxury

lujuria lust, lewdness

luminario: aviso luminario lighted advertisement (sign)

luminosidad brightness, luminosity

luna moon; **luna de miel** honeymoon

luz *n.* light

M

macerado roughened (*of hands*)

madera wood

madrastra stepmother

madre *f.* mother

madrugada early morning

maduración maturation

madurez maturity

maduro mature

maestro teacher

mago wizard

maíz *m.* corn

mal, malo *adj.* bad; **mal** *adv.* badly

malabares *m. pl.* juggling

maldecir (i, i)* to curse

maldito damned

maleta suitcase

malsano noxious, harmful

maltrecho damaged, battered

malvado wicked, evil

manar to flow

manchado smudged

mandar to order, command; to send

mandato order

mandíbula jaw

manera: de manera que so that

manga sleeve

manifestación demonstration (*political*)

manifestar (ie) to show

maniobra move; manoeuvre

mano *f.* hand

mantener (ie)* to maintain

manzana apple; city block

mañana *n.* morning; *adv.* tomorrow

maquillaje makeup

maquillarse to put on makeup

máquina machine; apparatus; **máquina de escribir** typewriter; **pasar a máquina** to type

mar *m., f.* sea

maravillar to astonish, amaze

maravilloso wonderful, marvelous

marcar* to mark; to beat (*time*); to point out; to dial; **marcar pasos** to mark time

marcha march; speed

marchar to march; **marcharse** to go away

marchito faded

marco frame

mareado sick, light-headed

mareo sick feeling, nausea

marginado marginal

marido husband

marino: azul marino navy blue

marioneta puppet

mariposa butterfly

mármol marble

marrón brown

más more; most; **cada vez más** more and more; **por más que** no matter how much

masa mass

máscara mask

mascarada masquerade

matar to kill

materia prima raw material

materno maternal

matiz *m.* shade of (color)

matrimonio marriage

mayor greater; older

mayoría majority

mazo bundle

mecanografiado typed

mecha lock (*of hair*)

medallón medallion

mediano middle; **de mediana edad** middle-aged

medias *pl.* stockings

médico doctor

medida measure; **a medida que** as, while

medio *n.* medium; middle; half; means; **a medias** in the middle; **y media** half past (*with time*)

mediodía *m.* noon

mejilla cheek

mejor better; **a lo mejor** perhaps

melena long hair, mane

mellizo twin

mendigo beggar

menor younger

menos less; lesser; **a menos que** unless; **cada vez menos** less and less; **cuando menos** at least; **echar de menos** to miss, long for; **por lo menos** at least

mensaje message

mente *f.* mind

mentira lie

mentiroso liar

mentón chin

menudo: a menudo often

mercader dealer, shopkeeper

mermelada marmalade

mes month

mesa table

meta goal

meteorólogo weather forecaster

meter to put, place; **meter la pata** to put one's foot in one's mouth, make a faux pas; **meter preso** to place under arrest; **meterse** to get into, enter

metralleta machine gun

mezcla mixture

miedo fear; **dar miedo** to frighten; **tener miedo** to be afraid

miel *f.*: **luna de miel** honeymoon

mientras while; **mientras tanto** meanwhile

milagro miracle

milenio millennium

militar *n.* soldier; *adj.* military; **tarjeta de servicio militar** draft card

mimado spoiled, pampered

mínimo minimal

minoritario *adj.* minority

minúsculo tiny, minute

mirada look

mirar to look (at); **mirar inspectivamente** to inspect, look over

mismo same; **ahora mismo** right now; **allí mismo** right there; **darle lo mismo (a uno)** to be the same, not

matter (to one); **hoy mismo** right today, this very day; **por lo mismo** for that very reason; **sí mismo** oneself

místico mystical

mitad half

mítico mythical

mito myth

mochila backpack, knapsack

mocos *p.*: **sorberse los mocos** to sniffle; to clear one's nose

modificar* to modify

modo way, manner; **de modo que** so that; **modo de ser** nature, disposition

mojar to wet

molestar to bother; **molestarse** to take the trouble

molestia bother

molesto bothered

momento: de momento for now; **en cada/todo momento** at every moment

moneda coin

monja nun

monje trapense Trappist monk

monjita nun

monoteísta *adj. m., f.* monotheistic

monstruo monster

montaña mountain

montar to ride

monte mountain

montón heap, pile

moraleja moral

moralizar* to moralize

moreno dark-haired; dark-skinned

morir(se) (ue, u)* to die; **morir en seco** to drop dead

mosca fly

mostacho moustache

mostrar (ue) to show

motín demonstration, protest

motivo motive; reason

moverse (ue) to move, stir

móvil *adj.* moving

muchacha girl, young lady

muchacho boy, young man

mucho a lot (of); *pl.* many

mudanza change (of location)

mudarse to move (*to another residence*)

mudo *adj.* mute

mueble piece of furniture; *pl.* furniture

mueblería furniture shop

muelle wharf; pier

muerte *f.* death

muerto *n.* dead person; *adj.* dead

mujer *f.* woman; wife

mujeriego *adj.* fond of women

multiplicarse* to multiply

mundano worldly, mundane

mundial worldwide

mundo world

muñeca wrist; doll; pretty girl

murmurador gossipy; complaining; critical

murmurar to murmur, whisper

muro wall

mutis *inv.* exit (*of an actor*); **hacer mutis** to exit, go off stage

mutuo mutual

N

nacer* to be born

nacimiento birth

nada nothing, (not) anything; *adv.* (not) at all

nadar to swim

nadie nobody, (not) anybody

nana: hacer una nana to harm, injure (*baby talk*)

naranja orange (*fruit*)

naranjo orange tree

nariz nose

narrar to narrate

naturaleza nature

naufragar* to shipwreck

náufrago *n.* shipwrecked person; *adj.* shipwrecked

nauseabundo nauseating

nave *f.* ship

Navidad Christmas

neblina fog

necesitar to need

necio foolish, stupid

negar (ie)* to deny

negocios *pl.* business; **hombre/mujer** (*f.*) **de negocios** businessman/businesswoman

negro *n.* black per; *adj.* black

nena baby; child; girl

nerviosidad nervousness

ni neither; nor; (not) even; **ni siquiera** not even

nido nest

nieto grandson; *pl.* grandchildren

nieve *f.* snow; **copo de nieve** snowflake

ningún, ninguno none, (not)
any
niña girl, child
niñez childhood
niño boy, child; *pl.* children
nivel level
noche *f.* evening, night; **camisa
de noche** nightshirt; **de
noche** at night; **por las
noches** at night
nodriza wet nurse
nombrar to name
nombre name
norteado toward the north
nota note; grade (*academic*);
sacar buenas/malas notas
to get good/bad grades
notar to notice; **notarse** to be
apparent
noticia piece of news; *pl.* news
novela rosa romance novel
novelero highly imaginative;
dreamy
novia girlfriend; fiancée
novio boyfriend; fiancé
nube *f.* cloud
nubosidad cloudiness; clouds
nuera daughter-in-law
nuero son-in-law
nuevo *adj.* new; **de nuevo**
again
nunca never, (not) ever
nutrirse to nourish, feed
oneself

O

obedecer* to obey
objetar to object
obligar* to force, compel
obra work (*of art, literature*)
obrero worker
obsequioso obliging
obstante: no obstante nevertheless
obtener (ie)* to obtain
occidental western
ocio leisure
ocre ochre
ocultarse to hide
ocupado busy
ocupar to occupy
ocurrir to happen
oda ode
odiar to hate
odio hatred
odioso hateful
oeste West
ofensa offense; slight;
wrong
oferta offer

oficina office
oficio trade; job
ofrecer* to offer
ofrendar to make a gift of
oído (inner) ear
oír* to hear
ojalá I hope
ojera dark circle under the
eye
ojo eye
ola wave (*ocean*)
oler (ue)* to smell
olor odor
olvidar(se) (de) to forget
(about)
omnipotente omnipotent, all-
powerful
omnisciente omniscient, all-
knowing
ondular to undulate
ópera bufa comic opera
opinar to think, have an
opinion
oponer* to oppose
optar to decide, choose
opuesto *adj.* opposite
oración sentence; prayer
orden *n., m.* order (*chronological*); harmonious arrange-
ment; *f.* order (*command*)
ordenar to order
oreja ear (*outer*)
orejero suspicious, cautious;
telltale
orgullo pride; haughtiness
orgulloso proud
orilla shore
oro gold
oruga caterpillar
oscurecer* to darken
oscuridad darkness
oscuro dark
ostentación ostentation;
pomp; display
ostentar to show
otoño autumn
otro other, another
ovación ovation
oxidado rusty
oxigenado bleached (*hair*)

P

pacífico peaceful
paco-ladrón cops and robbers
(*children's game*)
padre father; *pl.* parents
padrino godfather; *pl.* godparents
pagar* to pay (for)
país country

paisaje landscape, countryside; scenery
pájaro bird
palabra word
pálido pale
paliza *n.* beating
palmear to pat; to clap
palmera palm tree
paloma pigeon, dove
palpar to feel, touch
pan bread
pana velveteen, plush
pancarta placard, poster
pantalla screen; lampshade
pantalón, pantalones pants;
pantalones vaqueros
jeans
panteón cemetery
pantorrilla calf (*of the leg*)
pañuelo handkerchief
papa potato (*Latin America*)
papá *m.* dad; *pl.* parents
papel paper; role; **hacer un
papel** to play a role
papelero *adj.* using a lot of
paper
par pair
para for, in order to; by;
anteojos (*pl.*) **para el sol**
sunglasses; **para que** so
that; **para sí** to oneself; **para
siempre** forever
parada parade
páramo desert, wilderness
parar(se) to stop
parecer* to seem, appear;
parecerse(a) to resemble
parecido *n.* likeness; *adj.*
similar
pared *f.* wall
pareja pair
pariente *m., f.* relative
parir to give birth
parlamento speech
parloteo prattle, chatter
paródico parodic
parque zoológico zoo
párrafo paragraph
párroco village priest
parsimoniosamente carefully;
slowly; deliberately
parte *f.* part, place; **por otra
parte** on the other hand;
por todas partes everywhere
partido (*political*) party
partir: a partir de starting
from, beginning with
pasado *n.* past; *adj.* last, past
pasaje *m.* passage
pasajero passenger

pasamanería passementerie (*fabric of lace, beads, and ribbon embroidery*)

pasar to pass; to spend (*time*); to happen; to go or pass through; to go beyond; **pasar a máquina** to type; **pasar de largo** to pass by; **pasar igual** to be the same; **pasarlo bien** to have a good time

pasatiempo pastime, hobby

pasear to walk, take a walk

paseo walk, stroll

pasillo passageway

paso step; **dar un paso** to take a step; **marcar pasos** to mark time

pastora shepherdess

pata: meter la pata to put one's foot in one's mouth, make a faux pas

patada kick

paterfamilias *m. sing.* head of the family

paterno paternal

patrón model; employer

pavada silliness, foolishness

pavimento pavement

pavor terror, dread

payaso clown

paz peace

pecado *n.* sin

pecar* to sin

pecho chest; breast

pedir (i, i) to ask for, request

pegar* to stick; to hit

peinado *n.* hairdo

pelado *n.* poor man; poor devil

peleador aggressive

pelear to fight

película film

peligro danger

peligroso dangerous

pelo hair

pelota ball

pelotero ballplayer

pena suffering, pain; **dar pena** to grieve, cause pain

pendiente earring

pendular *adj.* back and forth

pensado expected

pensamiento thought

pensar (ie) to think, believe; **pensar** + *inf.* to intend, plan to (*do something*); **pensar en** to think about

penúltimo next-to-last

penumbra semi-darkness

peor worse

pequeño small; short; slight

percepción extrasensorial extrasensory perception

perchero coat and hat rack

percibir to perceive

perder (ie) to lose

perdón forgiveness

perdonar to forgive

peregrino migratory, wnadering

perfil profile, side view

pergamino parchment

periódicamente periodically

periódico newspaper

periodista *m., f.* journalist

periodístico *adj.* newspaper, journalistic

perla pearl

permanecer* to remain, stay

permiso permission; **(con) permiso** *interj.* excuse me

permitir to permit, allow

pernera leg (*of trousers*)

perro dog

perseguir (i, i)* to pursue

persistir to exist

personaje character (*in a work of literature*)

pertenecer* to belong

pesar: a pesar de in spite of

pesca fish (*caught*); fishing

pescador fisherman

pese a regardless of

pesebre manger; stall

peso weight; burden

pestaña eyelash

pestañear to blink

pestilente noxious

pez *m.* (*live*) fish

pezón nipple

piadoso pious

picadura sting, bite

picar* to puncture, pierce; to bite; **picar hielo** to crush ice

pícaro rascal

pichón youngster

pie foot; **a pie** on foot; **de pie** on foot, standing; **estar de pie** to be standing; **ponerse de pie** to stand up

piedad compassion

piedra rock

piel *f.* skin; fur

pierna leg

pieza plot (*of land*); room

pila stack, heap; battery

píldora pill

pincelada brush-stroke

pino pine

pintar to paint; to depict

pintura paint

pisada footstep

pisado crushed, ground-up

pisar to step on

piso floor; apartment

pista clue

pitar to whistle

pizarra chalkboard

placentero pleasant

plácido placid, calm

plancha iron

planificación planning

planificar* to plan

planilla information form

plano plan, diagram; **primer plano** foreground

plantarse to plant oneself; to stand firm

plantear to raise, pose

plata silver; money

plateado silvery

platicar* to chat

plato plate; dish

playa beach

plebeyo commoner

plegar* to fold (up)

plenario full

pleno full

plomo lead (*metal*)

pluma feather

población population; **población callampa** shanty-town, slum

pobre *n. m., f.* poor/unfortunate person; *adj.* poor; unfortunate

pobreza poverty

pocilga pigsty; dirty place

poco *n.* little bit; *adj.* little; *pl.* few; *adv.* little, not very; **al poco (rato)** in a little while; **dentro de poco** shortly, soon; **hace poco tiempo** recently; **poco a poco** little by little

poder (ue)* *v.* to be able, can; *n.* power

poderoso powerful

poema *m.* poem

poesía poetry

poetisa poetess

policía *m., f.* police officer; *f.* police (force); **jefe de policía** police chief

política *sing.* politics

político *n.* politician; *adj.* political

pololo boyfriend (*Chile*)

polvo dust

pompón pompom

pómulo cheekbone

ponderado prudent

poner* to put, place; to play (*a record*; to put on; to turn on (*an appliance*); to give; **poner preso** to arrest; **poner un huevo** to lay an egg; **ponerse** to become; **ponerse a** + *inf.* to begin to (*do something*); **ponerse de acuerdo** to agree; **ponerse de pie** to stand up

por because of; for; during; by; in exchange for; out of; **por ahí** around there; **por completo** completely; **por consiguiente** consequently; **por dentro** on the inside; **por eso** for that reason; that's why; **por favor** please; **por fin** finally; **por lo menos** at least; **por lo tanto** therefore; **por más que** no matter how much; **por otra parte** on the other hand; **por qué** why; **por supuesto** of course; **por todas partes** everywhere; **por último** finally

portaequipajes *m. inv.* luggage rack

portal entrance, doorway

portar to carry, bear

porvenir *n.* future

posarse to lodge; to alight

pospuesto (*p.p.* of **posponer**) postponed

posta (first-aid) post

postigo small door, side door; shutter

postizo: dentadura (*sing.*) **postiza** false teeth, dentures

postrado prostrate

postura posture, position

potranca filly

potrero pasture; cattle ranch

pozo well; pit

precario precarious, shaky; uncertain

precipicio cliff; chasm

precipitarse to rush headlong

precisar to specify

predecir* to predict

predominio predominance

preescolar *adj.* preschool; *n.* nursery school

pregunta question; **hacer una pregunta** to ask a question

preguntar to question, ask (*a question*); **preguntarse** to wonder

prejuicio prejudice

premio prize

prenda pledge; token

prender to secure, fasten

prensa: agente de prensa press agent

prensado pressed

preocupación concern, worry

preocuparse (por) to worry (about)

preparativos *pl.* preparations

presagio presage, omen

presentir (ie, i) to have a presentiment of

presionar to put pressure on

preso: meter preso to place under arrest; **poner preso** to arrest

préstamo loan

prestar to lend; **prestar atención** to pay attention

pretender to seek, endeavor

pretendidamente supposedly

pretextar to give as a pretext

pretexto pretext, excuse

prevalecer* to prevail, triumph

prever* to foresee

previsto (*p.p.* of **prever**) foreseen, planned

primario: escuela primaria elementary school

primavera spring

primer, primero first; **primer plano** foreground

primo *n.* cousin; **materia prima** (*adj.*) raw material

primogénito first-born child

princesa princess

príncipe prince

principiar to begin

principio *n.* beginning; **al principio** in the beginning

prisa: tener prisa to be in a hurry

probar (ue) to test; to taste; to eat

problemática *n.* set of problems

procurar to endeavor, try

profundizar* to study in depth, go into depth

profundo deep

progresista progressive

prolongar* to extend, prolong

prometer to promise

promover (ue) to promote

pronto: (de) pronto soon

propicio favorable

propinar to give (*a blow*)

propio own

proponer* to propose

propósito purpose; **a propósito** by the way; **a propósito de** with regard to

propuesta proposal

proseguir (i, i)* to continue, carry on

proteger* to protect

proveer* to provide

provenir (ie, i)* de to come from, arise from

próximo next, following

proyecto project

prueba test

psicópata *n. m., f.* psychopath

pudridero compost heap

pueblo town; people

puerco *n.* pig, hog; *adj.* dirty, filthy

puerta door

puertorriqueño *n., adj.* Puerto Rican

puesto *n.* post, position; job; (*p.p.* of **pouer**) turned on (*appliance*); set down; **tener puesto** to wear, have on (*clothing*)

pugnar to fight

pulir to polish

pulsera: reloj de pulsera wristwatch

¡pum! bang!

punta tip, end

puntero *adj.* lead (*player; team*)

puntillas: en puntillas on tiptoe

punto point; **estar a punto** to be on the verge

puño fist

pupitre desk

pureza purity

purificador purifying

puta *adj.* damned

Q

quedar to remain, be left; to stay; to be; **quedarle bien (a uno)** to look nice (on someone)

quehacer task

quejarse to complain

quema *n.* burning

quemadura burn

quemar to burn

quemazón *n.* burning

querer (ie, i)* to want; to love; **querer decir** to mean; **sin querer** unintentionally

querido *n.* darling, honey; *adj.* dear

queso cheese
quetzal *monetary unit of Guatemala*
quienquiera whoever
quieto quiet, still
quietud stillness
químico *adj.* chemical
quinto fifth
quitar to take away; **quitarse** to take off (*clothing*)

R

rabia rage, fury
racimo cluster, bunch
ráfaga burst (*of gunfire*)
raíz root
rama branch
ranchón low income apartment complex
rapidez: con rapidez rapidly
raptar to kidnap
raro rare; strange
rasgar* to rip, tear
rasgo feature, characteristic
rato little while; **a cada rato** every now and then; **alpoco rato** in a little while
raya stripe; bound, limit; **de rayas** striped
rayo ray; flash of lightning
razón reason; **tener razón** to be right
reaccionar to react
real real; royal
realengo *adj.* purebred
realización fulfillment, carrying out
realizar* to carry out; to achieve
reanimar to revive
reanudar to renew
reaparecer* to reappear
reaparición comeback; return engagement
rebelde rebellious
rebeldía rebelliousness
rebosar to abound
recado: hacer un recado to run an errand
recalentamiento warming
recapacitar to think over; to reconsider
rechazar* to reject
rechoncho squat; plump
recibir to receive
recién recently, newly
recio robust; stern, harsh
recipiente receiver
reclamo claim
reclutamiento recruitment

reclutar to recruit
recobrar to recover, regain
recogedor de basura garbage collector
recoger* to pick up; to gather
reconocer* to recognize
reconocible recognizable
reconocimiento recognition
reconstruir* to reconstruct
recordar(se) (ue) to remember
recorrer to traverse, go through; to travel
recortar to outline
recriminar to reproach
recrudecer* to break out again; to worsen
recto straight
recuerdo memory
recuperar to regain
recurso way, means
red net; grate
redacción writing; composition
redondo round
reencarnación reincarnation
reescribir* to rewrite
reflector searchlight
reflejar to reflect
reflejo reflection
reflexionar to reflect, think about
reforzar (ue)* to reinforce
refrescante refreshing
refugio shelter
regalar to give (*as a gift*)
regalo gift
regañar to scold
regio royal; sumptuous, magnificent; super; smashing
regir (i, i)* to rule, govern
registro registration; **registro de vivienda** housing registry
regla rule
regresar to return
rehacer* to do again; to make again; **rehacerse** to pull oneself together
reino kingdom
reír(se) (i, i)* to laugh
reja grate, barred door
rejilla wicker
rejuvenecer* to rejuvenate
relación relationship
relacionarse con to be related to
relajar to relax
relajito *n.* get-together, small party

relatar to relate, tell
relato story, narrative
relinchar to neigh
rellenar to fill out
reloj *m.* clock, watch; **reloj de pulsera** wristwatch
remedio remedy, solution
remolque: camión remolque tow truck
remover (ue) to stir
remozar* to polish up
renacer* to be born again
rengo lame, crippled
renovar (ue) to renew
renunciar to renounce
reñir (i, i) to scold
reparar to repair; **reparar en** to notice
repartir to divide up
repasar to review
repente: de repente suddenly
repentinamente suddenly
repetir (i, i) to repeat
replicar* to retort, answer
reponer* to reply
reportarse to present oneself; **reportarse enfermo** to call in sick
reposar to rest
reprobatorio *adj.* disapproving
reprochar to reproach, condemn
reptar to creep, crawl
requerir (ie, i) to require
resaca hangover
resbalar to slip, slide
resentido resentful
resfriado *n.* cold
resolver (ue)* to solve
resonar (ue) to ring, echo
resorte spring (*of a chair*)
respaldar to support
respaldo back (*of a chair*)
respecto a with respect to
respirar to breathe
resplandor splendor, magnificence
responder to answer
respuesta answer
restablecerse* to get reestablished
restauración restoration
restaurar to restore
resto *n.* rest; *n. sing.* rest; *n. pl.* remains
restringido limited, restricted
resuelto resolute, determined
resultado *n.* result
resultar to turn out to be, prove to be
resumen summary

resumir to summarize
retirar to withdraw, take away; **retirarse** to withdraw
reto challenge
retornar to return, give back
retrasarse to lag behind
retratar to portray
retrato portrait
retumbar to resound
reunión meeting
reunirse to meet
revelador revealing
revelar to reveal
reventar (ie) to burst, explode
revisar to reexamine
revista magazine
revolcarse (ue)* to "have a romp in the hay"; to wallow
rey *m.* king
rico *n.* rich person; *adj.* rich
riesgo risk
rigor: de rigor essential
rima rhyme
rincón corner (*of a room*)
riña fight, quarrel
río river
riqueza wealth
risa laugh
ritmo rhythm
rizar* to curl
robar to rob
roca rock
rodear to surround
rodilla knee; **de rodillas** kneeling
roer* to torment, gnaw at
rogar (ue)* to implore, beg
rojo red
romper* to break (up); **romper a** + *inf.* to burst out (*doing someting*)
ronco hoarse
ropa *sing.* clothes
rosa pink; **novela rosa** romance novel
rosado pink
rosquilla sweet fritter
rostro face
roto (*p.p.* of **romper**) *n.* member of the poorest class (*Chile*); *adj.* broken
rotura *n.* breaking
rubio *n., adj.* blond(e)
ruborizar* to blush
rueda wheel
ruego petition, plea
rugido noise

rulo dry place, dry land (*Chile*)
rumbo direction; **rumbo a** bound for

S

sábado Saturday
saber* to know; to taste; **saber** + *inf.* to know how to (*do something*)
sabiendas: a sabiendas knowingly, consciously
sabio wise person
sacar* to take out; to take away; to remove; to get out; **sacar a bailar** to invite to dance; **sacar buenas/malas notas** to get good/bad grades
sacerdote priest
sacrificar* to sacrifice
sacudirse to shake oneself
sagrado holy
sala room
salida exit; escape, way out
salir* to leave, go out; to get out; to come out; to turn out (to be); **salir bien** to turn out well
salón living room; **salón de billar** billiards room
salpicar* to splash; to sprinkle
saltado damaged
saltar to jump; to gush, shoot up
salto jump, leap; **dar un salto** to jump
salud health
salvar to save
salvo except
sangre *f.* blood
sanguinario bloodthirsty
sano healthy
santo holy
sardónico sardonic, sarcastic
satisfacer* to satisfy
satisfecho (*p.p.* of **satisfacer**) satisfied; full
sea: o sea that is
secar* to dry; **secarse** to dry off
seco dry; **morir en seco** to drop dead
secuestrar to sequester (*law*); to kidnap
secundario: escuela secundaria high school
sed thirst
sedante sedative
sede *f.* seat (*government*)

seguida: en seguida right away
seguir (i, i)* to continue; to follow; **seguir** + *gerund* to keep on (*doing something*)
según according to
seguridad safety; assurance
seguro safe; sure
seleccionar to select
sellar to seal
sello seal, stamp
selva jungle
semáforo traffic light
semana week; **fin de semana** weekend
semblante face
semejante similar
semejanza similarity
semicerrado semi-closed
sencillo simple
seno breast
sensible sensitive
sentado: dar por sentado to take for granted
sentarse (ie) to sit down
sentencia statement; saying; ruling
sentido sense; meaning
sentimiento sentiment, feeling
sentir(se) (ie, i) to feel; to feel sorry, regret
señal *f.* signal
señalar to signal
señor sir; gentleman; Mr.; **el Señor** the Lord, God the Father
señora lady; madam; Mrs.; wife; mistress of the house
señorita Miss; young lady
sepulcro grave
sepultado hidden
sequía drought
ser* *v.* to be; *n.* being; **es decir** that is (to say); **llegar a ser** to become; **modo de ser** nature, disposition; **o sea** that is
serenarse to calm down
serenidad serenity
sereno *n.* night watchman; *adj.* serene, calm
serie *f. sing.* series
serio serious
servicio: tarjeta de servicio militar draft card
servir (i, i) to serve, be useful
sexto sixth
SIDA *m.* AIDS
siempre: para siempre forever
siesta: hacer la siesta to take a nap
siglo century

significado meaning
significar* to signify, mean
significativo significant
siguiente following
silencioso silent
sílfide *f.* sylph; slender, graceful woman
silla chair
sillón armchair
silvestre *adj.* wild
simpático nice, likeable
simpatizar* to sympathize
simple simple; mere
simulacro de bombardeo bomb drill
sin without; **sin embargo** however, nevertheless; **sin lugar a dudas** without a doubt; **sin querer** unintentionally
sinfonía symphony
siniestro sinister
sino (que) but, rather; except
sintetizar* to synthesize
síntoma *m.* symptom
siquiera: ni siquiera not even
sirvienta maid
sitio place, spot
smoking: (vestido de) smoking dinner jacket, tuxedo
sobrar to be in excess; to be more than enough
sobre on; against; about; **sobre todo** above all, especially
sobrecoger* to startle, take by surprise
sobrevivir to survive
sobrino nephew
sobrio temperate; sober
sofocado suffocated
sol sun; **anteojos para el sol** sunglasses; **baño de sol** sunbath; **tomar (el) sol** to sunbathe
solamente only
solapa lapel
soldadesca *n.* military; soldiery
soldado soldier
soledad solitude
soler (ue) + *inf.* to be in the habit of (*doing something*)
solicitar to ask for, request
sólido solid; secure
solitario lonely; lone, solitary
sollozo sob
solo *adj.* alone; lonely; sole; by itself
sólo *adv.* only
soltar (ue) to free, let go; to drop

soltero *n.* unmarried person; *adj.* single, unmarried
sombra shadow
sombrero hat
sombrío sad, dismal
sonar (ue) to sound
sondeo opinion poll
sonido sound
sonreír (i, i)* to smile
sonrisa smile
soñador dreamy
soñar (ue) (con) to dream (about)
soportar to support; to bear, endure
sorberse los mocos to sniffle, clear one's nose
sórdido dirty, squalid
sordo deaf; muffled
sorprendente *adj.* surprising
sorprender to surprise
sorpresa surprise
sospechoso suspicious
sostén bra
sostener (ie)* to support, hold up; to hold (*a meeting*)
suave soft
suavidad softness, gentleness
subgénero subgenre
subir to go up; to rise; to raise (*a window*)
súbitamente suddenly
súbito: de súbito suddenly
subrayar* to underline
suceder to happen, come to pass
suceso event, happening
sucio dirty
sudar to sweat
sudor sweat
suegros *pl.* parents-in-law
sueldo salary; **aumento de sueldo** raise (in pay)
suelo floor; ground, soil
sueño dream; sleep
suerte *f.* luck; chance
sufrimiento suffering
sufrir to suffer; to bear; to experience
sugerencia suggestion
sugerir (ie, i) to suggest
sujeto *n.* subject; *adj.* held; tied
sumamente exceedingly
sumergir* to submerge
sumiso submissive, docile
superficie *f.* surface
superfluo superfluous
súplica entreaty, plea
suplicar* to entreat, implore
suponer* to suppose

supuesto: por supuesto of course
sur south
surcado furrowed, plowed
surco wrinkle
surgir* to spring, flow
suspicacia suspicion
sustantivo noun (*grammar*)
susurrante *adj.* rustling (*sound*)
susurro whisper

T

tabacalero *adj.* tobacco, relating to tobacco
tachar to cross out
taimado sullen
tal such (a); **tal como** just as; **tal vez** perhaps
tamaño size
tambalearse to stagger, reel
tamborear to beat
tamborileo *n.* drumming
tampoco neither; nor that either
tan, tanto as, so; as much, so much; **mientras tanto** meanwhile; **por lo tanto** therefore; **un tanto** somewhat, a bit
tapar to cover
tapizado upholstered
tardar to delay
tarde *f.* afternoon; **de tarde** in the afternoon; **más tarde** later; **por la tarde** in the afternoon
tarea task; **tarea doméstica** household chore
tarjeta de servicio militar draft card
tartamudear to stammer
tartamudo person who stutters
taza cup
teatral theatrical
teatro theater
techo roof
técnica technique
técnico *n.* technician; *adj.* technical
tedio tedium
teja roof tile
tejer to weave
tela cloth; material
telefónico: cabina telefónica telephone booth
telenovela soap opera
televisivo *adj.* television
televisor television set

telón curtain (*theater*)

tema *m.* theme

temblar (ie) to tremble

temer to fear

temeroso fearsome

temible fearful

temor fear

tempestad storm

temprano early

tender(se) (ie) to stretch out

tenebroso dark, gloomy

tener (ie)* to have; **no tener inconveniente** to not mind; **tener a su gargo** to be responsible for; **tener... años** to be . . . years old; **tener calor** to be hot; **tener cuidado** to be careful; **tener éxito** to be successful; **tener ganas de** + *inf.* to feel like (*doing something*); **tener hambre** to be hungry; **tener la culpa** to be to blame; **tener lugar** to take place; **tener miedo** to be afraid; **tener prisa** to be in a hurry; **tener puesto** to wear, have on (*clothing*); **tener que** + *inf.* to have to (*do something*); **tener razón** to be right

tenida meeting; suit (*clothing*)

teniente *m., f.* lieutenant

tenue weak; faint; slight

teñirse (i, i) to tint

tercer, tercero third

terminar to end

término: en términos de in terms of

ternura tenderness

terrateniente *m., f.* landowner

terso smooth

tesis *f.* thesis, dissertation

tesoro treasure; **buscador de tesoritos** treasure hunter

testigo *m., f.* witness

tez complexion

tiempo time; weather; tense (*grammar*)

tienda store; **tienda de campaña** (camping) tent

tierno tender

tierra ground; earth

timbre doorbell

timidez timidity

tintero inkwell

tío uncle; *pl.* aunt(s) and uncle(s)

tipo type, kind

tirar to throw

tirón pull, power

titularse to be titled

título title

tiza chalk

toalla towel; **de toalla** (*adj.*) terry cloth

tocar* to touch; to play (*music*); to ring; to knock; **tocarle a uno** to fall to, be one's turn

todavía still, yet

todo all, every; **con todo** nevertheless; **en cada/todo momento** at every moment; **por todas partes** everywhere; **todos los días** every day

todopoderoso all-powerful

tomar to take; to drink; **tomar (el) sol** to sunbathe

tonada tune, melody

tontería silliness, rubbish

tonto *n.* fool; *adj.* silly, foolish

toque touch

torcer (ue)* to twist, wring

tormenta storm

tormento torture

tornillo screw

torno: en torno in return; **en torno a** around

torpe slow, sluggish; awkward, clumsy

torrente stream; torrent

tortuga tortoise

tortuoso torturous

tos *f.* cough

tosco rough, coarse

tostarse to become tanned

trabajador hard-working

trabajar to work

trabajo work

trabajosamente painfully

trabar to start up (*a conversation*)

traer* to bring

tragaperras *m. inv.* slot machine

tragar* to swallow

traidor traitor

traje suit; **traje de baño** bathing suit

trance: en trance de in the process of

tranquilizador soothing; reassuring

tranquilizar* to calm, quiet

tranquilo calm, quiet

transcrito (*p.p.* of **transcribir**) transcribed

transcurrir to elapse

tránsito transit; movement; passage

tranvía *m.* cable car

trapecio trapeze

trapense: monje trapense Trappist monk

trapo rag

traquetear to clatter, rattle

tras behind

trasfondo background

trasmano: a trasmano out of reach; remote

trasnochado stale; old-fashioned

traste behind, backside

trastorno confusion, disturbance

trasvase *n.* pouring

tratamiento treatment

tratar to treat; **tratar de** + *inf.* to try to (*do something*); **tratarse de** to deal with, be a question of

trato treatment

través: a través de through

travieso mischievous; restless; lively

trayectoria trajectory, path

trecho: a trechos here and there

tremendo tremendous

trémulo tremulous, shaking

tribu *f.* tribe

trino trill, warbling

triste sad

tristeza sadness

tronchado cut/snapped off

tropa troop, crowd

tropezar* **con** to bump into

trozo bit, piece; excerpt

trueno thunder

trusa de baño bathing suit

tubo phone

tumba *n.* grave

turquesa *n.* turquoise

tutear *to address with the* **tú** *form*

U

ubicación location

último last, final; **por último** finally

ulular *v.* to howl, shriek

único *adj.* only

unirse to join together, unite

uña fingernail; toenail

útil useful

utilizar* to use

V

vaca cow
vacilante hesitant
vacilar to hesitate
vacío empty
vagamente vaguely
vagar* to wander
vagón-tranvía streetcar
valer*: más vale it is better; **valer la pena** to be worth the effort; **valerse por sí mismo** to look after oneself
validez validity
valiente brave, courageous
valor value
valorar to value
valorizar to value
vals waltz
vanagloriarse to boast; to pride oneself
vano space, gap
vapor steam; mist
vaquero: pantalones vaqueros jeans
variar* to vary, change; **para variar** tor a change
vario various, different; *pl.* several, various
varón male
vaso vase; glass
vecino neighbor
vehículo vehicle
vejez old age
vela candle
velorio vigil, wake (*for the dead*)
vena vein
vencer* to conquer
vendedor seller; **vendedor ambulante** peddler
vender to sell
veneno poison
venéreo: enfermedad venérea venereal disease
venero spring (*of water*)
vengador avenging
vengativo vengeful
venir (ie, i)* to come
ventaja advantage
ventana window
ventanal large window
ver* to see; **a ver** let's see
veranear to spend the summer
veraneo summer vacation

verano summer
veras: de veras really
verdad truth; **de verdad** truly, really; **¿verdad?** really?; right?
verdadero real, true
verde green
vereda pavement, sidewalk
vergüenza shame, embarrassment
vericueto rough, uneven ground
verosímil likely
versallesco relating to Versailles
verso line (*of a poem*)
verter (ie) to pour, empty; to spill
vestido dress, garment
vestimenta clothing
vestir (i, i) to wear; **vestirse(de)** to dress (as/in)
vez time; **a la vez** at the same time; **a su vez** in turn; **a veces** at times, sometimes; **alguna vez** sometime; **cada vez más** more and more; **cada vez menos** fewer and fewer, less and less; **cada vez que** whenever, every time that; **de una vez** once and for all; **de vez en cuando** from time to time; **de vez en vez** from time to time; **en vez de** instead of; **muchas veces** often; **otra vez** again, once again; **tal vez** perhaps; **una vez** once **una y otra vez** constantly
vía way, road
viajar to travel
viaje trip, travel; **hacer un viaje** to take a trip
viajero traveler
vibrar to vibrate; cast, hurl
vida life; **ganarge la vida** to earn a living; **llevar una vida...** to lead a . . . life
vidrio window; glass
viejo *n.* old person; *adj.* old; former
viento wind
vientre womb; stomach
viernes *m. inv.* Friday
vigente in vogue

vigilar to watch (over)
vino wine
violar to rape
virtud virtue; power
visión vision; view
vista view; **a la vista** in sight
viuda widow
viudo *adj.* widowed
vivaz lively; sharp
vivienda dwelling; **registro de vivienda** housing registry
vivir to live
vivo: a viva fuerza in full force
vociferar to shout, clamor
volar (ue) to fly; to blow up; **volarse** to fly away
volcán volcano
volcánico volcanic
volcar (ue)* to overturn
voltear to turn around
volumen volume
voluta spiral
volver (ue)* to return; **volver a** + *inf.* to (*do something*) again; **volverse** to turn; to become; to turn around; **volverse loco** to go crazy
vos *sing.* you (*Central and south American*)
voz voice; **a voces** in a loud voice; **en voz alta** out loud
vuelta: dar vueltas to turn around; **darse media vuelta** to turn halfway around
vuelto (*p.p.* of **volver**) turned

Y

ya already; **ya no** no longer; **ya que** since
yate yacht
yerno son-in-law

Z

zafio awkward; boorish
zanahoria carrot
zapatilla slipper
zapato shoe
zoológico: parque zoológico zoo
zorro *adj.* crafty, cunning
zozobrar to sink, capsize
zumbar to buzz
zurdo left-handed

ABOUT THE AUTHORS

Mary Lee Bretz is Professor of Spanish and Chair of the Department of Spanish and Portuguese at Rutgers University. Professor Bretz received her Ph.D. in Spanish from the University of Maryland. She has published numerous books and articles on nineteenth- and twentieth-century Spanish literature and on the application of contemporary literary theory to the study and teaching of Hispanic literature.

Trisha Dvorak is a Continuing Education Specialist with Educational Outreach at the University of Washington. She has coordinated elementary language programs in Spanish and taught courses in Spanish language and foreign language methodology. Professor Dvorak received her Ph.D. in Applied Linguistics from the University of Texas at Austin. She has published books and articles on aspects of foreign language learning and teaching, and is co-author of *Composición: Proceso y síntesis,* a writing text for third-year college students.

Carl Kirschner is Professor of Spanish and Dean of Rutgers College. Formerly Chair of the Department of Spanish and Portuguese at Rutgers, he teaches courses in linguistics (syntax and semantics), sociolinguistics and bilingualism, and second language acquisition. Professor Kirschner received his Ph.D. in Spanish Linguistics from the University of Massachusetts. He has published a book on Spanish semantics and numerous articles on Spanish syntax, semantics, and bilingualism, and edited a volume on Romance linguistics.